实战 Excel 审计

邓云佳 朱娜 ◎ 编著

清华大学出版社
北京

内 容 简 介

本书以实战讲授 Excel 知识为主线，内容也基本适用于 WPS 表格。本书围绕表格作为审计工具的强大功能展开，以实际审计案例解决方法为向导，紧扣数据审计过程中的数据采集、清洗、提取、定位、有效性、透视、比对、可视化等不同阶段，挑选常用、高效的功能开展数据分析，详细解析工作思路及其相关操作，通过结合具体案例对内置和外部的工具进行知识讲解，展示了各种实用技术运用及线索发现技巧。

本书适合应用型本科院校、职业院校或培训班作为经济、审计、会计等相关专业的教学用书，也适合非专业出身的审计人员以及有数据分析需求的职场人士作为参考用书。

本书封面贴有清华大学出版社防伪标签，无标签者不得销售。
版权所有，侵权必究。举报：010-62782989，beiqinquan@tup.tsinghua.edu.cn。

图书在版编目(CIP)数据

实战 Excel 审计/邓云佳，朱娜编著. —北京：清华大学出版社，2023.7(2025.2重印)
ISBN 978-7-302-63756-1

Ⅰ.①实… Ⅱ.①邓… ②朱… Ⅲ.①表处理软件－应用－审计学 Ⅳ.①F239.0

中国国家版本馆 CIP 数据核字(2023)第 101710 号

责任编辑：白立军
封面设计：杨玉兰
责任校对：韩天竹
责任印制：沈　露

出版发行：清华大学出版社
　　网　　址：https://www.tup.com.cn,https://www.wqxuetang.com
　　地　　址：北京清华大学学研大厦 A 座　　邮　　编：100084
　　社 总 机：010-83470000　　邮　　购：010-62786544
　　投稿与读者服务：010-62776969，c-service@tup.tsinghua.edu.cn
　　质量反馈：010-62772015，zhiliang@tup.tsinghua.edu.cn
　　课件下载：https://www.tup.com.cn,010-83470236
印 装 者：三河市铭诚印务有限公司
经　　销：全国新华书店
开　　本：185mm×260mm　　印　　张：15　　字　　数：366 千字
版　　次：2023 年 8 月第 1 版　　印　　次：2025 年 2 月第 3 次印刷
定　　价：49.00 元

产品编号：088978-01

前 言

数据审计工作,无论手工活还是电子化,都是围绕各行业各领域的经济活动数据进行分析,完全依赖于数据说话,以揭开浩如烟海数据背后的事实真相。在众多数据审计分析工具中,Excel最常用,也最容易上手。Excel数据审计分析功能十分强大,不仅提供简单的数据处理功能,还有大量专业的数据分析工具库。

遗憾的是,人人都觉得自己会用Excel,但并不是真的都能用好,特别是熟练进行数据审计分析。大部分人只掌握了经常用到的较少功能,而并不了解其中的精妙之处。Excel的确是个报表工具,却又远远不仅于此,它已经具备小型数据库的分析处理能力;只要机器性能足够好,它完全可以胜任百万条之内的数据记录。

编者在经济数据领域遨游十余年,曾在清华大学出版社翻译出版《中文版Excel 2007图表宝典》等作品,得到市场广泛认可。编者深知表格处理工具在数据审计分析方面的便捷性和强大特质,为此打造了这本实战图书。本书的目的不在于大而全地介绍软件的逐项功能,而在于以案例为牵引深刻剖析数据审计分析的相关工具,手把手地传授可行、实用、接地气的数据审计分析方法。

本书主要分3个层次,结合审计的审前、审中和审后3个时间段,将审计工作的全流程基本完整地梳理了一遍。WPS表格与Excel无论从界面展示还是操作方式上都十分类似,本书内容也基本适用于WPS表格。

第一部分为基础篇,包括第1~4章,立足审前工作部署,主要从数据的采集、清洗、提取和查找4方面进行数据分析前的准备。第1章从审计工作收集数据开始,包含了内部数据的采集格式规范性限制和统一化,并阐述如何自动收集外部数据,作为审计工作分析的原料;第2章基于数据分析的格式规范性,需要对原始数据进行清洗、格式规范、去除多余内容,这些处理为后续数据的运算奠定基础,因为无效的格式会影响工具的运用效果;第3、4章讲解运用工具栏、函数完成有效数据的查找和提取。

第二部分为分析篇,包括第5~8章,围绕审计工作实施阶段进行分析。第5章借助工具和函数对数据报表进行有效性分析,筛选出疑点数据;第6章通过数据透视常规手段,快速提升会计表、凭证摘要、借还款周期等审计任务的工作效率;第7、8章运用数据比对、数据图表掌握针对字段变动、预决算、收支结构、采集数据等应用场景的审计方法。

第三部分为进阶篇,包括第9~12章,为在审计中运用的高级阶段。第9、10章运用SQL、宏、VBA等进阶方法,实现自动审核常规性数据、多表连接和文件归档管理等;第11章通过自身的强大数据连接功能,同时结合Word工具,实现分析报告和审计通知等批量文件自动生成；第12章介绍文档多人共享与协作，并展开剖析多个综合案例。

　　本书通俗易懂，娓娓道来，各种层次的人都可以学习，没有特别前导知识的要求。既有基础知识的学习，又有深层次知识点的练习；既可以步步为营深入递进，也可以选择兴趣点跳跃式展开。每个章节由浅入深，逐步提升知识点的理解度和运用熟练度。每个知识点都由案例代入，从认识到升华，层层递进，最终达到得心应手地综合运用。

　　案例分析是本书最大的亮点。本书采取任务驱动式教学方法，每章由审计场景为契机，开始带着思考进入学习，在过程中解决问题，最后安排课后练习来加深印象，完全遵循"疑点—解题—巩固"循环学习模式，有效地推进知识点的掌握，以及新一轮的再循环加深。通过本书81个案例的练习，希望能九九归一，切切实实地帮助读者提升审计分析技能，从貌似平淡无奇的数据中敏锐地发现蛛丝马迹。

　　本书是信息技术团队和审计专业团队协同努力的成果。除了封面署名作者之外，陈晖、何蕾、彭卫湘、李达、庞梅蓉等收集了大量的素材并参与了部分案例的编写，李硕等参与了设计和校对，陈怡等参与了配套课件制作。在本书的编写过程中，部分内容来自于参考文献和网络资源，未能逐一溯源和说明引用，特在此表示感谢和歉意。

　　本书所使用的数据均为虚拟数据，仅供教学使用，如有雷同纯属巧合。由于编者的水平、分析经验和表达能力有限，虽然力求准确，但仍可能存在一些不足甚至错误之处，望各位读者不吝赐教，电子邮箱bljdream@qq.com。

编　者

2023年3月于砚瓦池

目 录

第一部分 基 础 篇

第1章 审计数据采集 …………………………………………………………… 3
- 1.1 填报数据设置限定条件 ………………………………………………… 3
  - 1.1.1 限定数据采集表格格式修改 ……………………………………… 3
  - 1.1.2 固定数据采集表格内容输入 ……………………………………… 6
  - 1.1.3 下拉菜单设置规范收入统计数据 ………………………………… 8
- 1.2 获取外部数据 …………………………………………………………… 10
  - 1.2.1 数据库数据采集 …………………………………………………… 10
  - 1.2.2 公开网站数据采集 ………………………………………………… 12
  - 1.2.3 文本数据采集 ……………………………………………………… 15
- 1.3 运用表格模板 …………………………………………………………… 20
  - 1.3.1 模板的创建和保存 ………………………………………………… 20
  - 1.3.2 模板的调用和填报 ………………………………………………… 21
- 课后练习 ……………………………………………………………………… 23

第2章 不规范数据清洗 ………………………………………………………… 24
- 2.1 去除空格、空值、空行 ………………………………………………… 24
  - 2.1.1 函数处理首尾空格和换行 ………………………………………… 24
  - 2.1.2 用替换工具去除空格 ……………………………………………… 26
  - 2.1.3 去除空值单元格或空行 …………………………………………… 26
- 2.2 数据格式标准化 ………………………………………………………… 29
  - 2.2.1 不规范日期数据清理 ……………………………………………… 29
  - 2.2.2 不规范文本数据拆分 ……………………………………………… 30
  - 2.2.3 文本型数值的转换 ………………………………………………… 32
  - 2.2.4 防止显示为科学记数法 …………………………………………… 34
- 2.3 去除重复值 ……………………………………………………………… 36
  - 2.3.1 突出显示多列重复值 ……………………………………………… 36
  - 2.3.2 删除重复值 ………………………………………………………… 38
- 2.4 快速完成填充 …………………………………………………………… 39
  - 2.4.1 单元格内容填充 …………………………………………………… 40

        2.4.2　快速填充相同内容 ·· 40
        2.4.3　多表填充 ·· 40
        2.4.4　取消合并单元格并填充数据 ·· 41
        2.4.5　日期后自动添加星期几 ·· 44
    课后练习 ·· 46

第 3 章　基础数据提取 ·· 47
    3.1　从审计数据中提取有效字段 ·· 47
        3.1.1　试算平衡表中快速筛选一级会计科目 ···························· 47
        3.1.2　从摘要中提取报销人信息 ·· 49
    3.2　获取身份证号码中的隐含信息 ·· 51
        3.2.1　审核年龄限制政策要求 ·· 51
        3.2.2　自动识别性别信息 ·· 53
    3.3　跨年度合并计算收入报表 ·· 55
    3.4　同类别分类汇总 ·· 58
        3.4.1　会计凭证表中的科目开支分类汇总 ································ 58
        3.4.2　定位条件复制和粘贴 ·· 60
    3.5　供货方应付账款和已付账款统计 ·· 62
        3.5.1　按供货方统计付款数据 ·· 62
        3.5.2　进一步细化按月份统计 ·· 65
    课后练习 ·· 67

第 4 章　快速定位查找 ·· 68
    4.1　数据定位提取 ·· 68
    4.2　异常数据的可视化快速展示 ·· 69
    4.3　自动查找银行存款未达款 ·· 71
    4.4　多张表格数据的快速汇总 ·· 77
    课后练习 ·· 80

第二部分　分　析　篇

第 5 章　数据有效性筛选 ·· 83
    5.1　数据排序的有效性约束 ·· 83
    5.2　条件格式筛选异常 ·· 86
        5.2.1　突出显示单元格规则 ·· 86
        5.2.2　项目选取规则 ·· 87
        5.2.3　数据条 ·· 88
        5.2.4　图标集 ·· 89
    5.3　高级筛选识别异常 ·· 91

	5.3.1 检测试剂过期/临期	92
	5.3.2 医保卡冒名看病	94
5.4	多重条件的合规性审查	96
课后练习		99

第 6 章　数据透视万能工具 · 100

6.1	年度报表的快速解析	100
	6.1.1 数据透视表制作	100
	6.1.2 会计科目的统计与汇总	103
6.2	透析人员借还款时间周期	107
6.3	利用切片器快速提取明细表	115
课后练习		116

第 7 章　数据比对分析 · 117

7.1	多张表格同步对比	117
	7.1.1 重排窗口：多表格查看很方便	117
	7.1.2 并排查看与同步滚动：多张表同比对	119
	7.1.3 冻结窗格：超长超宽表格不烦恼	119
7.2	外部工具快速比对异常变动	123
	7.2.1 Spreadsheet Compare 审核跨年度会计科目的增减变化	124
	7.2.2 Database Compare 查找审计系统数据字段的变化	127
7.3	断号分析检查收费数据被私删	129
7.4	数据分析工具运用	130
	7.4.1 通过随机数抽取被审计项目	131
	7.4.2 通过抽样方法抽取被审计项目	132
	7.4.3 数据分布情况比对凸显异常	133
课后练习		135

第 8 章　数据可视化分析 · 136

8.1	柱形图：数据对照比较的首选	136
8.2	双轴柱形图：审计预决算完成度或项目进度的利刃	138
8.3	甘特图：直观呈现项目进度	143
8.4	饼图：收支数据结构比重的分析	147
	8.4.1 饼图	147
	8.4.2 复合饼图	148
8.5	折线图：反映趋势变化	150
课后练习		152

第三部分 进 阶 篇

第 9 章　SQL 与 Excel 的并用 **155**
  9.1　Excel 调用 SQL Server 数据库 155
    9.1.1　查询获取 SQL Server 数据 155
    9.1.2　通过现有连接直接读取库表 158
  9.2　SQL 语句实现多表连接比对 161
    9.2.1　SQL 语句合并表格 161
    9.2.2　SQL 计算形成新字段 165
  课后练习 167

第 10 章　终极武器 VBA 代码 **168**
  10.1　设置通用宏查找异常数据 168
    10.1.1　录制宏 169
    10.1.2　执行宏 169
  10.2　VBA 合并工作簿和工作表 170
    10.2.1　编辑 VBA 代码 170
    10.2.2　启用宏 175
  10.3　VBA 统计目录下的文件数量 177
    10.3.1　编辑 VBA 代码 177
    10.3.2　启用宏 179
  课后练习 180

第 11 章　审计报告自动生成 **181**
  11.1　自动生成财务数据分析报表 181
    11.1.1　构建基础数据表 182
    11.1.2　构思分析表的结构及词语顺序 185
    11.1.3　创建文字自动分析 185
    11.1.4　报表格式美化 186
  11.2　利用 Word 模板自动生成审计通知书 190
    11.2.1　准备通知书模板和信息 190
    11.2.2　链接 Word 文档与表格文件 190
    11.2.3　Word 文档中插入通知书信息 193
    11.2.4　生成审计工作通知书 194
  课后练习 195

第 12 章　技术综合运用 **196**
  12.1　文档多人共享与协作 196

    12.1.1 共享文件夹 ······ 196
    12.1.2 多人协作编辑 ······ 198
  12.2 电子招投标日志挖掘 ······ 203
    12.2.1 获取立项到完成时间间隔 ······ 204
    12.2.2 比对联系方式追踪企业关系 ······ 206
    12.2.3 排查 MAC 地址查找围标线索 ······ 208
  12.3 同货不同价采购审计 ······ 210
    12.3.1 纵向合并构造汇总数据表 ······ 211
    12.3.2 从供应商角度分析 ······ 216
    12.3.3 从设备角度分析 ······ 219
  课后练习 ······ 221

附录 A 实战案例快速索引 ······ **222**

附录 B 常用快捷键列表 ······ **226**

参考文献 ······ **228**

第一部分

基础篇

第 1 章

审计数据采集

学习目标

本章主要学习如何进行内部和外部的数据采集,如何对人工填制表格中的数据进行限制性输入,确保数据填写的规范和标准化,以及从外部自动获取相关数据,来辅助审计工作的进展。

数据采集是审计分析的第一步,一般既有被审计单位数据的采集,还包括关联外部数据的采集。在采集工作中,数据获取的来源形式多样,类型多样。随着大数据时代的到来,各类信息系统广泛投入使用,数据量日益庞大。所有审计工作都将基于数据开展,因此,如何获取和采集到全面有效的数据,是关系到审计任务能否有效开展的基础。

1.1 填报数据设置限定条件

在审计过程中,仅凭系统导出的数据是远远无法满足审计需求的,人工填报数据成为了必要的数据采集工作。虽然表格填报一开始都会自动默认好填写内容的字体、大小等,也可能还附带了填表说明;但是在人工操作过程中,总是会出现形态各异的内容样式。所以以为避免此种情况发生,最好将表格的格式固定,不允许删除、修改、添加采集项,某些内容限制填写格式等,为后续采集的数据作分析减少二次处理的麻烦。

1.1.1 限定数据采集表格格式修改

领导干部个人事项采集表十分常用,在干部离任、升迁、岗位调动等重要时期,是对干部数据采集的一种常规手段。干部个人事项内容比较多,为了严格控制格式,要对数据采集表格进行一些填报信息的限制。如图 1.1 所示的表格,第一列和第二列已经填上了数据信息,为了禁止填报者删减其中任何单元格,需要在数据填报区域设定一些限制操作,除了正常录入信息外,不得进行内容的删减和格式的变动。

	A	B	C	D	E	F	G	H	I	J
1	序号	姓名	单位	职务	技术级别	性别	年龄	身份证号码	政治面貌	籍贯
2	1	张三								
3	2	李四								
4	3	何小								

图 1.1

在"审阅"工具栏右上角部分,找到"允许用户编辑区域"工具栏(图 1.2),单击该工具打开"允许用户编辑区域"对话框(图 1.3),单击"新建"按钮,在"标题"栏下输入"允许编辑区域",在"引用单元格"中选择数据表录入区域 A1:J36,区域密码暂时不用设置(图 1.4)。设置完参数后,单击"确定"按钮。

图 1.2

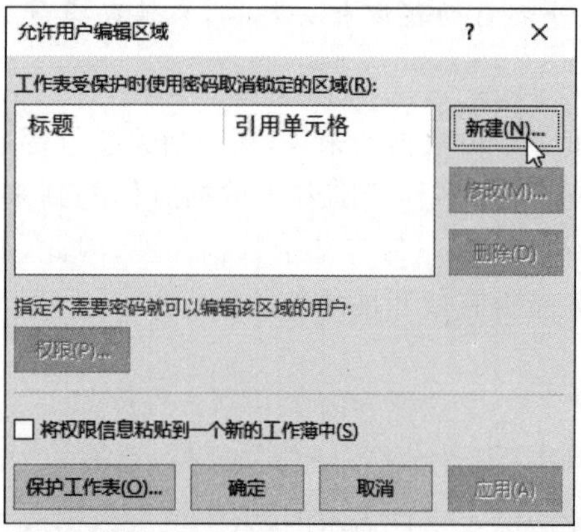

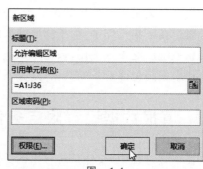

图 1.3

图 1.4

返回"允许用户编辑区域"对话框(图 1.5),单击左下角的"保护工作表"按钮,在新的对话框中,首先勾选第一项"保护工作表及锁定单元格的内容",在第二项中输入密码,此密码可以解除表格的编辑限定,一般仅为表格设计者掌握。第三项内容为勾选允许用户进行的操作,系统一般默认前两项"选定锁定单元格"和"选定未锁定的单元格"(图 1.6),按照个人的意向,自行选择其他内容的限定设置。在此选择最后两项"编辑对象"和"编辑方案"(图 1.7),意思是所有人仅可录入信息。

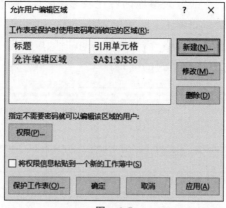

图 1.5

图 1.6

图 1.7

完成设置条件后单击"确定"按钮,系统会再次弹出"确认密码"对话框(图 1.8),输入密码确认后,即完成了表格的保护操作。

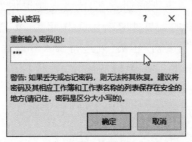
图 1.8

接着可以检验其效果。选择 C 列,右击,右键的操作部分都是灰色,即不能再对该列进行插入、删除和格式设定等操作(图 1.9)。类似地,如果选择表格外的区域 K2,随意输入字符时,会弹出禁止输入的提示框(图 1.10)。

图 1.9

至此,完成了表格的保护操作。

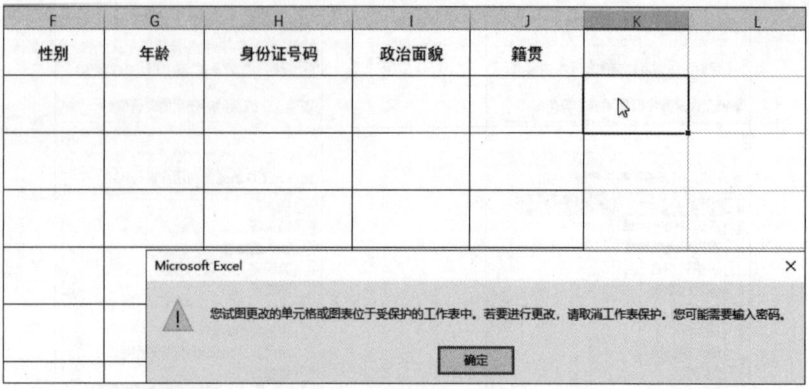

图 1.10

1.1.2 固定数据采集表格内容输入

在数据采集中,除了不允许填表人修改表格格式外,为了数据录入规范统一,还需要对输入内容的格式和有效性进行设定。下面以非正常聘用人员的清理为例。

在人员用工中,有些单位会出现雇佣童工,或者返聘退休人员,以达到节约开支的目的。劳动法规定,只有年满 18 周岁的人员才算合法工作年龄,女满 50 岁或 55 岁,男满 60 岁即可退休。在人员数据采集中,需要对"年龄"列进行录入有效性设定。此表为单位在职人员,因此其年龄应该为整数,且根据工作年龄的限定,数值应该在 18~60 岁,方为正常用工人员。

首先选择年龄 G 列,单击"数据"工具栏下的"数据验证"(图 1.11),注意"数据验证"在有的 Excel 版本中为"数据有效性",两者是一样的。

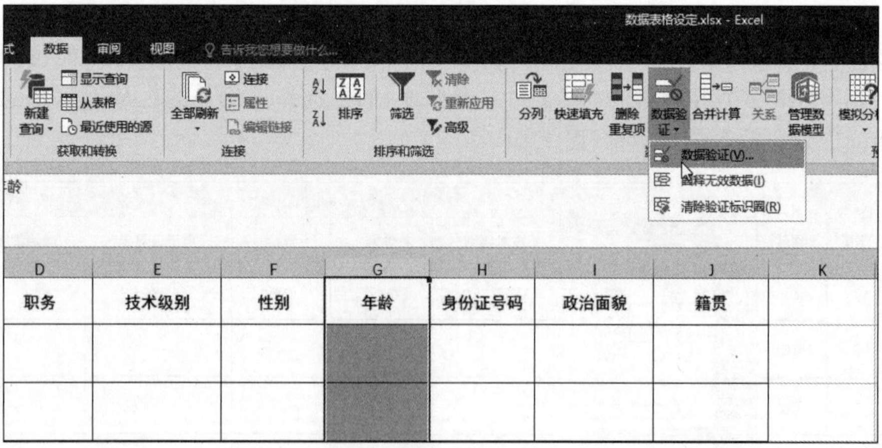

图 1.11

打开"数据验证"对话框,在第一个"设置"选项卡,在"允许"下拉菜单中选择"整数"(图 1.12),"数据"下拉菜单中选择"介于","最小值"录入 18,最大值录入 60,完成"设置"界面的条件设置(图 1.13)。

图 1.12　　　　　　　　　　　　图 1.13

单击首行中第二个选项"输入信息",打开此界面(图1.14)。勾选第一项"选定单元格时显示输入信息","标题"可不录入,在"输入信息"框中,录入填写数据时的信息提示内容,这里输入"请输入18~60的整数"。单击首行中第三个选项卡"出错警告",在样式中选择"停止"(图1.15),确认后,即完成"年龄"列中的数据限定条件。

图 1.14　　　　　　　　　　　　图 1.15

返回表格,单击该列中任一单元格,都会自动显示提示信息"请输入18~60的整数"(图1.16)。

	A	B	C	D	E	F	G	H	I	J
1	序号	姓名	单位	职务	技术级别	性别	年龄	身份证号码	政治面貌	籍贯
2	1	张三					请输入18~60的整数			
3	2	李四								

图 1.16

该设定参数表示,如果输入的信息非纯数值、非整数、范围在 18 以下或者 60 以上,则会提示错误信息(图 1.17,图 1.18)。

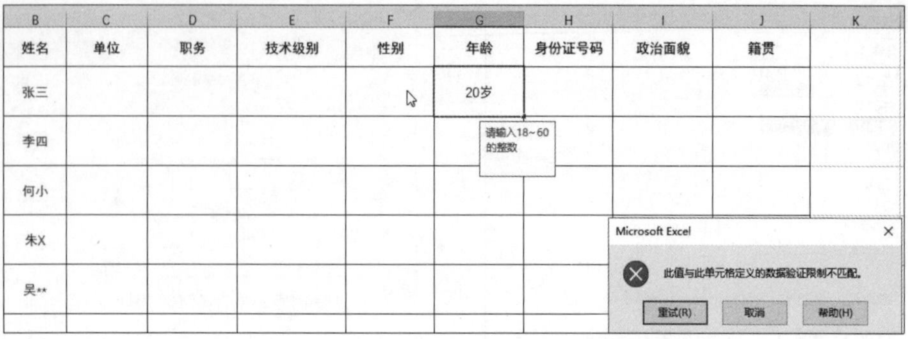

图 1.17

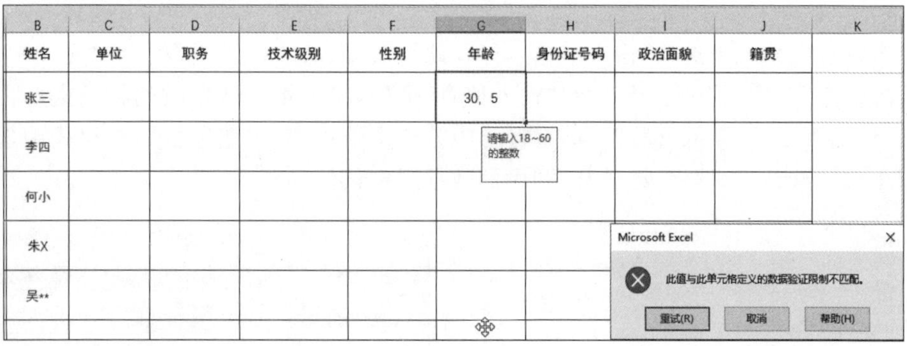

图 1.18

1.1.3　下拉菜单设置规范收入统计数据

由于每个人对表内容理解存在差异,在采集数据中经常会出现采集数据的格式不统一,从而影响后续数据的审计分析,需要额外花费人工进行数据的清理。因此,为了规范,同时也为被采集者提供更大的便利,只让其做选择是最有效的数据采集格式。

在如图 1.19 所示的中层领导干部收入申报表中,选定"家庭年收入"数据列,然后单击"数据"工具栏下的"数据验证",打开对话框(图 1.20)。在"设置"界面下的"验证条件"中,"允许"下拉菜单中选择"序列",第三项"来源"框中输入信息录入时的标准选项,这里填入家庭收入金额的几个区间"1 万元以下,1-3 万,3-6 万,6-9 万,9-15 万,15 万以上"。各选项中间用英文状态下的半角逗号隔开。单击"确定"按钮,因为这里设置了选项,"输入信息"可不用填写。

图 1.19

图 1.20

返回表格,单击"家庭年收入"任一单元格,都会出现一个倒三角的下拉菜单按钮,单击该下拉菜单,设定的选项信息就出现在菜单中(图1.21)。在此列单元格中,可以从下拉菜单中选择数据,也可以自行录入数据,下拉菜单的设定既可以保证数据的规范统一,同时由于数据只需下拉选择,极大方便了数据的人工填报。

民族	出生日期	户籍地	文化程度	工作时间	家庭年收入
					1万元以下
					1-3万
					3-6万
					6-9万
					9-15万
					15万以上

图 1.21

关于下拉菜单的设定,有两点必须注意。

(1)单元格中的内容可以选择,也可以手工输入,但是必须确保录入信息与下拉框中的字段完全一致,否则会提示错误信息。如在单元格中输入1000,弹出"此值与此单元格定义的数据验证限制不匹配。"提示(图1.22)。

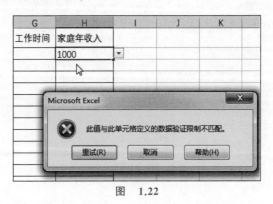

图 1.22

（2）在"来源"框中，类别中间用逗号隔开，该逗号必须是半角状态下的逗号。如在全角状态下，则会出现如图 1.23 所示结果，所有类别在下拉菜单中排成一行。这是因为中文的逗号不被识别，会被认为是一个选项。在设定类别信息时，务必注意。

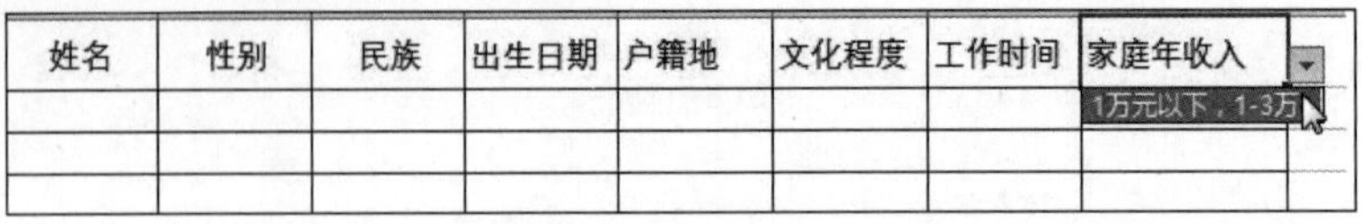

姓名	性别	民族	出生日期	户籍地	文化程度	工作时间	家庭年收入
							1万元以下，1-3万

图 1.23

这样的输入信息设定，可以选择不同的需求，根据个人的需要，设定不同的条件，这样在数据录入阶段就可以初步完成有效性的检验。

1.2 获取外部数据

审计过程中，数据的类型是不一样的，除了被审计单位提交的数据外，一般情况下也需要参照比较一些外部数据信息，通过内外结合，才能保证数据的合理性、合规性。本节重点讨论怎样将外部数据转换到 Excel 里，甚至能够将现有数据自动匹配某些网页官方数据。

外部数据的获取主要来源于 3 种方式。

（1）从专业网站查阅数据，针对特定的某个行业，或者某个商品。

（2）通过常用的专业数据平台购买数据。

（3）通过特殊形式搜集数据，例如统计网站、网页爬虫等。

1.2.1 数据库数据采集

数据库文件已经在各种应用系统中广泛使用，一般需要安装相应的数据库管理软件来打开查看，其实通过 Excel 就可查看和操作多种类型的数据库。本节主要讲解怎样从 Access 数据文件中获取数据。打开表格，单击"数据"工具栏，在"获取外部数据"的工具中，第一个即"自 Access"数据来源（图 1.24）。

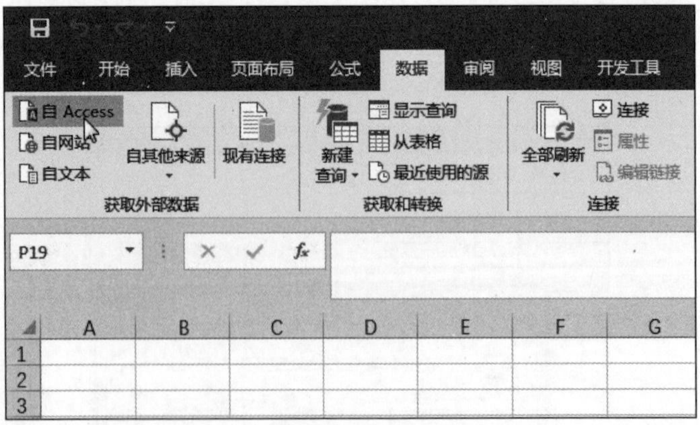

图 1.24

单击"自 Access"工具，可打开如图 1.25 所示的对话框，提示需要导入什么样的数据。在对话框中可以选择显示的方式为"表"，在"数据的放置位置"中选择"现有工作表"，然后定义好数据将要输出的单元格起点位置。完成设置后，单击"确定"按钮。

图 1.25

接下来会弹出"选取数据源"对话框，提示选择导入所需要的数据库文件。案例中要打开的文件夹中有 3 个有关企业数据的 Access 数据库文件，选择 company_change_record，然后单击"打开"按钮（图 1.26）。

图 1.26

这样该数据库文件中的内容就在 Excel 中以表格的形式展示出其内容（图 1.27）。

日常获取的数据类型多样，但很多都能通过 Excel 打开和输出，这为快速采集审计数据提供了极大帮助，也省去了需要安装各类数据库管理系统进行数据还原的麻烦。

	A	B	C	D
1	ID	company_pid	company_name	change_time
2	1	qfffbfc4555f136fc703902e7513a20bd	份有限公司重庆分公司	2017-05-25 16:00:00.000
3	2	qfffbfc4555f136fc703902e7513a20bd	份有限公司重庆分公司	2017-02-07 16:00:00.000
4	3	qfffbfc4555f136fc703902e7513a20bd	份有限公司重庆分公司	2015-12-27 16:00:00.000
5	4	qfffbfc4555f136fc703902e7513a20bd	份有限公司重庆分公司	2015-05-17 16:00:00.000
6	5	qffef9b7adcb837ad385c10b9cbc7d577	程有限公司	2011-07-12 16:00:00.000
7	6	qffef9b7adcb837ad385c10b9cbc7d577	程有限公司	2011-07-12 16:00:00.000
8	7	qffef9b7adcb837ad385c10b9cbc7d577	程有限公司	2011-07-12 16:00:00.000
9	8	qffe7cea26bd31193a4935c2ee90c370c	限公司	2021-04-15 16:00:00.000
10	9	qffe7cea26bd31193a4935c2ee90c370c	限公司	2021-04-15 16:00:00.000
11	10	qffe7cea26bd31193a4935c2ee90c370c	限公司	2020-12-07 16:00:00.000
12	11	qffe7cea26bd31193a4935c2ee90c370c	限公司	2020-12-07 16:00:00.000
13	12	qffe7cea26bd31193a4935c2ee90c370c	限公司	2020-12-07 16:00:00.000
14	13	qffe7cea26bd31193a4935c2ee90c370c	限公司	2020-10-18 16:00:00.000
15	14	qffe7cea26bd31193a4935c2ee90c370c	限公司	2020-10-18 16:00:00.000
16	15	qffe7cea26bd31193a4935c2ee90c370c	限公司	2020-10-18 16:00:00.000
17	16	qffe7cea26bd31193a4935c2ee90c370c	限公司	2020-05-26 16:00:00.000
18	17	qffe7cea26bd31193a4935c2ee90c370c	限公司	2020-05-26 16:00:00.000
19	18	qffe7cea26bd31193a4935c2ee90c370c	限公司	2020-03-30 16:00:00.000
20	19	qffe7cea26bd31193a4935c2ee90c370c	限公司	2020-03-30 16:00:00.000
21	20	qffe7cea26bd31193a4935c2ee90c370c	限公司	2020-01-02 16:00:00.000
22	21	qffe7cea26bd31193a4935c2ee90c370c	有限公司	2020-01-02 16:00:00.000

图 1.27

1.2.2 公开网站数据采集

采购工作是当前经济活动开展的重要工作之一，由于与经济利益相关，在招标工作执行中，出现了不规范、围标串标等不法行为，严重扰乱了正常秩序，违反了公开公平公正的招标要求。为了打击这些不法商家并惩戒不法行为，政府采购网会及时公开披露累计的采购黑名单，供采购方、招标机构和审计机构参考借鉴。

数据查阅是收集数据的一个重要来源，但从网站下载不方便，甚至有时连复制数据都不允许，复制出来的数据也是一堆乱码，无法使用。因此，可借助 Excel 自动下载网站的数据就显得快捷许多，还省去了很多转换环节。

首先新建一个空白的工作簿，在打开的工作表中单击"数据"选项卡，然后在"获取外部数据"组中单击"自网站"按钮，弹出"新建 Web 查询"对话框。在图 1.28 所示的地址栏文本框中，输入网址 www.ccgp.gov.cn，然后单击"转到"，该界面就跳转到了中国政府采购网的主页，如图 1.29 所示。

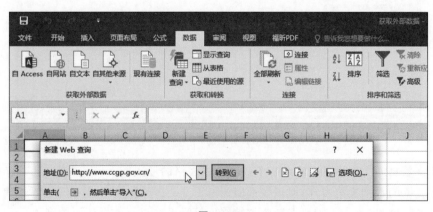

图 1.28

图 1.29

在网页左边内容条目中,选择"政府采购严重违法失信行为记录名单"(图1.30),双击其进入该内容的界面,如图1.31 所示。

图 1.30

在表格数据左上角处有一个箭头"→",单击此箭头,图标变成选中状态的复选框"√"(图1.32),然后单击界面右下角的"导入"按钮。

单击"导入"按钮后会出现"导入数据"对话框,如图1.33 所示,选择数据放置位置起始区域 A1,单击"确定"按钮开始导入。

实战 Excel 审计

图 1.31

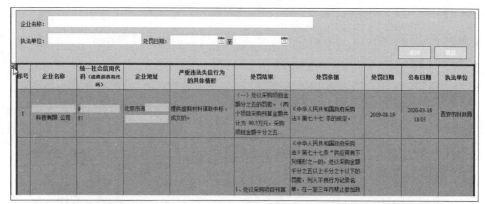

图 1.32

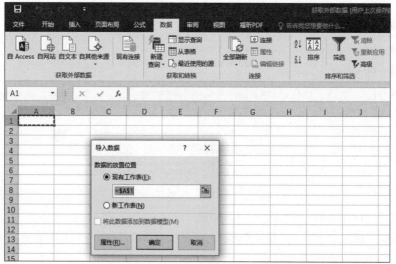

图 1.33

如图 1.34 所示，中国政府采购网上有关失信行为的企业数据就被全部提取到表格中，然后就可以对数据进行格式调整和筛选，用以在审计中匹配合同、采购、付款等经济活动行为。

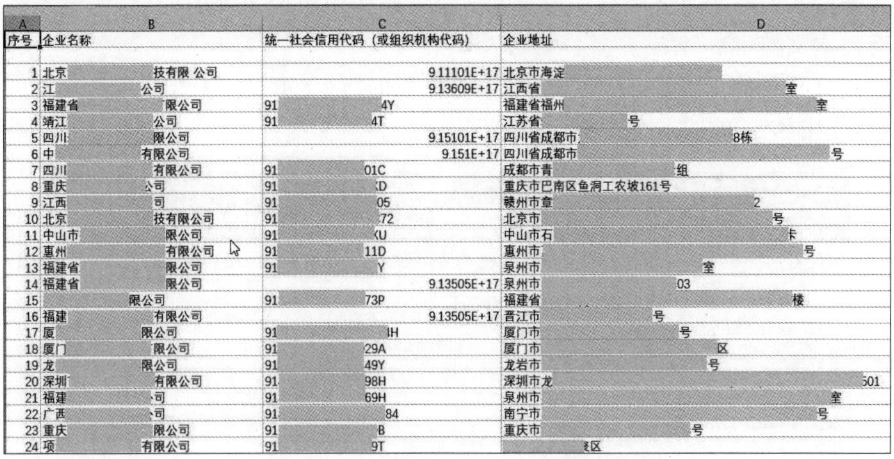

图 1.34

图 1.34 中有部分统一社会信用代码数据以科学记数法显示，在后面的章节里将会讲述如何处理。

1.2.3 文本数据采集

办公用品采购是较大的行政性消耗开支之一。办公用品品类繁多，型号和市场价格也是鱼龙混杂，差距较大。由于单价小，在日常管理中也并未引起重视。来源不统一，价格未约束，价小量大的办公用品采购成了审计中需要加以关注和规范的地方。

对于没有规定采购渠道的单位，其采购价格的参照标准，可以从公开的互联网采购平台上下载。1.2.2 节中介绍了如何直接从网站提取数据，但是局限性在于，在网页上该数据的格式必须是表格形式，否则无法自动提取。所以如果网页数据是文本形式，只能将其复制并粘贴至文本文件后再进行转换。

如图 1.35 所示的文本文档包括了常用办公用品内容，是从某网站上复制的办公用品分类清单，可用来参考审计行政性开支。

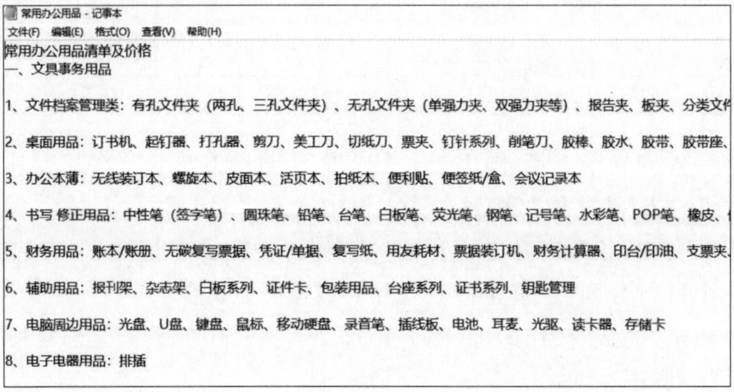

图 1.35

在复制内容后,一般选择粘贴至文本文档中,而非 Word 文档。这是因为外部数据源一般会带有格式,而 Word 有时识别不了其格式;文本文档只会复制其内容,所以记事本是用于转换数据格式的一个重要中介。为了省去后续操作中可能出现的问题,一般先将资料内容复制至文本文档中。

新建并打开新的工作表,选择"数据"工具栏下的"自文本"(图 1.36),选择保存的文本文档"常用办公用品",单击"导入"(图 1.37)。

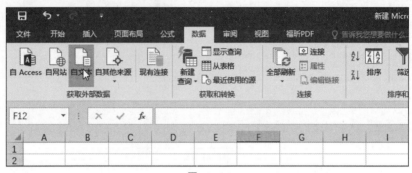

图 1.36

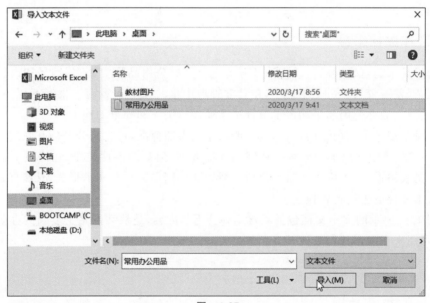

图 1.37

跳转出文本导入向导第 1 步(图 1.38),其界面和使用方法与"分列"工具完全一样,到第 2 步的"分隔符号"中选择"其他",然后在输入框中输入冒号":"(图 1.39)。

在原始文本数据中,各项内容中用冒号":"或者顿号"、"来切分,但在数据导入分列时,只能选择其中一个进行分列,这里先将带冒号的数据分列开。

到最后一步单击"完成"按钮即可(图 1.40),文本文档中的数据全部转换到表格中,以冒号来作为分隔数据列(图 1.41)。

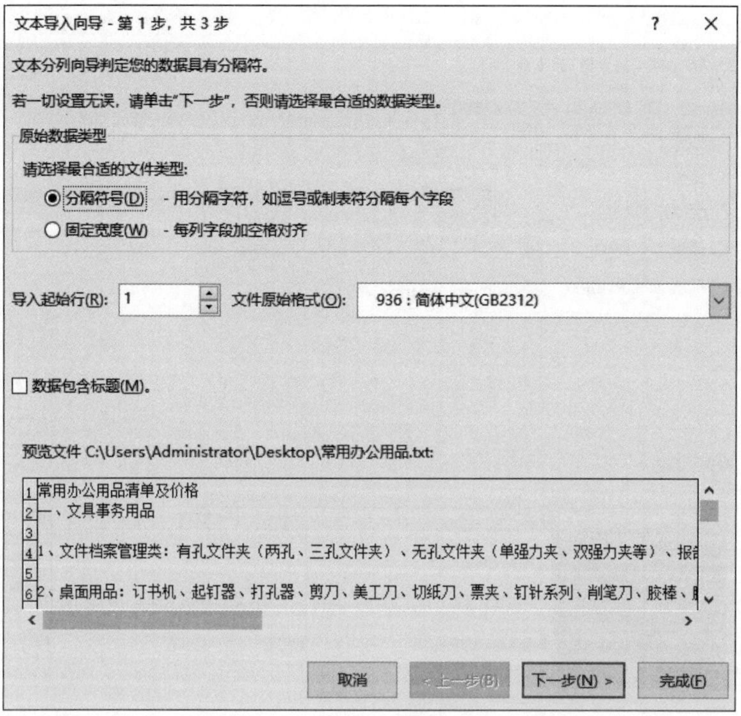
文本导入向导 - 第 1 步，共 3 步
文本分列向导判定您的数据具有分隔符。
若一切设置无误，请单击"下一步"，否则请选择最合适的数据类型。
原始数据类型
请选择最合适的文件类型:
分隔符号(D) - 用分隔字符，如逗号或制表符分隔每个字段
固定宽度(W) - 每列字段加空格对齐
导入起始行(R): 1
文件原始格式(O): 936：简体中文(GB2312)
数据包含标题(M)。
预览文件 C:\Users\Administrator\Desktop\常用办公用品.txt:
常用办公用品清单及价格
一、文具事务用品
1、文件档案管理类：有孔文件夹（两孔、三孔文件夹）、无孔文件夹（单强力夹、双强力夹等）、
2、桌面用品：订书机、起钉器、打孔器、剪刀、美工刀、切纸刀、票夹、钉针系列、削笔刀、胶棒、
取消
< 上一步(B)
下一步(N) >
完成(F)

图　1.38

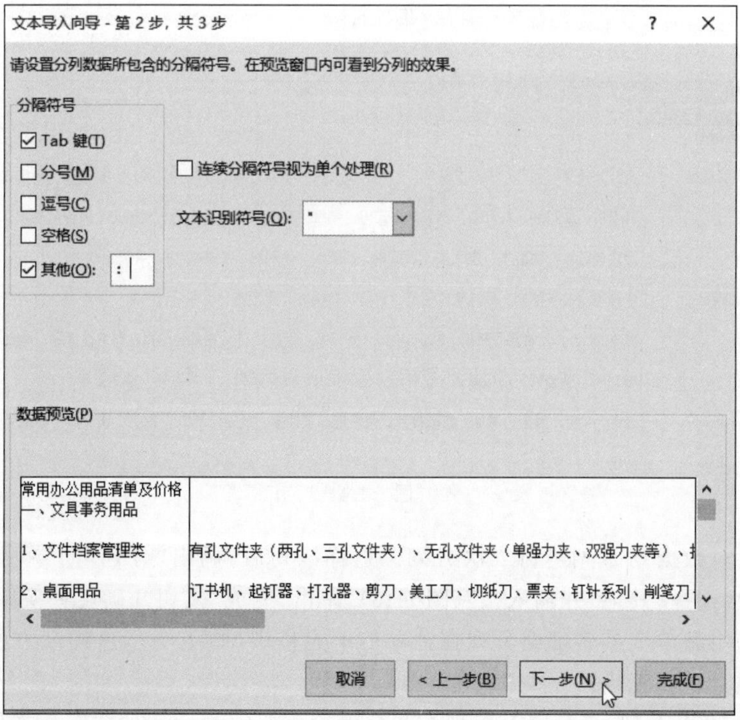
文本导入向导 - 第 2 步，共 3 步
请设置分列数据所包含的分隔符号。在预览窗口内可看到分列的效果。
分隔符号
Tab 键(T)
分号(M)
逗号(C)
空格(S)
其他(O): ：
连续分隔符号视为单个处理(R)
文本识别符号(Q): "
数据预览(P)
常用办公用品清单及价格
一、文具事务用品
1、文件档案管理类
有孔文件夹（两孔、三孔文件夹）、无孔文件夹（单强力夹、双强力夹等）、
2、桌面用品
订书机、起钉器、打孔器、剪刀、美工刀、切纸刀、票夹、钉针系列、削笔刀
取消
< 上一步(B)
下一步(N) >
完成(F)

图　1.39

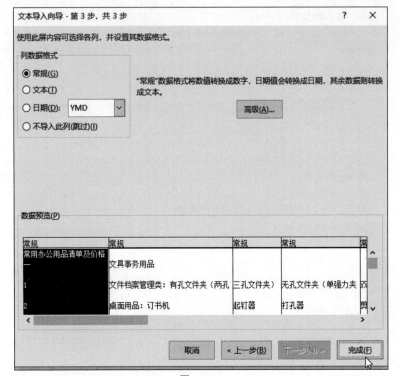

图 1.40

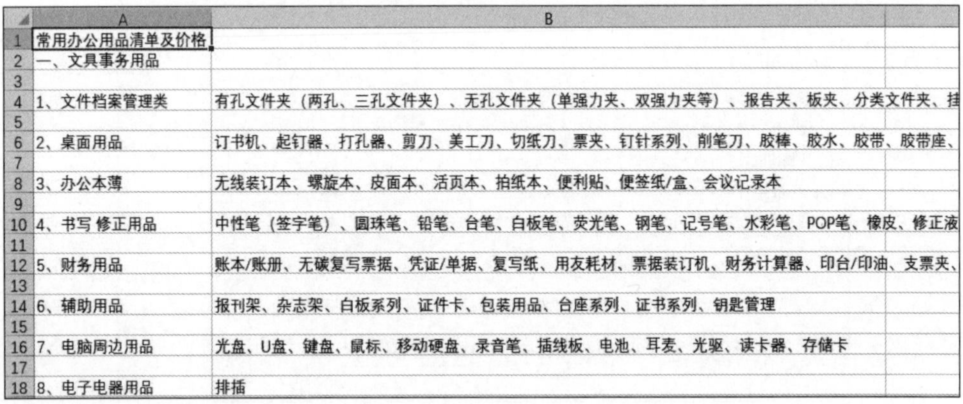

图 1.41

接下来再对数据列 B 列进行二次分列。选择该列后,调出"分列"向导(图 1.42),在分隔符号界面中,选择"其他"并输入"、"(图 1.43),单击"完成"按钮并确定替换原数据,原表格中所有的办公用品单个品名都会分列在独立的单元格中(图 1.44),这样就方便查找对照办公用品开支项目是否正确。

从图 1.44 可以看到,当分隔符出现在非分隔符数据中时,如图中"有孔文件夹(两孔、三孔文件夹)",将被误认为是两个值而分列,这需要人工进行复核检查,再进行二次合并。

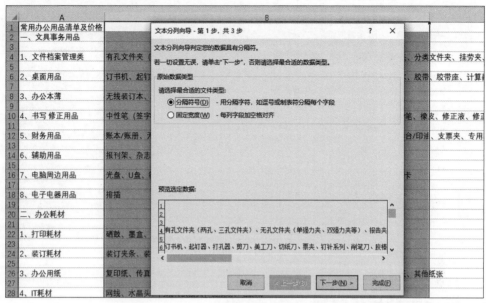

图 1.42

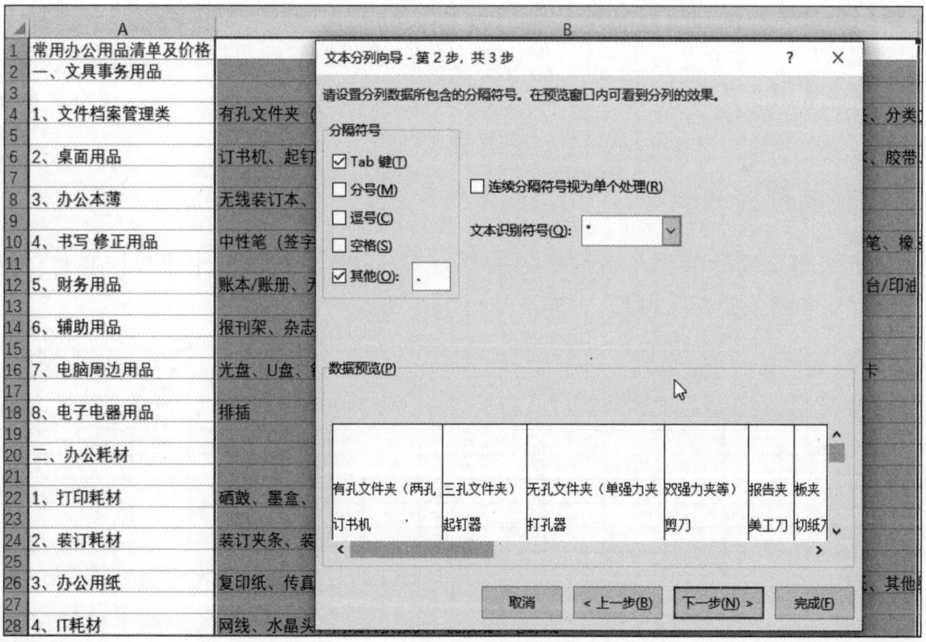

图 1.43

按照分列出来的品名和价格,与实际发生的采购清单进行比较,即可得出价格的差异数额。通过差额大小可以定位审查的货品,进行下一轮的深入审计。

	A	B	C	D	E	F	G
1	常用办公用品清单及价格						
2	一、文具事务用品						
3							
4	1、文件档案管理类	有孔文件夹（两孔	三孔文件夹）	无孔文件夹（单强力夹	双强力夹等）	报告夹	板夹
5							
6	2、桌面用品	订书机	起钉器	打孔器	剪刀	美工刀	切纸刀
7							
8	3、办公本薄	无线装订本	螺旋本	皮面本	活页本	拍纸本	便利贴
9							
10	4、书写 修正用品	中性笔（签字笔）	圆珠笔	铅笔	台笔	白板笔	荧光笔
11							
12	5、财务用品	账本/账册	无碳复写票据	凭证/单据	复写纸	用友耗材	票据装订机
13							
14	6、辅助用品	报刊架	杂志架	白板系列	证件卡	包装用品	台座系列
15							
16	7、电脑周边用品	光盘	U盘	键盘	鼠标	移动硬盘	录音笔
17							
18	8、电子电器用品	排插					
19							
20	二、办公耗材						
21							
22	1、打印耗材	硒鼓	墨盒	色带			
23							
24	2、装订耗材	装订夹条	装订胶圈	装订透片	皮纹纸		
25							

图 1.44

1.3 运用表格模板

表格填报是从被审计单位获取数据的最直接方式之一。虽然根据每次审计事项的不同,审计数据的内容要求也会不一样,但仍然有很多相同的基础数据,如人员数据、薪酬数据等。对于这些常用的数据,审计人员可以依据工作经验制成常用的模板,以便再次重复采集数据。

1.3.1 模板的创建和保存

图 1.45 为用于统计单位经费结转的表格,已经设定好了要统计的数据和自动计算公式。下一步要将此表保存为模板,方便后续可以快速取用。

A	B	C	D	E	F	G	H	I	J	K	L	M	N	O
1科目代码	2科目名称	收入			6年初预算直接支出	7预算调整直接支出	支出		10余额	11预算执行率	12累计结余与收入比	13当年新增结余金额	14当年新增结余与收入比	16审计结论（手工录入）
		3向上请领	4弥补经费	5上年转入			8直接支出	9对下供应						
								#DIV/0!	0	#DIV/0!	#DIV/0!	0	#DIV/0!	
								#DIV/0!	0	#DIV/0!	#DIV/0!	0	#DIV/0!	
								#DIV/0!	0	#DIV/0!	#DIV/0!	0	#DIV/0!	
								#DIV/0!	0	#DIV/0!	#DIV/0!	0	#DIV/0!	
								#DIV/0!	0	#DIV/0!	#DIV/0!	0	#DIV/0!	
								#DIV/0!	0	#DIV/0!	#DIV/0!	0	#DIV/0!	

图 1.45

在打开的经费结转统计表中,单击"文件"菜单下的"另存为"命令,在弹出的"另存为"对话框中,"保存类型"选择"Excel 模板","保存位置"默认为"我的文档"。可在其下新建一个"我的模板"文件夹用于存放所有的模板文档,方便以后查找和调用。

在"文件名"栏输入文件名,此处定义为"经费结转模板"。然后单击"保存"按钮,模板创建即完成,如图 1.46 和图 1.47 所示。

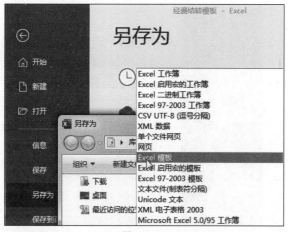

图 1.46

图 1.47

1.3.2 模板的调用和填报

1.3.1 节中已经将模板制作好,就可以使用其进行数据表格的生成和填写。在空白表格中,单击"文件"→"新建"命令,在"新建"界面会出现 Office 和"个人"两个模块,如图 1.48 所示。

Office 模块里是 Excel 自带的联机模板,包括各种类型的已经设计好的表格,用户可以自行选择使用保存至计算机本地,而"个人"模块则是用户自行保存成模板的所有 Excel 表格,如图 1.49 和图 1.50 所示。单击"个人"模块,选择需要打开的模板表格"经费结转模板",双击该表就自动填写到了新建表格中,如图 1.51 所示。

当完成模板中数据的录入后,单击"保存"时,该表会自动转为"另存为",如图 1.52 所

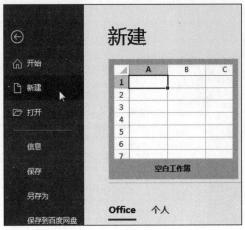

图 1.48

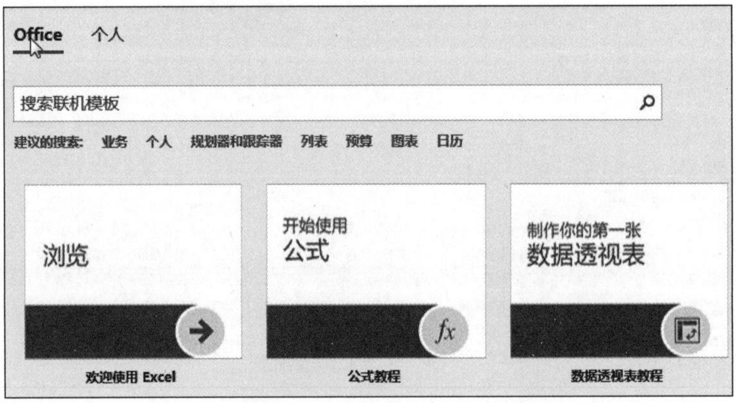

图 1.49

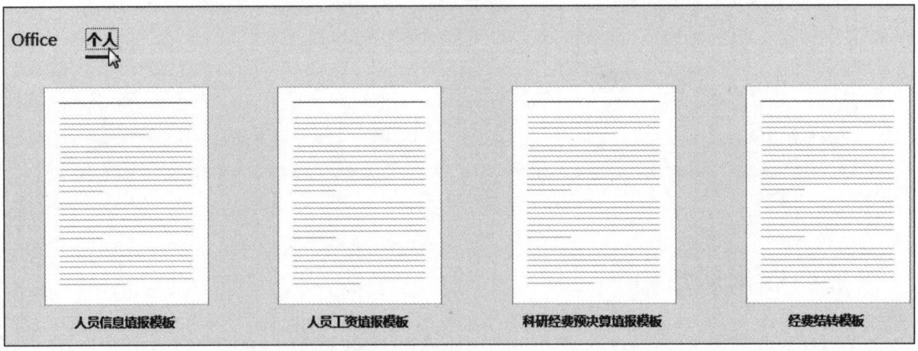

图 1.50

示。在"另存为"设置界面选择文件保存位置,输入文件名自动保存,这样模板填写好数据后的表格即被另行保存下来,而原模板表格并未有任何变动,下次还可以继续使用。

注意:Excel 的版本不同,模板运用的功能也有所不同。

(1) 2010 版本的 Excel,在"文件"→"新建"对话框中,"模板"设置页面中使用"本机上的模板"或"我的模板",就可以直接选择并用模板创建表格。

（2）2016 版本的 Excel 中新增加了联机模板供用户选择，联机模板需要联网使用；而 2010 版本的 Excel 中"本机上的模板"则是以"个人"的模板出现，这些个人模板都保存在本地，无须联网也可以使用。

图 1.51

图 1.52

课后练习

如图 1.53 所示的单位人员信息简表，需要增加一栏"部门"信息，如何操作最便捷？（运用下拉菜单栏制作）

	A	B	C	D
1	姓名	性别	民族	出生日期
2	王巍	男	汉族	1973-09-28
3	杨明伟	男	汉族	1974-09-15
4	李中秋	男	汉族	1968-10-01
5	晏红超	男	汉族	1979-09-17
6	陈斌	男	汉族	1972-11-02
7	罗娅	女	汉族	1960-08-20
8	曾梅芳	女	汉族	1974-01-23
9	宁静	女	汉族	1983-05-23

图 1.53

第 2 章

不规范数据清洗

学习目标

本章学习如何完成原始数据的清洗工作,去除空格、空值、空行,实现表格格式规范化,去除重复值,采用公式等方法实现字段数据的快速填充。

数据清洗是审计分析工作开展的前期准备,是对原始数据进行规范化整理。数据的规范统一,是保障各种审计工具顺利运行的基础。Excel本身对表格的版面和数据标准化有一定的要求。

基础数据中需要避免存在如下多种不规范情况。

(1) 表格中存在合并单元格,特别是标题栏。
(2) 表格中有空行、空格。
(3) 日期格式不规范或者不统一。
(4) 数字格式为文本型。
(5) 文本型数值显示错误。
(6) 数据有重复值。
(7) 一个单元格内包含两种及以上数据格式。
(8) 数据表中存在小计行。

无论是系统中导出的数据,还是人工填写上报的数据,都会存在这样或那样的情况。如果不事先对表格内容进行规范,将会带来运行不成功或赋值错误的后果。因此,数据清洗是开展数据分析的第一关键步骤。

2.1 去除空格、空值、空行

函数的运用首要原则就是数据的规范性,有时候数据的格式不对,增加了不显眼的空格或者多余的点等,都会使函数运行时提示出错。从网页或者财务ERP系统粘贴数据至表格时,有时会带有空格或者换行符。这些空格或者换行符号肉眼很难辨别出,如果不处理会导致公式计算、数据查找、数据引用时出现错误。因此,在数据分析前,需要首先对数据进行清洗。

本节介绍几个常用的简单工具,来去除表格中多余的空格、空值单元格或空行。

2.1.1 函数处理首尾空格和换行

TRIM和CLEAN两个函数,专门用来清理单元格中空格或者换行符。它们可以对数据的不合规部分进行自动清洗,快速简单。两者的区别在于,TRIM 函数简单容易,但只能去除一个单元格内数据中首尾两端的所有空格,面对数据中间的空格无能为力;而 CLEAN 函数主要用于去除单元格内的换行符。两个函数的参数组成很简单。

(1) TRIM(单元格引用)。

(2) CLEAN(单元格引用)。

在操作过程中,需要添加一列辅助列运行函数。待函数处理后,再选择用"复制"→"选择性粘贴"→"值"的方法,用函数处理后的数据列取代表格中原来的数据列。

如图 2.1 所示,这是一张从某大型仓库管理系统中导出来的商品采购入库表,从中可以发现入库单号字段中的有些数据好像格式不对,例如 A8 中明细比其他数据要偏右,应该是存在一个空格。因为数据较多,不可能一个个肉眼识别后再去删除空格,所以这里用 TRIM 函数去掉多余的空格。将空白的 I 列设置为辅助列,在辅助列的 I2 单元格输入公式"=TRIM(A2)",然后双击单元格右下角,将公式覆盖到底,再比较 I8 中的数据,已经和上下单元格中数据排列位置一样了,这就表明空格已经被去除。然后选择辅助列中的数据,右击"剪切",在数列 A 中右击"选择性粘贴"中的"值"取代原数据列 A,如图 2.1~图 2.3 所示。

入库单号	产品代码	规格	单位	厂家标识	进货价	零售价
RMZ7279	1705024AT0	10g:0.1mg	支	长春金赛	126.27	126.27
RMZ7280	1504066TA0	10mg	片	南京天晴	37.58	37.58
RMZ7281	0105038SL0	0.5g	支	日Sunstar	58.32	58.32
RMZ7282	1705025AT0	1t	张	鄂舒尔迈康	70.49	70.49
RMZ7282	1504067TA0	1t	张	鄂舒尔迈康	70.49	70.49
RXYS2991	0105039SL0	10ml	支	京益民药业	0.87	0.87
RXYF1806	1705026AT0	10g	包	广东一方	1.32	1.32
RXYF1806	1504068TA0	6g	包	广东一方	0.66	0.66
RXYF1806	0105040SL0	10g	包	广东一方药	1.43	1.43
RXYF1806	1705027AT0	10g	包	广东一方	2.16	2.16
RXYF1806	1504069TA0	20g	包	广东一方药	1.02	1.02
RXYF1806	0105041SL0	15g	包	广东一方药	0.60	0.60
RXYF1806	1705028AT0	20g	包	广东一方药	0.74	0.74
RXYF1806	1504070TA0	250ml:2.25	袋	四川太平洋	9.01	9.01
RXYF1806	0105042SL0	6wu	枚	武汉维奥	43.70	43.70
RXYF1806	1705029AT0	0.1g	支	海南惠普森	2.07	2.07
RXYF1806	1504071TA0	8wu	支	豫辅仁怀庆	0.42	0.42
RXYF1806	0105043SL0	10wu	枚	安徽安科	43.24	43.24
RXYF1806	1705030AT0	1s	粒	黑龙江葵花	28.75	28.75

图 2.1

	A	B	C	D	E	F	G	H	I
1	入库单号	产品代码	规格	单位	厂家标识	进货价	零售价		辅助列
2	RMZ7279	1705024AT0	10g:0.1mg	支	长春金赛	126.27	126.27		=TRIM(A2)

图 2.2

入库单号	产品代码	规格	单位	厂家标识	进货价	零售价	辅助列
RMZ7279	1705024AT0	10g:0.1mg	支	长春金赛	126.27	126.27	RMZ7279
RMZ7280	1504066TA0	10mg	片	南京天晴	37.58	37.58	RMZ7280
RMZ7281	0105038SL0	0.5g	支	日Sunstar	58.32	58.32	RMZ7281
RMZ72			张	鄂舒尔迈康	70.49	70.49	RMZ7282
RMZ72			张	鄂舒尔迈康	70.49	70.49	RMZ7282
RXYS2991	0105039SL0	10ml	支	京益民药业	0.87	0.87	RXYS2991
RXYF1806	1705026AT0	10g	包	广东一方	1.32	1.32	**RXYF1806**
RXYF1806	1504068TA0	6g	包	广东一方	0.66	0.66	**RXYF1806**
RXYF1806	0105040SL0	10g	包	广东一方药	1.43	1.43	RXYF1806
RXYF1806	1705027AT0	10g	包	广东一方	2.16	2.16	RXYF1806

图 2.3

CLEAN 的操作同样简单,这里就不再展开讲解。

2.1.2　用替换工具去除空格

"替换"运用非常广泛,位于"开始"工具栏最右边的"查找和选择"工具栏下,一般可以使用它的组合键 Ctrl+H。用"替换"法比用函数要更加方便,因为不需要另设复制列,并且可以整个表格一起完成,而函数公式只能一列一列数据进行操作。

在智慧城市社区终端设备配发清单表格中选择整个表格,单击表格左上角的倒三角,整个表格界面呈现灰色,表示已经被全部选定。

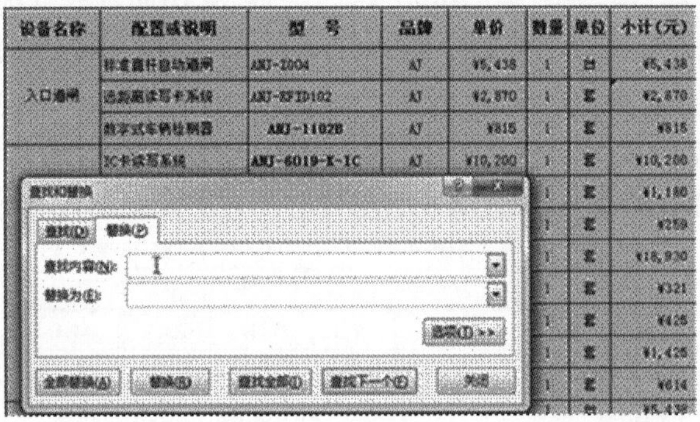

图　2.4

按下组合键 Ctrl+H,调出"查找和替换"对话框(图 2.4),在"查找内容"中输入一个空格符,然后单击"全部替换"按钮,系统会提示替换了几处内容(图 2.5)。

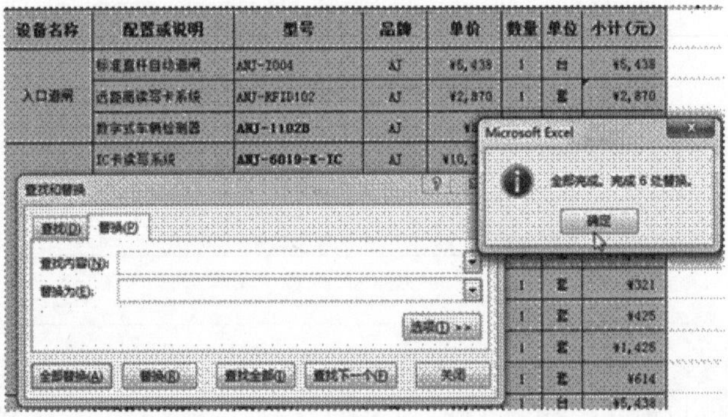

图　2.5

再检查下 A8 单元格,其数据位置已与上下保持一致,表明已经完成去除多余空格工作。

在系统导出数据中需要面对大量的数值,根本无法用眼睛判定哪个单元格中存在空格、回车符或者其他不应该存在的符号,所以一般可以事先对整个表格进行处理,比较而言,"替换"比函数要更加方便,但是需要注意对待"全部替换"要慎重,有时会误将无须替换的内容都进行了处理。

2.1.3　去除空值单元格或空行

数据表格中经常会存在一些空行,或者空白的单元格,这些都是由于数据的处理或格式的调整所带来的。空白单元格的删除也是数据清理中比较重要的部分。

当数据量很大时,无法仅凭眼睛一个个去查找空白单元格,一般会用到"定位"工具,首先将空行或者带有空值单元格的行与列查找出来,再通过二次分析看是否需要删除。

如图 2.6 所示的表格为某工程造价表,表格中存在小计行,同时也有空行。在数据分析表中,小计行是不能存在的,否则数据分析过程中会将数据重复计算,因此需要将小计行和空行都删除。如果采用手动一个个删除,需要花费大量的精力,同时还难以保证不出错误,所以必须借助 Excel 工具来自动完成所有单元格的处理。

	A	B	C	D	E	F	G	H
1	序号	项目名称	计量单位	工程量	综合单价	合价	人工费	机械费
2	1	平整场地	m2	654.78	0.38	247.51	41.25	206.25
3	2	挖基础土方	m3	214.57	10.20	2187.65	968.73	2050.22
4	3	基础土方回填	m3	132.43	18.98	2514.05	2096.90	214.14
5	4	室内房心回填	m3	175.91	24.54	4316.83	2972.88	279.70
6	5							
7	6	砌块墙钢丝网加固	m2	833.52	11.37	9477.12	3284.07	0.00
8	7	人工挖孔桩土方	m3	30.61	125.56	3843.39	2643.17	251.00
9	8	人工挖孔灌注桩	m3	26.23	396.26	10393.90	843.03	148.99
10	9	人工挖孔灌注桩护壁	m3	5.29	406.48	2150.28	217.73	11.96
11	10	截(凿)桩头	m3	0.90	388.58	349.72	257.99	0.00
12	11	垫层	m3	17.74	415.56	7372.03	1249.26	230.97
13	12	现浇构件钢筋	t	0.42	5693.21	2391.15	373.55	22.07
14	13	现浇构件钢筋	t	0.92	5699.12	5243.19	764.29	64.42
15	14	现浇构件钢筋	t	17.21	5403.32	92974.93	14294.89	1204.83
16	15	现浇构件钢筋	t	5.12	4976.70	25500.61	2159.35	488.62
17	16	现浇构件钢筋	t	3.49	4813.50	16808.74	1471.59	333.00
18	17	现浇构件钢筋	t	21.37	4813.50	102850.95	9004.48	2037.56
19	18	现浇构件钢筋	t	0.42	5403.32	2291.01	352.24	29.69
20	19		小计	48.95		248059.68	28420.39	4180.59
21	20	钢筋笼	t	1.02	5647.92	5777.82	702.25	460.58
22	21	电碴压力焊接头	个	608.00	5.17	3143.36	839.04	328.32
23	22	屋面找平层	m2	620.90	57.70	35825.93	11306.59	558.81

图 2.6

首先选中所有数据表格,可以通过 Shift+Ctrl+→和↓组合键来完成单元格的选定。

选择"开始"菜单栏下的"查找和选择"(图2.7),调出"定位条件"对话框。或者通过定位的快捷键 Ctrl+G,同样可以直接调出定位条件。

在"定位条件"中选择"空值"(图2.8),确定后,原表格中所有空白单元格都被标识出来,如图 2.9 所示。

图 2.7

图 2.8

实战 Excel 审计

序号	项目名称	计量单位	工程量	综合单价	合价	人工费	机械费
1	平整场地	m2	654.78	0.38	247.51	41.25	206.25
2	挖基础土方	m3	214.57	10.20	2187.65	968.73	2050.22
3	基础土方回填	m3	132.43	18.98	2514.05	2096.90	214.14
4	室内房心回填	m3	175.91	24.54	4316.83	2972.88	279.70
5							
6	砌块墙钢丝网加固	m2	833.52	11.37	9477.12	3284.07	
7	人工挖孔桩土方	m3	30.61	125.56	3843.39	2643.17	251.00
8	人工挖孔灌注桩	m3	26.23	396.26	10393.90	843.03	148.99
9	人工挖孔灌注桩护壁	m3	5.29	406.48	2150.28	217.73	11.96
10	截(凿)桩头	m3	0.90	388.58	349.72	257.99	
11	垫层	m3	17.74	415.56	7372.03	1249.26	230.97
12	现浇构件钢筋	t	0.42	5693.21	2391.15	373.55	22.47
13	现浇构件钢筋	t	0.92	5699.12	5243.19	764.29	64.42
14	现浇构件钢筋	t	17.21	5403.32	92974.93	14294.89	1204.83
15	现浇构件钢筋	t	5.12	4976.70	25500.61	2159.35	488.62
16	现浇构件钢筋	t	3.49	4813.50	16808.74	1471.59	333.00
17	现浇构件钢筋	t	21.37	4813.50	102850.05	9004.48	2037.56
18	现浇构件钢筋	t	0.42	5403.32	2291.01	352.24	29.69
19		小计	48.95		248059.68	28420.39	4180.59
20	钢筋笼		1.02	5647.92	5777.82	702.25	460.58
21	电磁压力焊接头	个	608.00	5.17	3143.36	839.04	328.32
22	屋面找平层	m2	620.90	57.70	35825.93	11306.59	558.81
23	屋面卷材防水	m2	671.30	56.68	38049.28	3343.07	
24	瓦屋面	m2	180.61	98.16	17728.68	5262.97	61.41
25	雨蓬找平层	m2	75.00	57.70	4327.50	1365.75	67.50

图 2.9

当定位完所有空白单元格时,首先要检查选中的空值,其中某些是数据为 0 的空白单元格,应先将这些单元格填充为 0,以免误删。

然后将鼠标移动到任何一个被标识的空值单元格上,右击并在弹出的快捷菜单中选择"删除"命令(图 2.10),在"删除"对话框中选择"整行"单选按钮(图 2.11),单击"确定"按钮后,原表格中全部小计行和空行一次性都被删除完毕(图 2.12)。

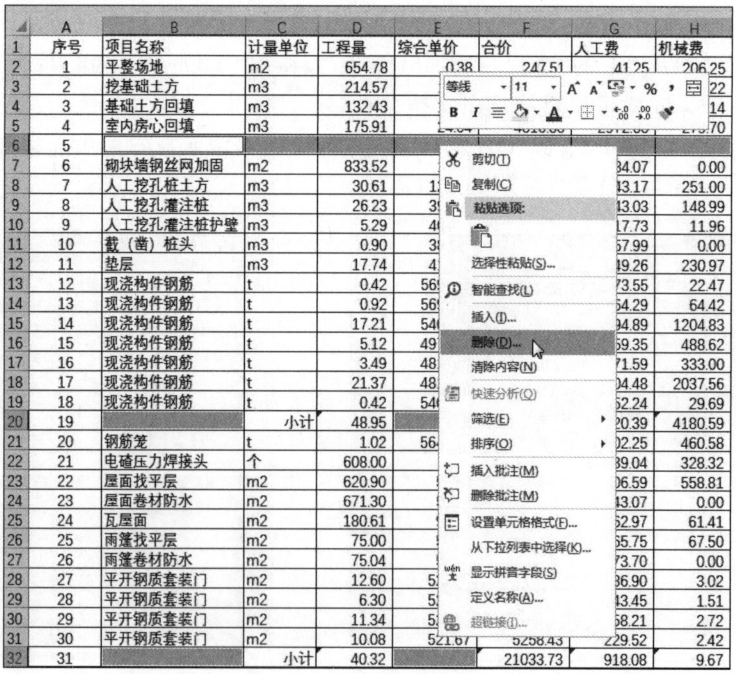

图 2.10

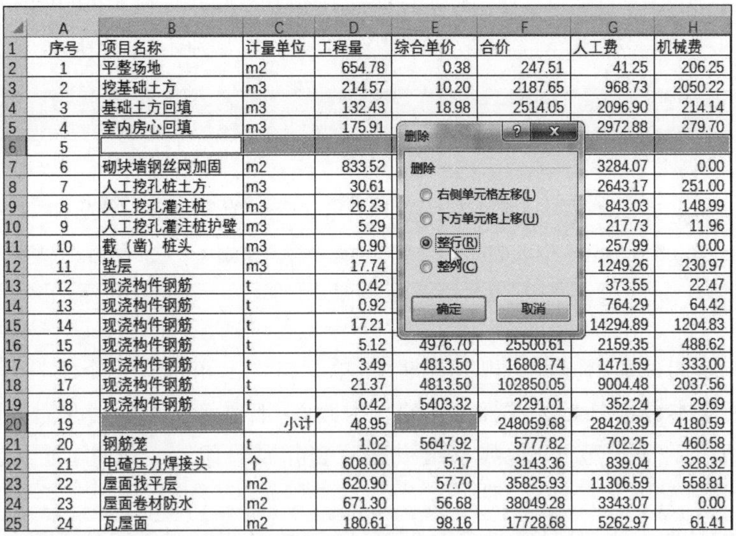

图 2.11

图 2.12

2.2 数据格式标准化

数据的格式无非就是数值、日期和文本3种主要类型。有表格就会有数据存在,特别是其中日期和数值两类数据,在数据分析过程中经常需要进行计算。因此,对这两类数据进行格式标准化是很重要的工作步骤。

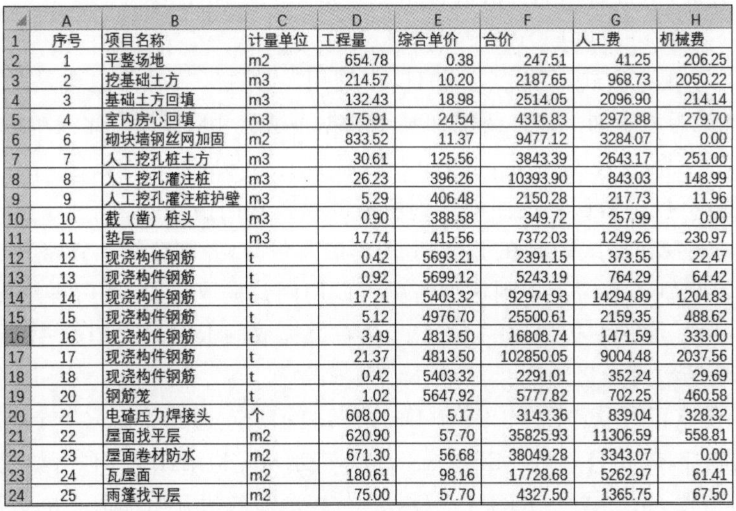

2.2.1 不规范日期数据清理

数据采集过程中,如果没有事先将录入内容和格式做好限制,即使有再多的填表说明,填报的数据依然还是五花八门。这些格式不统一的数据,会严重影响后续的分析工作和结果的准确性。因此,在数据收集后首先要对不规范的数据进行统一清理。下面以日期为例。

例如，日期"2020 年 2 月 14 日"规范的格式还包括"2020-2-14""2020/2/14"，一般为以上 3 种格式。但是在表格中经常会遇到如图 2.13 所示的几种不规范情况。

	A	B	C	D	E
1	不规范日期格式				
2	第一种	第二种	第三种	第四种	第五种
3	20200214	2020.2.14	2-14	2020214	200214

图 2.13

在第一种、第四种和第五种不规范日期中，单元格左上角都有一个小三角，表明它们属于文本数据，而文本数据是无法进行运算的。因此，一般要将文本数据改为数值数字。

（1）对于第一种不规范类型，数字组成是完整年月日组合。因此，对于这种数据采用"分列"的方法将其转换为标准日期格式。

（2）第二种日期表达，是最常见书写的格式，这种格式有明显的分隔符号。因此，也可以用"分列"的方法，但最简单的方法应该是 2.1 节中介绍的"替换"。

同样函数 SUBSTITUTE 等同于"替换"工具。

（3）第三种不规范格式，只写了月和日，中间用"-"连接，有时候也会是"."，缺少了年份识别，所以要将年的数字加上去。要增加某个数据一般会用到 &，因此在单元格 C4 中输入"="2020-"&C3"，需要注意的是，"2020-"必须加上引号，表示对数字内容的引用，否则 Excel 无法识别，会提示错误。返回即得到所需的完整日期格式。

（4）第四种不规范格式错误在于，当出现单数月份时，经常会被人省略其中的 0，就出现这样一个不容易识别的数值。遇到这种情况可以用函数提取字段，然后再用 DATE 函数组合起来。提取字段，有从左边提取的 LEFT，从右边提取的 RIGHT，有从中间提取的 MID。刚好在这里 3 个函数可以运用到。

① 提取年份字段，用公式"=LEFT(D3,4)"，表示从左边开始提取 4 个字符。

② 提取月份字段，用公式"=MID(D3,5,1)"，表示从左边第 5 个字段开始提取 1 个字符。

③ 提取日字段，用公式"=RIGHT(D3,2)"，表示从右边开始提取 2 个字符。

从分函数可以得到提取出来的年、月、日函数，然后再参照前面的 DATE 将其重新组合。当然也可以将公式组合在一起输入，在 D7 中直接输入"=DATE(LEFT(D3,4),MID(D3,5,1),RIGHT(D3,2))"，即可返回日期数值。

（5）第五种不规范格式也是常见的书写格式，习惯将年份前面的两个数省去，这类错误可以参照第三种，用连接符"&"将缺失的部分补充上去，加上"20"后单元格数值变成"20200214"。然后再根据第一种讲述的方法，整理出其正确格式。

以上 5 种常见不规范日期格式，在实际工作中需要灵活处理，寻找适合的最优方法。

2.2.2 不规范文本数据拆分

文本数据就是平常所输入的汉字、英文字母等，不规范的文本格式主要体现在复合单元格数据，即在一个单元格中有两种及以上的信息内容。这种单元格需要将数据分割成多列数据。

如图 2.14 所示，在 A 单元格中包括了姓名和出生日期两种文本格式，现在需要把“姓名”和“出生日期”分成两列内容。

1	人员	性别	民族	人员	出生日期
2	王巍19730928	男	汉族		
3	杨明伟19740915	男	汉族		
4	李中秋19681001	男	汉族		
5	晏红超19790917	男	汉族		
6	陈斌19721102	男	汉族		
7	罗娅19600820	女	汉族		
8	曾梅芳19740123	女	汉族		
9	宁静19830523	女	汉族		
10	曾蕾莉19771022	女	汉族		
11	肖焜19841110	男	汉族		
12	莫睿彬19830921	女	汉族		
13	刘伟19691226	男	汉族		
14	郭中凯19790405	男	汉族		

图　2.14

这里使用快速填充的方法。

在 D2 单元格输入要提取的字符“王巍”(图 2.15)；单击“开始”菜单下的“编辑”，选择“填充”工具栏，选择“快速填充”(图 2.16)，或者使用“快速填充”的组合键 Ctrl＋E，该列其他单元格自动填充提取对应字符(图 2.17)。同样操作完成 E 行数据的提取(图 2.18)。

	A	B	C	D	E
1	人员	性别	民族	人员	出生日期
2	王巍19730928	男	汉族	王巍	19730928
3	杨明伟19740915	男	汉族		
4	李中秋19681001	男	汉族		
5	晏红超19790917	男	汉族		
6	陈斌19721102	男	汉族		
7	罗娅19600820	女	汉族		
8	曾梅芳19740123	女	汉族		
9	宁静19830523	女	汉族		
10	曾蕾莉19771022	女	汉族		
11	肖焜19841110	男	汉族		
12	莫睿彬19830921	女	汉族		
13	刘伟19691226	男	汉族		
14	郭中凯19790405	男	汉族		

图　2.15

图　2.16

	A	B	C	D	E
1	人员	性别	民族	人员	出生日期
2	王巍19730928	男	汉族	王巍	19730928
3	杨明伟19740915	男	汉族	杨明伟	
4	李中秋19681001	男	汉族	李中秋	
5	晏红超19790917	男	汉族	晏红超	
6	陈斌19721102	男	汉族	陈斌	
7	罗娅19600820	女	汉族	罗娅	
8	曾梅芳19740123	女	汉族	曾梅芳	
9	宁静19830523	女	汉族	宁静	
10	曾蕾莉19771022	女	汉族	曾蕾莉	

图　2.17

	A	B	C	D	E
1	人员	性别	民族	人员	出生日期
2	王巍19730928	男	汉族	王巍	19730928
3	杨明伟19740915	男	汉族	杨明伟	19740915
4	李中秋19681001	男	汉族	李中秋	19681001
5	晏红超19790917	男	汉族	晏红超	19790917
6	陈斌19721102	男	汉族	陈斌	19721102
7	罗娅19600820	女	汉族	罗娅	19600820
8	曾梅芳19740123	女	汉族	曾梅芳	19740123
9	宁静19830523	女	汉族	宁静	19830523
10	曾蕾莉19771022	女	汉族	曾蕾莉	19771022

图　2.18

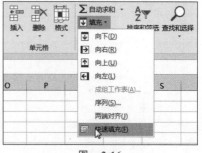

> **注意**:
> （1）如果一个单元格中有数值和文本两种类型的字符组合，用"快速填充"提取其中某一类型字符时，单元格的原数据中字符的位置可以是不同的、无序排列的甚至是穿插排列的，但提取时必须是一类字符的全部数据。
> （2）如果更改其中任意一个单元格的值，则会重新执行。
> （3）一次快速填充，特别是只选取某一类字符中的部分内容时，会默认操作选取位置。
> 此外如果复合单元格中组合数据，任一种数据都有相同的字符长度，或者两种格式中有标准分割符号，如空格、逗号等，还可以用前文所述"分列"工具进行数据分离。

2.2.3 文本型数值的转换

数值型数据是表格中不可缺少的组成。数值具有数学运算功能，如果格式不规范，就会影响其计算结果。系统导出的数据中，某些数字会以文本形式存在，无法进行数值计算。即使使用设置单元格工具将其设定为"数值"或"常规"，其本质还是文本。所以针对这列数据，需要用其他方法进行转换。

如图 2.19 所示，为某产品的年度收入数据表。从"收入"列可以看到，每个单元格左上角有一个绿色小三角，表示该列数据为文本型数值。通过右键"设置单元格格式"，将其设定为"数值"或者"常规"（图 2.20），发现其左上角的绿色小三角还是存在，可见单纯通过单元格格式的设置并不能改变格式本身。

图 2.19

图 2.20

下面通过两种方法将该列数据的格式由"文本"改为"数值"或者"常规"型。

1. 选择性粘贴计算法

凡是数值，都可以进行数学计算，所以将文本数字转换成数值的第一个方法就是利用数学计算。

在表格任一空白单元输入数字 1，复制该单元格；选择 B 列中的数据列，右击并在弹出的快捷菜单中选择"选择性粘贴"命令(图2.21),打开"选择性粘贴"对话框,在第二项"运算"中选择"乘"单选按钮(图2.22),单击"确定"按钮。返回后,发现该列中所有的单元格绿色小三角全部消失,表明该列数据格式已经不是文本型了。

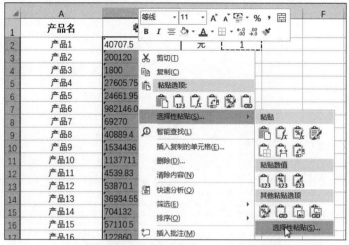

图 2.21

图 2.22

2. 分列导出法

在"分列"工具中,数据可以选择多种形式导出,因此用"分列"工具来转换数据格式,也是主要方法之一。

选择该列数据,调出"文本分列向导"对话框,第1步中选择"固定宽度"单选按钮(图2.23),直接到第3步,选择"常规"作为数据导出格式(图2.24)。单击"完成"按钮返回后,单元格上的绿色小三角也没有了。

以上两种方法是常用的转换数值格式的主要途径,第一种方法的原理很简单,无论什么样的数字,通过加、减、乘、除的运算后,其结果一定是数值型数字。而分列则是按照要求重新导出数据的新格式。因此,这两种方法都从本质上改变了数据的性质。

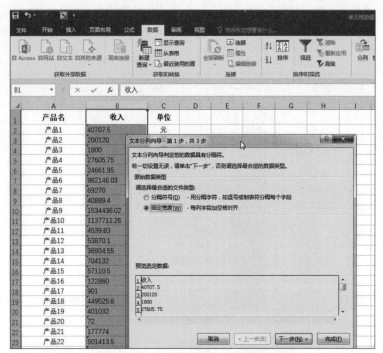

图 2.23

图 2.24

2.2.4 防止显示为科学记数法

复制、粘贴数据是数据处理中常用的操作过程,但是经常会遇到身份证号码或类似的数据列,在复制到新的表格中时,会显示成科学记数法。如图 2.25 所示,左侧的身份证数据列,复制到右侧单元格时,就会出现这样的数据格式,为此需要将该类显示不准确数据进行转换。

出现这种情况是因为,本来身份证号码是文本类型数据,而在新的单元格中是数值型。因此,就会粘贴成科学记数模式。

如果遇到图 2.25 右侧这样的格式,直接选择将该列数据类型改为文本,就会出现末尾 3 位数全部显示为 0,如图 2.26 所示。这样会导致全部的数据出现错误,要花费人工重新一个个进行核对。

图 2.25　　　　　　　　　　　图 2.26

出现这种情况,可以有以下几种处理方法,如图 2.27~图 2.29 所示。

图 2.27

(1) 首先将要复制到的目标列的格式改为文本,这样复制过来的数据就会自动默认为文本格式。

(2) 在粘贴时,右键选择"选择性粘贴"中的"值和数字格式"或"全部"等。

(3) 针对较少的数据,复制时,在输入的内容最前面加"'",表示数值转换为文本。

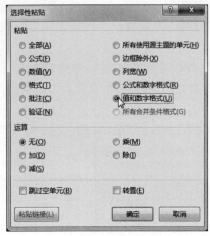

图 2.28

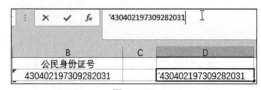

图 2.29

2.3 去除重复值

在工作实践中,重复值是最令人头疼的事情,难以查找,也难以规避,容易导致数据的分析运算错误。所以在数据清理中,重复值的删除也是最基本的工作。

下面从突出显示和删除两个步骤对重复值进行有效的筛选和清理。

2.3.1 突出显示多列重复值

如图 2.30 所示为某单位银行代发工资表,财务人员发现工资发放人数要多于实际人数,估计该工资发放表中可能有部分人员的数据重复提交了。需要先将工作表中的重复部分用显眼的标识标注出来,再进行二次确认其是否为重复值。

	A	B	C	D	E	F	G
1	业务编号	业务种类	企业编号	银行卡号	个人客户信息号	姓名	代发工资额
2	101	26	1211	****00000948368	**0659287	赵**	3129.10
3	101	26	1211	****00000953707	**0649466	冯**	1629.00
4	101	26	1211	****00000949820	**0654990	李**	2183.20
5	101	26	1211	****00000948202	**0658149	宣**	10443.90
6	101	26	1211	****00000950448	**0655083	薛**	4166.90
7	101	26	1211	****00000955736	**0650569	蔡**	2407.20
8	101	26	1211	****00000942494	**0644739	韩**	22569.00
9	101	26	1211	****00001969157	**0644186	邵**	22484.80
10	101	26	1211	****00001635618	**6571065	杨**	16386.50
11	101	26	1211	****00000951081	**0644698	赵**	10431.80
12	101	26	1211	****00111728636	**3767519	顾**	12376.50
13	101	26	1211	****00001739568	**6504608	王**	11712.50
14	101	26	1211	****00000953525	**0658493	王**	10753.00
15	101	26	1211	****00000956940	**0654141	翟**	12198.90
16	101	26	1211	****00000953368	**0660665	毛**	10451.50
17	101	26	1211	****00000950448	**0655083	薛**	4166.90
18	101	26	1211	****00001249048	**0777365	孙**	11532.00
19	101	26	1211	****00000950810	**0648500	李**	12849.20
20	101	26	1211	****00000960934	**0654158	赵**	14040.60
21	101	26	1211	****00000947204	**0651377	王**	11686.50

图 2.30

分析表格数据，可见 A～G 列数据中，每个人银行卡号和客户信息号都是唯一对应的。因此，可以用这 2 列作为重复值的查询列。

首先用鼠标选中数据列 D、E，单击主界面"开始"选项卡"格式"选项组内的"条件格式"（图 2.31），然后选择"突出显示单元格规则"项下的"重复值"。不作显示格式修改，直接在"重复值"对话框中单击"确定"按钮（图 2.32）。返回到原数据表中，此时工作表中重复的值已被突出显示为红色（图 2.33）。

图 2.31

图 2.32

"条件格式"的筛选，有时会因为设定条件的不精确而使运行结论产生误差，所以为了确保数据的准确性，不能随意删除数据，需要再对检验标识出来的数据进行二次确认，通过筛选排序的简单操作可以进行验证。

任意选择 D 列或者 E 列，单击"筛选"中的"按颜色筛选"，就将所有标识为红色的重复值排列在一起（图 2.34），通过人工审核，发现确实存在 3 组重复值。

	A	B	C	D	E	F	G
1	业务编号	业务种	企业编号	银行卡号	个人客户信息号	姓名	代发工资
2	101	26			**0659287	赵**	3129.10
3	101	26			**0649466	冯**	1629.00
4	101	26			**0654990	李**	2183.20
5	101	26			**0658149	宣**	10443.90
6	101	26			**0655083	薛**	4166.90
7	101	26			**0654990	蔡**	2407.20
8	101	26			**0650499	韩**	22569.00
9	101	26			**0654990	邵**	22484.80
10	101	26			**0654990	杨**	16386.50
11	101	26			**0654990	赵**	10431.80
12	101	26			**0658493	顾	12376.50
13	101	26			**0658493	王**	11712.50
14	101	26			**0658493	李**	10753.00
15	101	26			**0654141	翟**	12198.90
16	101	26			**0660665	毛**	10451.50
17	101	26			**0655083	薛**	4166.50
18	101	26			**0777365	孙**	11532.00
19	101	26			**0648500	李**	12849.20
20	101	26			**0654158	赵**	14040.60
21	101	26			**0651377	王**	11686.50
22	101	26			**9196317	薛**	4166.90

图 2.33

	A	B	C	D	E	F	G
1	业务编号	业务种	企业编号	银行卡号	个人客户信息号	姓名	代发工资
2	101	26	1211	****00000950448	**0655083	薛**	4166.90
3	101	26	1211	****00001635618	**6571065	杨**	16386.50
4	101	26	1211	****00000953525	**0658493	王**	10753.00
5	101	26	1211	****00000950448	**0655083	薛**	4166.90
6	101	26	1211	****00001635618	**6571065	杨**	16386.50
7	101	26	1211	****00000953525	**0658493	王**	10753.00
8	101	26	1211	****00000948368	**0659287	赵**	3129.10
9	101	26	1211	****00000953707	**0649466	冯**	1629.00
10	101	26	1211	****00000949820	**0654990	李**	2183.20
11	101	26	1211	****00000948202	**0658149	宣**	10443.90

图 2.34

2.3.2 删除重复值

2.3.1 节中已经将重复值筛选出并重点标识,接下来需要对重复值进行删除的操作,所有重复值只保留一条记录。

有人会说重复值都已经被挑选出来,直接用鼠标一条条删就可以了。对于只有少数几条数据的情况,当然这样的操作是可以的。但是如果重复值数据量很多,而且有些存在好几条重复值,通过鼠标一条条删除恐怕不是很好的办法。其实 Excel 就提供了直接删除重复值的工具。

主界面"数据"选项卡"数据工具"选项组内就带有"删除重复项"的工具。用 Shift+Ctrl+→和 Shift+Ctrl+↓组合键选中数据单元格,单击"删除重复项"(图 2.35),弹出"删除重复项"对话框,默认选中所有列(图 2.36),单击"确定"按钮关闭该对话框,界面会弹出提示删除了 3 个重复值,留下唯一值(图 2.37)。原数据表格中,排序在前面的重复值,都被删除了。

> **注意**:使用"删除重复项"工具时,要先选定所有数据单元格,这样删除的重复值就是整行数据。如果只选择其中某列或某几列,则只删除选择列中的数值,并将该列单元格上移,其他非选择列则不变。

图 2.35

图 2.36

图 2.37

2.4 快速完成填充

在一个或者多个表格中,经常需要对表格进行内容的复制或添加序列等,在这个操作中,"填充"就是一个很重要的工具。填充习惯通过拖动鼠标来快速实现,也可以通过工具栏选项来完成各类填充。下面来认识"填充"工具栏。

在"开始"→"编辑"会有一个"填充"工具栏,单击"填充"会出现如图 2.38 所示下拉菜单。

下拉菜单中的各个选项根据内容填充的需要进行选择,其中"两端对齐"可用来合并多个单元格内容,这个在前面的章节中已经操作过。"快速填充"用来提取单元格中某一字符,特别是针对一个单元格中有两种不同形式的组合内容,无论其中一种字符的位置是否在同一个位置,"快速填充"都可以将其提取出来。在前文中已有例子说明,表格里面有一数据列"人员",其数据组成为"姓名+出生日期",需要把"姓名"和"出生日期"分成两列内容,如果手动一个个拆出来,比较费时间,用快速填

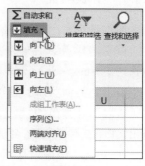

图 2.38

充就比较简单。

2.4.1 单元格内容填充

在单元格中填充内容,概括来说就是填充数值、日期和文本,这3种形式的操作方法是一样的。下面以数值填充为例进行讲解,其他两种形式参照操作。

用鼠标拖拽是最常用的一个填充的工具,简单快捷。首先选定一个单元格里的数字,然后单元格的右下角出现一个实心的"+"符号,按住鼠标左键按列或行拖到需要结束的单元格位置,这时右下角会出现自动填充选项,选择即可实现需要的效果。

图 2.39

一般情况下,在自动填充数据时,都默认数字之间相差1,如果想要实现数字间的数差为其他数,可以通过工具栏中的"开始"→"填充"→"序列",在出现的对话框里选择"等差数列",根据需要修改步长,这样就确定了等差数列中的公差大小,如图2.39所示。另外一种简单办法是,在第一行中输入开始数据,在第二行中输入第二个数据,鼠标选中两个单元格,然后往下拖动,数据列中就会自动按预设的数据等差进行填充。

2.4.2 快速填充相同内容

平时需要填充相同内容时,一般都是采用复制(Ctrl+C组合键)和粘贴(Ctrl+V组合键),需要按两次按键,显然还不够简便。在这里Ctrl+D组合键就可以完美取代。

选中需要填充的一行,也就是与数据源相邻的第2行,按下Ctrl+D组合键,就可以完成从上一行到下一行的填充。在此注意:所选的单元格与原数据单元格必须是连续的。

向下填充单个单元格,单独选中需要填充的单元格,按下Ctrl+D组合键即可完成填充;如果需要往下填充一列中的多个单元格,那么就需要同时选中原数据和需要填充的连续单元格,按下Ctrl+D组合键。

Excel 2016及以上版本还可以实现"隔空填充"。同时选中原数据单元格和不连续的行、列或者单元格,按下Ctrl+D组合键即完成内容填充。

2.4.3 多表填充

通过选中多个表格,还可以实现多表同时进行填充。

首先选择需要填充的表格,Ctrl用于多选不相邻的表,Shift用于多选相邻的表。案例中选定Sheet1~Sheet6多表,标题栏将会出现"工作组"字样,如图2.40所示。

单击主界面"开始"选项卡"编辑"选项组内的"填充",在随后出现的浮动菜单内单击"成组工作表",在弹出的"填充成组工作表"对话框内,选择"全部"单选按钮后单击"确定"按钮退出,如图2.41和图2.42所示。

在Sheet1中输入标题栏,打开工作组中其他表格,可以看到,在与Sheet1相同的单元格区域都被填充了相同的标题栏。

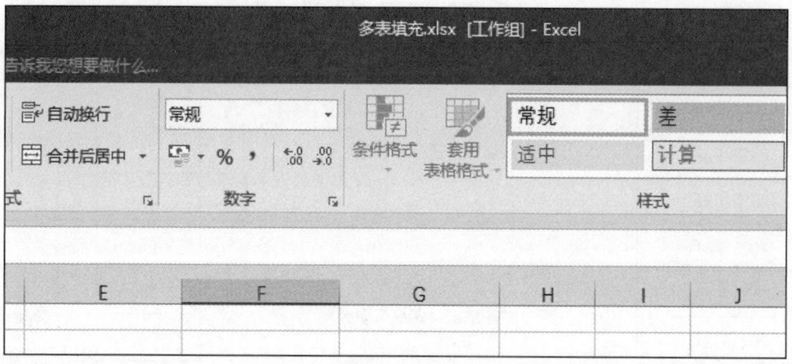

图 2.40

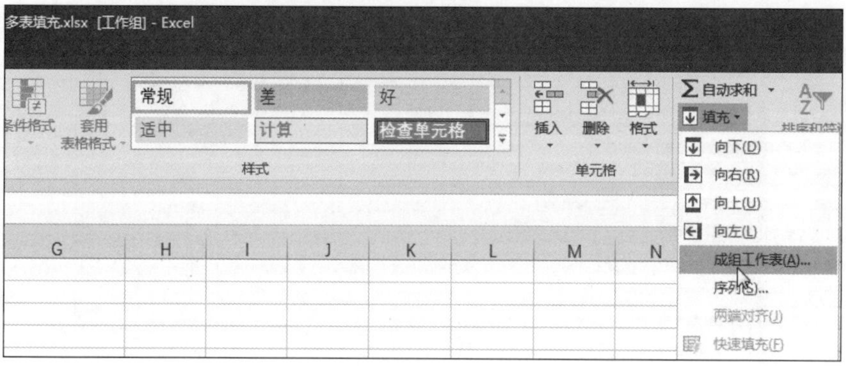

图 2.41

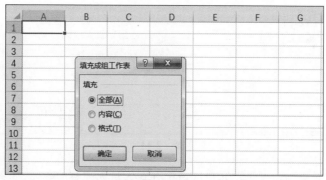

图 2.42

2.4.4 取消合并单元格并填充数据

在很多表格中,为了使数据显得精简,都习惯将同内容的单元格合并。合并后的数据表格是数据进行自动分析最大的阻碍,一般情况下,系统很难识别其真正的意义。所以在对数据进行分析时,首先需要取消合并的单元格,并填充好空格中的数据。

如图2.43所示的采购明细表格中,B列和D列均有合并单元格,现在需要取消合并。首先选中单元格区域"A3:D8"。

按下Ctrl+1组合键或者右键选择"设置单元格格式",出现"设置单元格格式"对话框。

在"设置单元格格式"对话框的"对齐"选项卡上单击"合并单元格",使"合并单元格"前面按钮呈现为未选定状态,如图2.44所示。

采购明细表（局部）			
日期	采购公司	订单数	结算方式
2022年4月	深圳如意通商贸有限公司	45	转账
2022年3月		31	
2022年2月		23	
2022年4月	广东进出口贸易有限公司	48	赊销
2021年3月		39	
2021年2月		24	
2021年1月		10	

图 2.43

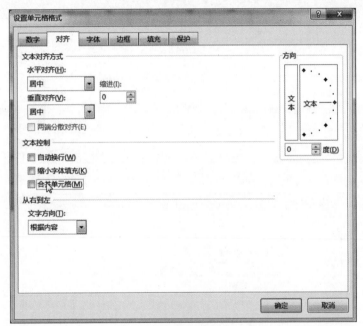

图 2.44

取消"合并单元格"后，可见单元格区域中存在大量无内容的单元，如图 2.45 所示。

采购明细表（局部）			
日期	采购公司	订单数	结算方式
2022年4月	深圳如意通商贸有限公司	45	转账
2022年3月		31	
2022年2月		23	
2022年4月	广东进出口贸易有限公司	48	赊销
2021年3月		39	
2021年2月		24	
2021年1月		10	

图 2.45

按下 Ctrl＋G 组合键或 F5 调出"定位"对话框,单击"定位条件",或者依次选择"开始"→"查找和选择"→"定位条件"(图 2.46),可以调出"定位条件"对话框。

单击"定位条件"对话框中的"空值"单选按钮,如图 2.47 所示。

图　2.46

图　2.47

确认"定位条件"中的"空值"选项后,表格就会自动选择所有"空值"单元格。如图 2.48 所示,这时鼠标自动落在了第一个空值单元格中,在这个表中,即 B4 单元格。键盘输入"＝B3",取空值上一单元的值。

日期	采购公司	订单数	结算方式
2022年4月	深圳如意通商贸有限公司	45	转账
2022年3月	=B3	31	
2022年2月		23	
2022年4月	广东进出口贸易有限公司	48	赊销
2021年3月		39	
2021年2月		24	
2021年1月		10	

图　2.48

注意:在公式取单元格内容时,千万不能用鼠标去单击,鼠标一动,原本定位选取的空值单元格就被取消了。

按下 Ctrl＋Enter 组合键填充其他空白单元格,显示自动填充后的效果。到此,合并单元格的反合并完成,如图 2.49 所示。

日期	采购公司	订单数	结算方式
2022年4月	深圳如意通商贸有限公司	45	转账
2022年3月	深圳如意通商贸有限公司	31	转账
2022年2月	深圳如意通商贸有限公司	23	转账
2022年4月	广东进出口贸易有限公司	48	赊销
2021年3月	广东进出口贸易有限公司	39	赊销
2021年2月	广东进出口贸易有限公司	24	赊销
2021年1月	广东进出口贸易有限公司	10	赊销

图　2.49

2.4.5 日期后自动添加星期几

数据审计工作的开展，离不开对日期的核对。日期的核对可用以评估经济业务发生的时间是否合适和适当，由此来判定开支的合理性与合规性。

在进行某单位的行政经费审计时，发现业务招待费用较高，于是通过财务报表将其全部业务招待费筛选提取，形成如图 2.50 所示的表格。

凭证日期	报销内容	金额
2021-01-02	招待费	2100
2021-01-06	招待费	1935
2021-01-08	招待费	430
2021-01-12	招待费	745
2021-01-14	招待费	1396
2021-01-18	招待费	1034
2021-01-20	招待费	2439
2021-01-22	招待费	312
2021-01-24	招待费	483
2021-01-26	招待费	2119
2021-01-30	招待费	1034
2021-01-31	招待费	724
2021-02-03	招待费	391
2021-02-05	招待费	378

图 2.50

根据审计思路，先要对这些业务招待费发生按照一定逻辑进行归类，首先考虑的是按日期归类。但光从开支日期来看，无法找到任何异常线索。审计人员将全年发生的日期归纳为每周 7 天的发生概率，首先需要将每笔开支发生在星期几先计算出来。

首先将开支日期复制到新的单元格中，选中所有复制的日期数据（图 2.51），右键选择"设置单元格格式"。在第 1 个"数字"菜单中，选择最后的"自定义"，在右边的类型框中，选择"yyyy"年"m"月"d"日"，然后在其后面添加"aaaa"，这时就可以看到实例中显示出"2021年1月2日星期六"。单击确认，回到数据列就可以看出，该列数据中都被自动添加上了星期几，如图 2.52～图 2.53 所示。

凭证日期	报销内容	金额	
2021-01-02	招待费	2100	2021-01-02
2021-01-06	招待费	1935	2021-01-06
2021-01-08	招待费	430	2021-01-08
2021-01-12	招待费	745	2021-01-12
2021-01-14	招待费	1396	2021-01-14
2021-01-18	招待费	1034	2021-01-18
2021-01-20	招待费	2439	2021-01-20
2021-01-22	招待费	312	2021-01-22
2021-01-24	招待费	483	2021-01-24
2021-01-26	招待费	2119	2021-01-26
2021-01-30	招待费	1034	2021-01-30
2021-01-31	招待费	724	2021-01-31
2021-02-03	招待费	391	2021-02-03
2021-02-05	招待费	378	2021-02-05
2021-02-12	招待费	271	2021-02-12
2021-02-13	招待费	293	2021-02-13

图 2.51

图 2.52

凭证日期	报销内容	金额	
2021-01-02	招待费	2100	2021年1月2日星期六
2021-01-06	招待费	1935	2021年1月6日星期三
2021-01-08	招待费	430	2021年1月8日星期五
2021-01-12	招待费	745	2021年1月12日星期二
2021-01-14	招待费	1396	2021年1月14日星期四
2021-01-18	招待费	1034	2021年1月18日星期一
2021-01-20	招待费	2439	2021年1月20日星期三
2021-01-22	招待费	312	2021年1月22日星期五
2021-01-24	招待费	483	2021年1月24日星期日
2021-01-26	招待费	2119	2021年1月26日星期二
2021-01-30	招待费	1034	2021年1月30日星期六
2021-01-31	招待费	724	2021年1月31日星期日
2021-02-03	招待费	391	2021年2月3日星期三
2021-02-05	招待费	378	2021年2月5日星期五
2021-02-12	招待费	271	2021年2月12日星期五
2021-02-13	招待费	293	2021年2月13日星期六

图 2.53

自此,完成了星期数据的自动生成,下一步就可以根据星期数据进行分类,分别计算出星期一到星期日,发生招待业务费的比例,从而再根据缩小的数据范围进行分析和查找线索。本案例中发现被审计单位40%的招待费均发生在周末,为下一步查找提供了方向。

值得注意的是,在自定义数据格式时,如果添加"aaa"(图 2.54),则只显示星期"几"的数字。可以根据自己的需要来定义格式。

图 2.54

课后练习

如图 2.55 所示的审计组工作人员通讯录表格中,姓名和手机号码位于同一个单元格中,请用两种以上的方法,将姓名和手机号码分列到两个单元格中。

人员	姓名	手机号码
王三15677832900		
杨一二19912341234		
李四川13928733453		
晏一一13328273939		
陈四15622324454		
罗五13112533354		
曾二三15167654564		
宁一13911320989		
曾七七15234342267		
肖王13922325778		
莫一三13309906785		
刘四15134246686		
郭中中15523870990		

图 2.55

第 3 章

基础数据提取

学习目标

本章主要学习如何从收集的数据中二次提取目标字段和有效数据,生成新的目标数据表格,同时可筛选删除无用数据,为数据分析进一步清洗和精简数据量。

数据分析首先来源于对目标数据的准确定位。在获取的数据中,一般都是基于对系统整体数据的整体迁移,为了保障数据的真实性和完整性,在对原始数据的采集中并不对数据本身进行筛选。因此,原始数据是庞大且存在冗余的。为了找到线索和分析方向,需要从原始数据中获取简洁标准的数据表格式。因此,从基础数据中进行标准数据的提取,是审计工作必不可少的内容。

3.1 从审计数据中提取有效字段

审计的数据来源于各种系统,并不会完全按照审计人员的需求汇总好全部的数据。因此,从中提取有效的数据字段,借助这些"过滤提纯"后的数据再进行二次分析,是审计人员比较重要的工作。

3.1.1 试算平衡表中快速筛选一级会计科目

图 3.1 是一张简化版的试算平衡表,其中科目代码有一级科目和二级科目,一级科目编码为 4 位,二级科目编码为 8 位。现在想把所有一级科目的数据全部筛选出来,因为科目编码都是唯一的,没有太多相似性,直接用之前讲的自动筛选是筛选不出来的。在这里可以增加一个辅助列,给这些科目编码寻找一个相似点,用类别区分开来。分析科目编码的数字组

	A	B	C
1	科目代码	科目名称	期末数
2	1001	现金	82,411
3	1002	银行存款	502,412
4	10020101	银行存款-基本户	305,241
5	1110	应收票据	233,180
6	1131	应收账款	2,851,612
7	11310101	应收账款-A客户	150,212
8	11310102	应收账款-B客户	3,321,051
9	1133	其他应收款	182,014
10	1151	预付账款	3,250,487

图 3.1

成,在数字上是无序的,但是字符的个数却有规律可循,一级科目编码是 4 位,而二级科目编码是 8 位。只要借助 LEN 函数首先计算出科目编码的字符数,再进行筛选,就可以将一级科目和二级科目区分开来。

首先在 D1 单元格增加一个列标题"科目代码字符数",然后在 D2 单元格输入公式"=LEN(A2)",如图 3.2 所示。双击单元格右下角,这样所有科目代码的字符数就被计算出来,如图 3.3 所示。

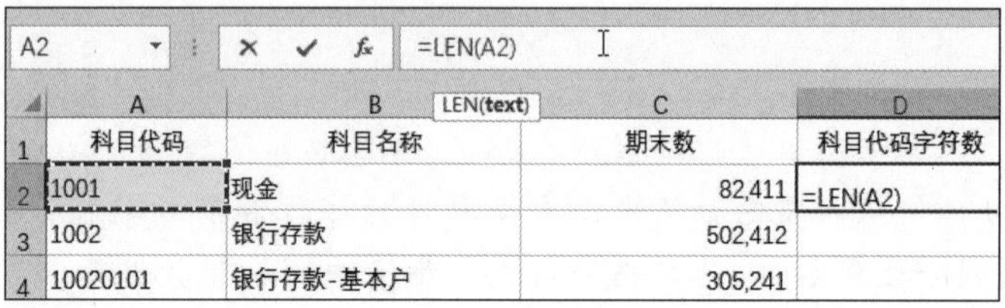

图 3.2

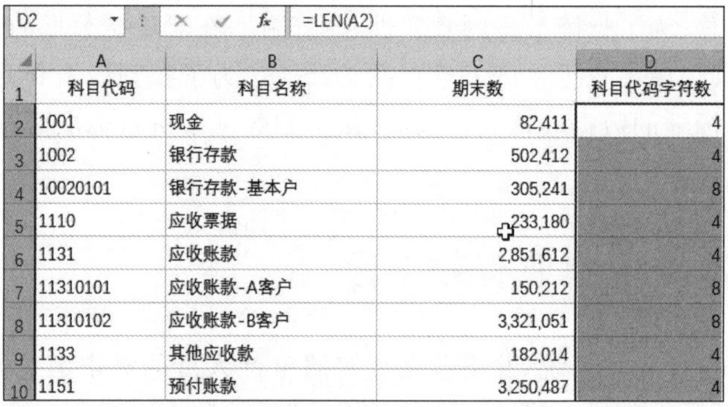

图 3.3

接下来,用自动筛选将一级科目数据筛选出来。选中 D 列,选中"数据"菜单中的筛选功能,筛选科目编码为 4 位的数据。这样所有的一级科目数据就被筛选出来,如图 3.4 和图 3.5 所示。有时候,统计问题经常不能一步解决,添加辅助列就是一个好办法。

图 3.4

	A	B	C	D	E
1	科目代码	科目名称	期末数	科目代码字符数	
2	1001	现金	82,411		科目代码字符数: 等于"4"
3	1002	银行存款	502,412	4	
5	1110	应收票据	233,180	4	
6	1131	应收账款	2,851,612	4	
9	1133	其他应收款	182,014	4	
10	1151	预付账款	3,250,487	4	

图 3.5

3.1.2 从摘要中提取报销人信息

如图 3.6 所示，在会计凭证中的“摘要”列，会计人员一般会将报销人和报销内容写在一个单元格内，如果想要统计单位人员个人报销情况，就需要将报销人提取出来，然后再进行统计。在会计系统中，没有单独的报销人数据列，这就需要进行有效字段的提取。

年度	填制人	凭证号	日期	科目	科目名称	摘要	借方	贷方	借/贷	复核人
2021	管理员	2	2021/1/1	11	库存现金	市场部李大同报3人到沈阳参加会议差旅费	0	880	贷	管理员
2021	管理员	3	2021/1/1	11	库存现金	人事部何文报沈阳出差差旅费	0	356	贷	管理员
2021	管理员	4	2021/1/1	11	库存现金	网络技术部刘冬伟报沈阳参加培训差旅费	0	2194	贷	管理员
2021	管理员	5	2021/1/1	11	库存现金	销售部耿露报呼和浩特出差差旅费	0	301.5	贷	管理员
2021	管理员	2	2021/1/1	41221	交通费	市场部李大同报3人到沈阳参加会议差旅费	3435	0	借	管理员
2021	管理员	3	2021/1/1	41221	交通费	人事部何文报沈阳出差差旅费	2016	0	借	管理员
2021	管理员	4	2021/1/1	41221	交通费	网络技术部刘冬伟报沈阳参加培训差旅费	5764	0	借	管理员
2021	管理员	5	2021/1/1	41221	交通费	销售部耿露报呼和浩特出差差旅费	301.5	0	借	管理员
2021	管理员	3	2021/1/1	1211	基本户	人事部何文报沈阳出差差旅费	0	1310	贷	管理员

图 3.6

通过观察发现，会计凭证摘要中都是姓名在前，报销内容在后，中间都有一个“报”字来连接，现在需要将两者分别提取出来为下一步的数据分析做准备。

首先提取姓名信息，在 Q2 单元格中输入公式“=LEFT(G2,FIND("报",G2)−1)”，其中，“FIND("报",G2)”即查找“报”字在姓名和内容字段开始的位置，将函数单独拿出来运行试一下，返回的结果为 7，其意思是在姓名后面“报”字出现的位置为第 7 个字符，因为这里要提取姓名字段，所以减去 1，把“报”的字段去掉，余下的就是前面姓名和所属部门的字符个数。再在外面套用一个 LEFT 公式就把姓名信息“市场部李大同”提取出来了，再向下填充整列公式就完成了报账人信息的提取，如图 3.7 和图 3.8 所示。

2 fx =LEFT(G2,FIND("报",G2)-1)

A	B	C	D	E	F	G	H	I	J	K	L
年度	填制人	凭证号	日期	科目	科目名称	摘要	借方	贷方	借/贷	复核人	
2021	管理员	2	2021/1/1	11	库存现金	市场部李大同报3人到沈阳参加会议差旅费	0	880	贷	管理员	)("报",G2)-1)
2021	管理员	3	2021/1/1	11	库存现金	人事部何文报沈阳出差差旅费	0	356	贷	管理员	
2021	管理员	4	2021/1/1	11	库存现金	网络技术部刘冬伟报沈阳参加培训差旅费	0	2194	贷	管理员	

图 3.7

=LEFT(G2,FIND("报",G2)-1)

D	E	F	G	H	I	J	K	L
日期	科目	科目名称	摘要	借方	贷方	借/贷	复核人	
2021/1/1	11	库存现金	市场部李大同报3人到沈阳参加会议差旅费	0	880	贷	管理员	市场部李大同
2021/1/1	11	库存现金	人事部何文报沈阳出差差旅费	0	356	贷	管理员	人事部何文
2021/1/1	11	库存现金	网络技术部刘冬伟报沈阳参加培训差旅费	0	2194	贷	管理员	网络技术部刘冬伟
2021/1/1	11	库存现金	销售部耿露报呼和浩特出差差旅费	0	301.5	贷	管理员	销售部耿露
2021/1/1	41221	交通费	市场部李大同报3人到沈阳参加会议差旅费	3435	0	借	管理员	市场部李大同
2021/1/1	41221	交通费	人事部何文报沈阳出差差旅费	2016	0	借	管理员	人事部何文
2021/1/1	41221	交通费	网络技术部刘冬伟报沈阳参加培训差旅费	5764	0	借	管理员	网络技术部刘冬伟
2021/1/1	41221	交通费	销售部耿露报呼和浩特出差差旅费	301.5	0	借	管理员	销售部耿露
2021/1/1	1211	基本户	人事部何文报沈阳出差差旅费	0	1310	贷	管理员	人事部何文

图 3.8

接下来再进一步提取摘要内容部分，在 M2 单元格输入公式“=RIGHT(G2,LEN(G2)-FIND("报",G2))”，其中“LEN(G2)-FIND("报",G2)”表示用“LEN(G2)”计算出摘要内容中的全部字符个数，同上面，“FIND("报",G2)”用来计算“报”字第一次出现的位置数，两者相减剩下的正好是摘要内容的位数，再用 RIGHT 将摘要具体内容提取出来，即完成了摘要部分报账内容的提取，然后向下填充将表格数据列全部完成，如图 3.9 和图 3.10 所示。

=RIGHT(G2,LEN(G2)-FIND("报",G2))

F	G	H	I	L	M
科目名称	摘要	借方	贷方		
库存现金	市场部李大同报3人到沈阳参加会议差旅费	0	880	市场部李大同	2,LEN(G2)-FIND("报",G2))
库存现金	人事部何文报沈阳出差差旅费	0	356	人事部何文	
库存现金	网络技术部刘冬伟报沈阳参加培训差旅费	0	2194	网络技术部刘冬伟	

图 3.9

=RIGHT(G2,LEN(G2)-FIND("报",G2))

F	G	H	I	L	M
科目名称	摘要	借方	贷方		
库存现金	市场部李大同报3人到沈阳参加会议差旅费	0	880	市场部李大同	3人到沈阳参加会议差旅费
库存现金	人事部何文报沈阳出差差旅费	0	356	人事部何文	沈阳出差差旅费
库存现金	网络技术部刘冬伟报沈阳参加培训差旅费	0	2194	网络技术部刘冬伟	沈阳参加培训差旅费
库存现金	销售部耿露报呼和浩特出差差旅费	0	301.5	销售部耿露	呼和浩特出差差旅费
交通费	市场部李大同报3人到沈阳参加会议差旅费	3435	0	市场部李大同	3人到沈阳参加会议差旅费
交通费	人事部何文报沈阳出差差旅费	2016	0	人事部何文	沈阳出差差旅费
交通费	网络技术部刘冬伟报沈阳参加培训差旅费	5764	0	网络技术部刘冬伟	沈阳参加培训差旅费
交通费	销售部耿露报呼和浩特出差差旅费	301.5	0	销售部耿露	呼和浩特出差差旅费
基本户	人事部何文报沈阳出差差旅费	0	1310	人事部何文	沈阳出差差旅费

图 3.10

3.2 获取身份证号码中的隐含信息

每个人的身份证号码都隐含了很多个人信息,从中可以直接提取。每个身份证号码18个数字,都代表特定的含义。从左至右,第1~6位表示出生户籍编码,第7~14位代表出生年月日。第17位代表性别,奇数为男,偶数为女。

3.2.1 审核年龄限制政策要求

在国家的相关政策中,某些特定事项会对人员的年龄等做出限制要求。例如在审查农村商业银行贷款数据时,要求贷款人必须年满18周岁,最高年龄为60周岁。为了核实某商业银行贷款是否存在违规发放的情况,就要审查贷款人的信息是否符合贷款条件。现在根据身份证号码提取贷款人年龄,审查其贷款的合规性。

图3.11为贷款人信息表的部分内容,现需要核对贷款人的年龄,可根据表中一列数据"公民身份证号",从中提取出生日期数字段,并计算该人员的年龄。

合同签订时间	姓名	民族	公民身份证号
2019年4月1日	王*	汉族	430402197309282031
2019年4月1日	杨*	汉族	432623197409154015
2019年4月1日	李*	汉族	430402196810012014
2019年4月1日	晏*	汉族	420984197909171095
2019年4月1日	陈*	汉族	430402197211022012
2019年5月6日	罗*	汉族	430402196008202064
2019年5月6日	曾*	汉族	430402197401232029
2019年5月6日	宁*	汉族	430405198305238627
2019年5月6日	曾*	汉族	430402200110222027
2019年5月6日	肖*	汉族	430404198411100019
2019年5月11日	莫*	汉族	430402198309211545

图 3.11

第一步:首先在单元格E1增加列标题"出生日期"。

第二步:在单元格E2中输入公式"=MID(D2,7,8)"表示在身份证号码D2中,从第7个字符开始提取,共提取8个字符。这是因为身份证号码中从第7个字符开始就是出生年月日,而年月日总共有8个字符长,这样就设置了出生日期的完整字符段。

第三步:按回车键后,可以看到出生日期已经完整提取。直接向下填充公式即完成该列所有字符的提取,如图3.12所示。

A	B	C	D	E
合同签订时间	姓名	民族	公民身份证号	出生日期
2019年4月1日	王*	汉族	430402197309282031	19730928
2019年4月1日	杨*	汉族	432623197409154015	19740915
2019年4月1日	李*	汉族	430402196810012014	19681001
2019年4月1日	晏*	汉族	420984197909171095	19790917
2019年4月1日	陈*	汉族	430402197211022012	19721102
2019年5月6日	罗*	汉族	430402196008202064	19600820
2019年5月6日	曾*	汉族	430402197401232029	19740123
2019年5月6日	宁*	汉族	430405198305238627	19830523
2019年5月6日	曾*	汉族	430402200110222027	20011022
2019年5月6日	肖*	汉族	430404198411100019	19841110
2019年5月11日	莫*	汉族	430402198309211545	19830921

图 3.12

直接提取出来的出生日期为文本格式,为了完成后续的计算,需要先将该文本格式规范为日期格式。其公式和结果分别如图 3.13 和图 3.14 所示。

图 3.13

图 3.14

在表格中有一列为放款人员的合同签订时间,即放款时间,可以通过这列数据与人员的出生日期进行比较得出其贷款时的年龄大小,来判定是否符合放款条件。

新增加一列数据定义为"是否符合政策",在该项中输入公式"IF(DATEDIF(F2,A2,"Y")<18,"不符合",IF(DATEDIF(F2,A2,"Y")>60,"不符合","符合"))"。DATEDIF 用来计算贷款人年龄数据,IF 函数表示,如果年龄小于 18 岁或者大于 60 岁都返回"不符合",否则返回"符合",如图 3.15 和图 3.16 所示。

图 3.15

图 3.16

通过公式运算,可以快速审核出银行贷款发放信息中,存在违规发放的情况。再将此类数据导出作为审核的下一步依据,大大缩减了数据审计的范围。

3.2.2　自动识别性别信息

在如图 3.17 所示的表格中,根据个人身份证号码自动判断此人的性别。

	A	B	C	D
1	姓名	民族	公民身份证号	性别
2	王*	汉族	430402197309282031	
3	杨*	汉族	432623197409154015	
4	李*	汉族	430402196810012014	
5	晏*	汉族	420984197909171095	
6	陈*	汉族	430402197211022012	
7	罗*	汉族	430402196008202064	
8	曾*	汉族	430402197401232029	
9	宁*	汉族	430405198305238627	
10	曾*	汉族	430402197710222027	

图　3.17

为了便于看清楚解题思路,下面进行分步计算。

要自动识别性别,首先需要提取第 17 位数。为了提取某位数,前面已介绍过 MID 函数,在 E2 中输入函数"=MID(C2,17,1)";返回值并填充该列数据,如图 3.18 和图 3.19 所示。

SUM　=MID(C2,17,1)

	A	B	C	D	E	F	G
1	姓名	民族	公民身份证号	性别	第17位数	余数	性别
2	王*	汉族	430402197309282031		C2,17,1)		
3	杨*	汉族	432623197409154015				
4	李*	汉族	430402196810012014				

图　3.18

E2　=MID(C2,17,1)

	A	B	C	D	E	F	G
1	姓名	民族	公民身份证号	性别	第17位数	余数	性别
2	王*	汉族	430402197309282031		3		
3	杨*	汉族	432623197409154015		1		
4	李*	汉族	430402196810012014		1		
5	晏*	汉族	420984197909171095		9		
6	陈*	汉族	430402197211022012		1		
7	罗*	汉族	430402196008202064		6		
8	曾*	汉族	430402197401232029		2		
9	宁*	汉族	430405198305238627		2		
10	曾*	汉族	430402197710222027		2		

图　3.19

接下来对提取的数据列进行奇偶分析。要让数据运算后能体现奇偶的特征,能想到的就是用该数除以 2,偶数可以整除,而奇数则不能。然后再分析余数。函数 MOD 是求余函数,当两个数能整除时,返回值为 0,不能整除时,其返回值的计算结果为:被除数-除数*整商,简而言之就是该余数为最后不能再相整除后剩下的数。

公民身份证号码第 17 位为 0~9 这 10 个数,如果设定除数为 2,偶数可以整除,返回值就是 0，而奇数返回值都是 1。在 F2 中输入函数"＝MOD(E2,2)"，表示对该列除以 2 后提取余数，如图 3.20 所示。向下填充函数公式如图 3.21 所示。

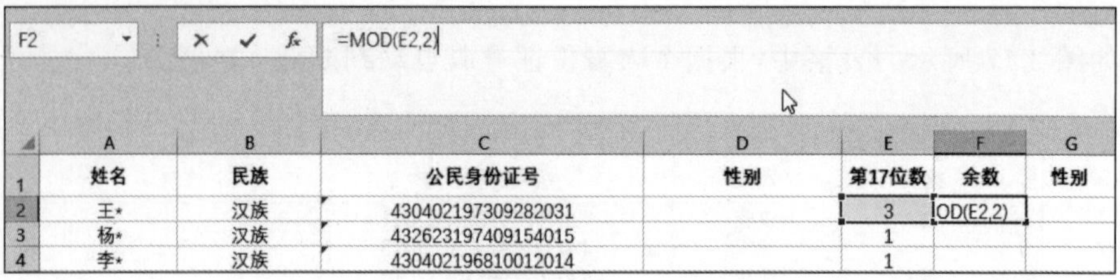

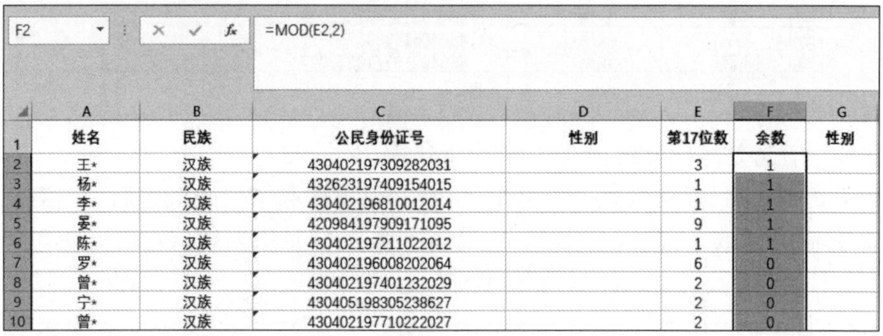

图 3.20

图 3.21

通过上述两个函数的运算，已经将第 17 位数完成了条件的设定，最后只需要用 IF 函数进行判定即可。可以在 G2 中输入函数"＝IF(F2=0,"女","男")"。表示如果余数为 0，则返回值为"女"，否则为"男"，如图 3.22 和图 3.23 所示。

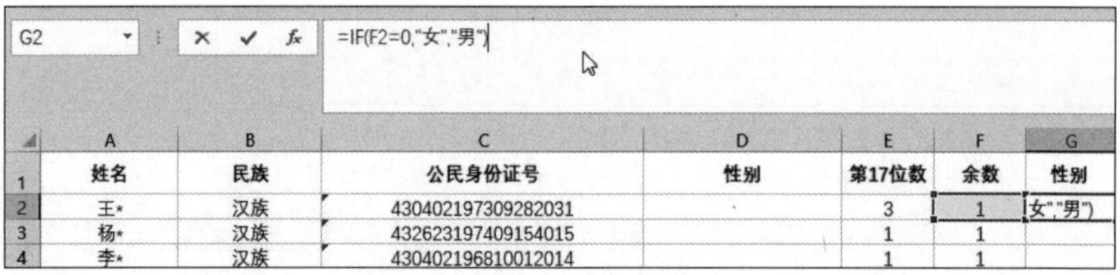

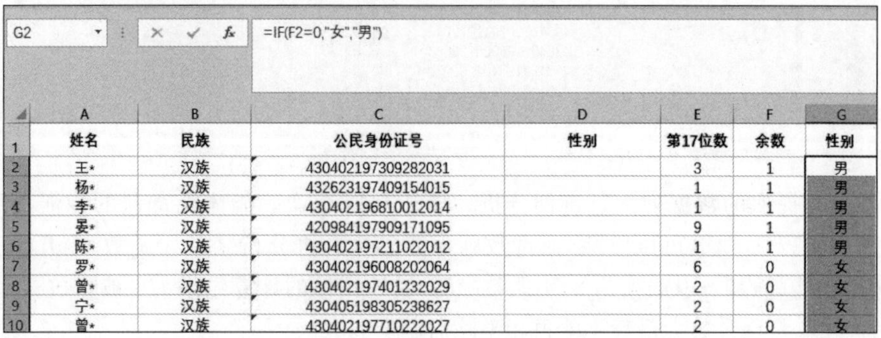

图 3.22

图 3.23

讲解了所有分步骤函数的运算，可以将3个函数汇合在一起。直接在D2中输入函数"=IF(MOD(MID(C2,17,1)2)=0,"女","男")"并向下填充公式，如图3.24和图3.25所示。

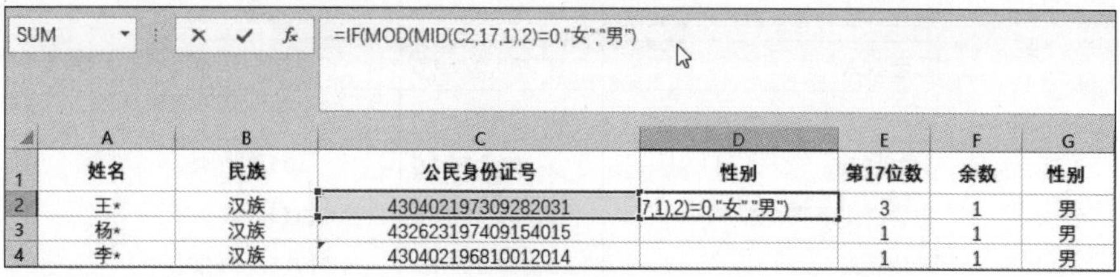

	A	B	C	D	E	F	G
1	姓名	民族	公民身份证号	性别	第17位数	余数	性别
2	王*	汉族	430402197309282031	7,1),2)=0,"女","男")	3	1	男
3	杨*	汉族	432623197409154015		1	1	男
4	李*	汉族	430402196810012014		1	1	男

图　3.24

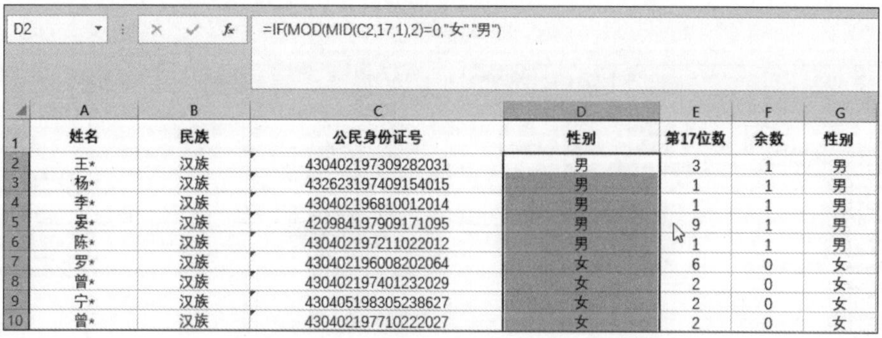

	A	B	C	D	E	F	G
1	姓名	民族	公民身份证号	性别	第17位数	余数	性别
2	王*	汉族	430402197309282031	男	3	1	男
3	杨*	汉族	432623197409154015	男	1	1	男
4	李*	汉族	430402196810012014	男	1	1	男
5	晏*	汉族	420984197909171095	男	9	1	男
6	陈*	汉族	430402197211022012	男	1	1	男
7	罗*	汉族	430402196008202064	女	6	0	女
8	曾*	汉族	430402197401232029	女	2	0	女
9	宁*	汉族	430405198305238627	女	2	0	女
10	曾*	汉族	430402197710222027	女	2	0	女

图　3.25

性别信息的自动识别，在针对特定性别进行审计事项中经常使用。比如在医院数据中，可以根据身份证数据来核实是否符合病人信息登记，避免出现"男病女治"或者"女病男治"的掉包现象。

3.3　跨年度合并计算收入报表

提起合并计算，可能就想到公式SUM或者"自动求和"，如果只是将某行或某列数据求和汇总，那么用SUM或者"自动求和"就可以快速得出结果。但如果遇到复杂点的求和，把几张不同的表格中的数据汇总呢？恐怕就很不简单。有一个"合并计算"的工具，对于合并求和非常方便。

图3.26是某单位2021年的收入报表文档。现在要将这几年的同类数据进行合并。

第一步：先建一张空白表格"合并计算"，选中任意单元格，作为需要存放合并数据的起始位置，然后在"数据"选项卡的"数据工具"选项组中，单击"合并计算"按钮，出现如图3.27所示的"合并计算"对话框。

第二步：在"合并计算"对话框，在"函数"下拉列表框中选择"求和"，然后将光标置于"引用位置"文本框中，切换到表格2021年，选择要引用的B2单元格中数据，单击"添加"按钮将其添加到"所有引用位置"列表框中，如图3.28所示。

注意：在选择数据区域时，要将行标题和列标题都引用进来，这样后面形成新的数据表格就是一个完整的表格。

收入类型	借方	贷方
销售货物收入	36,103,215.89	45,160,076.17
股息、红利等权益性投资收益	2,187,587.52	2,305,494.33
租金收入	7,285,023.86	7,930,681.40
提供劳务收入	19,056,511.42	26,929,772.72
利息收入	301,046.16	101,350.45
特许权使用费收入	3,168,598.92	2,943,307.95
其他收入	1,638,467.69	1,915,760.20
转让财产收入	2,465,980.32	3,033,709.12

图 3.26

图 3.27

图 3.28

第三步：按照第二步方式分别添加 2018 年至 2021 年工作表中要引用的数据区域，如图 3.29 所示。

第四步：在"标签位置"选择"首行"与"最左列"复选框；单击"确定"按钮，关闭对话框。此时 2018 年至 2021 年工作表中的数据已经汇总到指定工作表中，如图 3.30 所示。

图 3.29

	贷方	借方
销售货物收入	129,824,173.94	117,250,550.18
股息、红利等权益性投资收益	22,542,387.82	21,802,777.65
租金收入	32,869,225.97	30,132,076.14
提供劳务收入	36,528,920.60	25,774,771.22
利息收入	351,218.37	640,904.88
特许权使用费收入	9,781,759.03	11,125,703.27
其他收入	18,390,983.39	17,879,221.09
转让财产收入	9,359,678.76	9,895,095.93

图 3.30

注意：

（1）要合并的数据表格，如果是完整表结构合并，那么要求表结构必须一样，不然就需要自己事先设计好合并结构，单个内容逐一进行合并。

（2）合并内容的标题顺序不一定严格一致，"合并计算"工具会自动匹配寻找同一个内容进行计算；在案例中，A列和第一行中的标题数据，在不同表格中顺序可以不一样，也可以增加或减少。

（3）表格中顺序可以不一样，也可以增加或减少。

"合并计算"中最常用的是"求和"，还可以根据需要选择其他项，如图3.27所示。

如果需要将所有表格数据完整合并到一张表上，在"标签位置"选择"首行"与"最左列"，这样合并表格的内容结构也就与原表基本一致，与引用数据的第一张表完全一致。

在"标签位置"选项下还有一个"创建指向源数据的连接"，如果需要在合并表格中体现每个合并数据的来源明细，那么就可以选中，得到如图3.31的结构。在该表中，看到左上角有1和2两个选项，最左边增加了很多"＋"。

	A	B	C	D
1			贷方	借方
6		销售货物收入	129,824,173.94	117,250,550.18
11		股息、红利等权益性投资收益	22,542,387.82	21,802,777.65
16		租金收入	32,869,225.97	30,132,076.14
21		提供劳务收入	36,528,920.60	25,774,771.22
26		利息收入	351,218.37	640,904.88
31		特许权使用费收入	9,781,759.03	11,125,703.27
36		其他收入	18,390,983.39	17,879,221.09
40		转让财产收入	9,359,678.76	9,895,095.93

图 3.31

"合并计算"后的表就是表1，当单击2，就会出现图3.32，是一张所有数据表格的汇总明细表；在表1中，单击左边的"＋"，在该合并内容下就会展示出合并的分项数据。

	A	B	C	D
1			贷方	借方
2		收入汇总	22884992.92	24562363.92
3		收入汇总	31811684.18	28266393.42
4		收入汇总	29967420.67	28318576.95
5		收入汇总	45160076.17	36103215.89
6		销售货物收入	129824173.9	117250550.2
7		收入汇总	689853.26	314988.5
8		收入汇总	17479597.88	17013267.48
9		收入汇总	2067442.35	2286934.15
10		收入汇总	2305494.33	2187587.52
11		股息、红利等权益性投资收益	22542387.82	21802777.65
12		收入汇总	227415.25	185410.09
13		收入汇总	9427416.67	6052248.31
14		收入汇总	15283712.65	16609393.88
15		收入汇总	7930681.4	7285023.86
16		租金收入	32869225.97	30132076.14
17		收入汇总	144456.55	348459.04
18		收入汇总	57183.72	438846.54
19		收入汇总	9397507.61	5930954.22
20		收入汇总	26929772.72	19056511.42
21		提供劳务收入	36528920.6	25774771.22

图 3.32

合并数据在数据审计方面的一个重要运用就是快速核对数据，例如进行财务审计时，需要核对会计账和出纳账是否完全一致,就可以采用合并计算的方法。将会计账中对应的出纳账科目挑选出来后,给出纳账或者会计账数据赋一个负值,然后进行两个表的合并计算。对于合并后不为 0 的数据,则为会计账和出纳账不一致的地方,然后通过人工筛选查找原因。这样就比人工一笔笔核对要节省很多时间,而且保证不会出错。

3.4 同类别分类汇总

数据按同类别进行分类汇总,无论是数据分析还是审计,这项工作都必不可少。例如会计报表中,可以按照科目将明细账分类汇总;仓库管理,可以用库存产品类别进行分类汇总;医院管理,按照科室进行医疗收入分类汇总等。相比于单纯人工筛选再求和计算,或者借用公式和函数工具,分类汇总运用起来更为通俗易懂、简单有效。

3.4.1 会计凭证表中的科目开支分类汇总

下面用一张年度会计账目明细表来进行案例分析,如图 3.33 所示。

年度	编号	日期	科目	科目名称	摘要	借方	贷方
2021	3	2021/1/1	1211	基本户	人力资源部何通报沈阳出差旅费	0	1310
2021	7	2021/1/2	1211	基本户	总经办张志龙报差旅费	0	760
2021	12	2021/1/2	1211	基本户	后勤部马红报2020年接待餐费	0	31419.5
2021	10	2021/1/2	4122G	其他固定资产	采购部广华报购买消毒柜	1795	0
2021	10	2021/1/2	4123G	其他固定资产	采购部广华报购买洗衣机	1599	0
2021	13	2021/1/3	1211	基本户	门店李天报采购费	0	5685.07
2021	16	2021/1/3	1211	基本户	人力资源部陈里报办公室装饰费用	0	2576
2021	16	2021/1/3	1211	基本户	人力资源部陈里报办公室装饰费用	0	880
2021	16	2021/1/3	1211	基本户	人力资源部陈里报办公室装饰费用	0	9699
2021	16	2021/1/3	1211	基本户	人力资源部陈里报办公室装饰费用	0	112754.5
2021	17	2021/1/3	1211	基本户	人力资源部陈里报摄像头等监控设备费	0	3070
2021	18	2021/1/3	1211	基本户	采购部广华报教材费用	0	5420
2021	20	2021/1/3	1211	基本户	人力资源部陈里报慰问费用	0	950
2021	22	2021/1/4	1211	基本户	南京办事处区任向峰报支付供暖、消防管道费用	0	121852.2
2021	23	2021/1/4	1211	基本户	行政部刘健报办公室一楼大厅修补费用	0	1640
2021	24	2021/1/4	1211	基本户	行政部刘健报办公室管线维修费用	0	6000
2021	25	2021/1/4	1211	基本户	行政部刘健报办公区域资料室安装防盗门费用	0	2200
2021	26	2021/1/4	1211	基本户	行政部刘健报拆除危旧景观费用	0	1640
2021	22	2021/1/4	413H1	维修费用	南京办事处区任向峰报支付供暖、消防管道工程款	312476	0
2021	25	2021/1/4	413H1	维修费用	行政部刘健报办公区域资料室安装防盗门费用	2200	0
2021	26	2021/1/4	413H1	维修费用	行政部刘健报拆除危旧景观费用	1640	0
2021	23	2021/1/4	413H2	装修费用	行政部刘健报办公室一楼大厅修补费用	1640	0

图 3.33

第一步:明确分类依据。对于会计科目表,目的是将各科目的开销数据汇总,审计其一年来的开支情况,因此其分类依据即为"科目名称"。

第二步:在确定了分类依据以后,还不能直接进行分类汇总,必须先将整个表格数据进行排序,使同一科目名称的数据都排列在一起,否则后面的分类汇总中,可能会出现多个同一科目名称的汇总项。这里直接在"科目名称"数据列上进行自动排序即可。第 2 章已经详细介绍过"排序"的操作过程,在此不再赘述。排序后的数据表格如图 3.34 所示。

第三步:单击表格中数据区域中的任一单元格,选择"数据"菜单下的"分类汇总",弹出"分类汇总"对话框。"分类字段"即选择分类的依据,这里选择"科目名称";"汇总方式"选择"求和",也可以根据需要选择下拉菜单中的其他项;"选定汇总项"即在表格行标题中需要汇总的数据,可复选,这里主要是汇总开支金额,因此选择"借方"和"贷方",如图 3.35 所示。

根据需要决定是否选定"汇总结果显示在数据下方"复选框。如果不选定该复选框,则

年度	编号	日期	科目	科目名称	摘要	借方	贷方
2021	52	2021/1/15	27161	合肥分公司	采购部刘叶华报原材料	294590	0
2021	136	2021/1/31	27161	合肥分公司	采购部一月份采购原材料款	0	260644
2021	136	2021/1/31	27161	合肥分公司	采购部一月份采购原材料款	0	23149
2021	237	2021/2/28	27161	合肥分公司	采购部二月份采购原材料款	0	156076.6
2021	237	2021/2/28	27161	合肥分公司	采购部二月份采购原材料款	0	15732
2021	348	2021/3/31	27161	合肥分公司	采购部三月份采购原材料款	0	396460
2021	348	2021/3/31	27161	合肥分公司	采购部三月份采购原材料款	0	33221
2021	576	2021/4/30	27161	合肥分公司	采购部四月份采购原材料款	0	513203
2021	699	2021/5/27	27161	合肥分公司	采购部刘叶华报原材料	67100	0
2021	712	2021/5/27	27161	合肥分公司	采购部刘叶华报原材料	146978	0
2021	737	2021/5/31	27161	合肥分公司	采购部五月份采购原材料款	0	3932.15
2021	737	2021/5/31	27161	合肥分公司	采购部五月份采购原材料款	0	64014.5
2021	894	2021/6/30	27161	合肥分公司	采购部六月份采购原材料款	0	125739
2021	894	2021/6/30	27161	合肥分公司	采购部六月份采购原材料款	0	1860
2021	1135	2021/7/31	27161	合肥分公司	采购部七月份采购原材料款	0	100820
2021	1147	2021/8/1	27161	合肥分公司	采购部刘叶华报原材料	225789	0
2021	1147	2021/8/1	27161	合肥分公司	补汇采购部刘叶华报原材料	30000	0
2021	1148	2021/8/1	27161	合肥分公司	采购部刘叶华报原材料	399370	0
2021	1149	2021/8/1	27161	合肥分公司	采购部刘叶华报原材料	207630	0
2021	1386	2021/8/31	27161	合肥分公司	采购部八月份采购原材料款	0	155199
2021	1386	2021/8/31	27161	合肥分公司	采购部八月份采购原材料款	0	923
2021	1583	2021/9/29	27161	合肥分公司	采购部九月份采购原材料款	0	173576
2021	1583	2021/9/29	27161	合肥分公司	采购部九月份采购原材料款	0	960

图 3.34

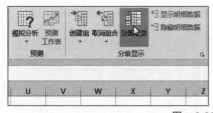

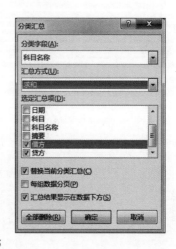

图 3.35

汇总结果显示在数据上方。最后单击"确定"按钮，出现图 3.36 所示的表格形式。

在新布局表格中，发现左上角有 1、2、3 三个数字，这是汇总表格的分级显示符号，跟 3.3 节中的合并计算类似。利用它们可以根据需要灵活地观察所选级别的数据，也可以方便地创建显示汇总数据，隐藏细节数据的汇总报告。

单击数字 1，出现如图 3.37 所示的表格，这是对整个表格数据的一个大汇总数据。

单击数字 2，如图 3.38 所示，是各科目分类汇总的数据，最左边的"+"点开就是汇总数据的各分项数据，如图 3.39 所示。

单击数字 3，就是设置完"分类汇总"对话框确定后呈现的表格，各分项数据以及汇总数据，如图 3.39 所示。

至此，数据表格的分类汇总已经完成，想要显示某个分组数据的明细数据，可单击表格左边的"+"，这时相应的按钮变为隐藏明细数据按钮"−"；同样要隐藏某个分组数据的明细数据，可单击左边按钮"−"即可。

如果想要删除分类汇总的格式，回到原始表格，只需要再次单击"分类汇总"，选择"全部

2021	1716	2021/10/14	27161	合肥分公司		上年度转入	0	1604541
				合肥分公司	汇总		1371457	3629950.25
2021	55	2021/1/15	27162	沈阳分公司		采购部刘叶华报原材料	1740605.8	0
2021	136	2021/1/31	27162	沈阳分公司		采购部一月份采购原材料款	0	1318580.77
2021	237	2021/2/28	27162	沈阳分公司		采购部二月份采购原材料款	0	165984.8
2021	348	2021/3/31	27162	沈阳分公司		采购部三月份采购原材料款	0	1368148.3
2021	576	2021/4/30	27162	沈阳分公司		采购部四月份采购原材料款	0	1004808.3
2021	719	2021/5/27	27162	沈阳分公司		采购部刘叶华报原材料	394920.3	0
2021	720	2021/5/27	27162	沈阳分公司		采购部刘叶华报原材料	613998.9	0
2021	737	2021/5/31	27162	沈阳分公司		采购部五月份采购原材料款	0	982227.36
2021	894	2021/6/30	27162	沈阳分公司		采购部六月份采购原材料款	0	1181613.4
2021	1128	2021/7/31	27162	沈阳分公司		采购部刘叶华报原材料	299286.1	0
2021	1129	2021/7/31	27162	沈阳分公司		采购部刘叶华报原材料	739296.24	0
2021	1130	2021/7/31	27162	沈阳分公司		采购部刘叶华报原材料	859198.89	0
2021	1135	2021/7/31	27162	沈阳分公司		采购部七月份采购中草药	0	798569.86
2021	1386	2021/8/31	27162	沈阳分公司		采购部八月份采购中草药	0	762866.74
2021	1583	2021/9/29	27162	沈阳分公司		采购部九月份采购中草药	0	1233891.7
2021	1716	2021/10/14	27162	沈阳分公司		上年度转入	0	5365551.47
2021	1794	2021/10/17	27162	沈阳分公司		采购部刘叶华报原材料	2202810.81	0
				沈阳分公司	汇总		6850117.04	14182242.7
2021	51	2021/1/14	27163	石家庄分公司		采购部刘叶华报原材料	166557.46	0
2021	136	2021/1/31	27163	石家庄分公司		采购部一月份采购原材料款	0	316241
2021	237	2021/2/28	27163	石家庄分公司		采购部二月份采购原材料款	0	128286.16
2021	348	2021/3/31	27163	石家庄分公司		采购部三月份采购原材料款	0	226218.4

图 3.36

	A	D	F	G	H	I	J	K
1	年度	凭证号	日期	科目	科目名称	摘要	借方	贷方
1041					总计		49983595.3	90509582.6
1042								
1043								
1044								
1045								

图 3.37

	A	B	C	D	E	F	G	H
1	年度	编号	日期	科目	科目名称	摘要	借方	贷方
153					差旅开支 汇总		137142.65	5
173					产品A 汇总		53.62	22194.72
238					产品B 汇总		506675.91	653884.82
311					产品C 汇总		0	30321762.86
351					产品D 汇总		85804.71	120678.52
386					产品E 汇总		44441.92	402120.6
463					产品F 汇总		1561046.97	17513809.49
488					合肥分公司 汇总		1371457	3629950.25
805					基本户 汇总		31101837	13755141.87
821					其他公杂费 汇总		31791.9	0
840					其他固定资产 汇总		50459	0
849					其他固定资产 汇总		102750	0
867					沈阳分公司 汇总		6850117.04	14182242.7
885					石家庄分公司 汇总		2808810.2	4519219.84
924					维修费用 汇总		923091.6	2180000
933					员工工资 汇总		1298006	0
945					长春分公司 汇总		1098000	1567308.5
986					职工社会保险（个人部分） 汇总		1586856.16	1199469.72
996					职工职业年金 汇总		0	419844.25
1041					装修费用 汇总		425253.6	21949.2
1042					总计		49983595.3	90509582.6

图 3.38

删除"即可。

3.4.2 定位条件复制和粘贴

在数据分析时，如果想要将分类汇总的结果单独存放在一张工作表中，成为一张单独的数据基础表，该怎样操作呢？各类汇总数据表在分级显示表 2 中，如果直接选择复制后再粘贴到新的表格中，会发现粘贴后的数据依旧包括汇总数据的分项内容。显然这样的复制和粘贴是无效的，无法满足只要汇总数据的需求。在这里需要运用到另外一个小工具——定

	A	B	C	D	E	F	G	H
1	年度	编号	日期	科目	科目名称	摘要	借方	贷方
2	2021	230	2021/2/27	1211	基本户	2月份银行手续费	0	5
3	2021	91	2021/1/23	41222	差旅开支	销售部喻芝峰沈阳出差差旅	300	0
4	2021	93	2021/1/25	41222	差旅开支	南京办事处席瑞平报呼和浩	230	0
5	2021	101	2021/1/25	41222	差旅开支	南京办事处田欢报呼差旅费	100	0
6	2021	106	2021/1/28	41222	差旅开支	人力资源部王宇兵报章丘出差	1315	0
7	2021	178	2021/2/8	41222	差旅开支	销售部部李娟报沈阳出差旅	1508	0
8	2021	210	2021/2/19	41222	差旅开支	销售部安智峰报出差差旅费	206	0
9	2021	245	2021/3/1	41222	差旅开支	人力资源部梁斌沈阳出差旅	2379	0
10	2021	246	2021/3/4	41222	差旅开支	人力资源部梁斌报沈阳差旅	1050	0
11	2021	268	2021/3/7	41222	差旅开支	隋富强报参加大会差旅费	480	0
12	2021	288	2021/3/14	41222	差旅开支	销售部陈刚报武汉出差旅	615	0
13	2021	300	2021/3/19	41222	差旅开支	销售部张超报出差费用开支	488	0
14	2021	304	2021/3/20	41222	差旅开支	南京办事处张成生报差旅费	500	0
15	2021	305	2021/3/20	41222	差旅开支	南京办事处葛海英报差旅费	280	0
16	2021	306	2021/3/20	41222	差旅开支	后勤部马红报沈阳出差差旅	2450	0
17	2021	309	2021/3/20	41222	差旅开支	乌兰报到沈阳参加会议差旅	700	0
18	2021	310	2021/3/20	41222	差旅开支	行政部赵露露报沈阳出差差旅	875	0
19	2021	336	2021/3/27	41222	差旅开支	行政部李振兴报沈阳出差旅	306	0
20	2021	376	2021/4/2	41222	差旅开支	市场部李大同报北京出差旅	2625	0

图 3.39

位条件。

第一步：在分级 2 表中，单击"开始"菜单，选择"查找和选择"，出现如图 3.40 所示的选择条框。

第二步：选择"定位条件"，出现"定位条件"对话框，选择对话框中的"可见单元格"单选按钮，如图 3.41 所示。

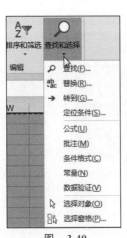

图 3.40

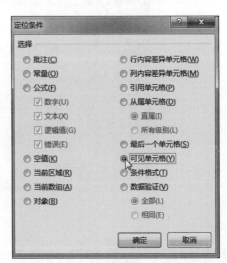

图 3.41

第三步：单击"确定"按钮后，数据表格可见单元格部分就被选中，呈现灰色；右键选择"复制"命令，然后通过"选择性粘贴"中的"值"粘贴到新的空表格中，需要的分类汇总数据就完成了。值得注意的是，在新表中如果直接选择"粘贴"，就会将数据源表格中的格式也粘贴到新的表格中，可以根据个人需要进行选择，如图 3.42 和图 3.43 所示。

"分类汇总"在处理基本表格数据时非常有效和快速。相对于函数公式，它更加简单操作、容易入手，为审计数据、分析数据能够快速提供基础数据源。因此，好好掌握分类汇总这个工具并能灵活运用，会带来极大便捷。

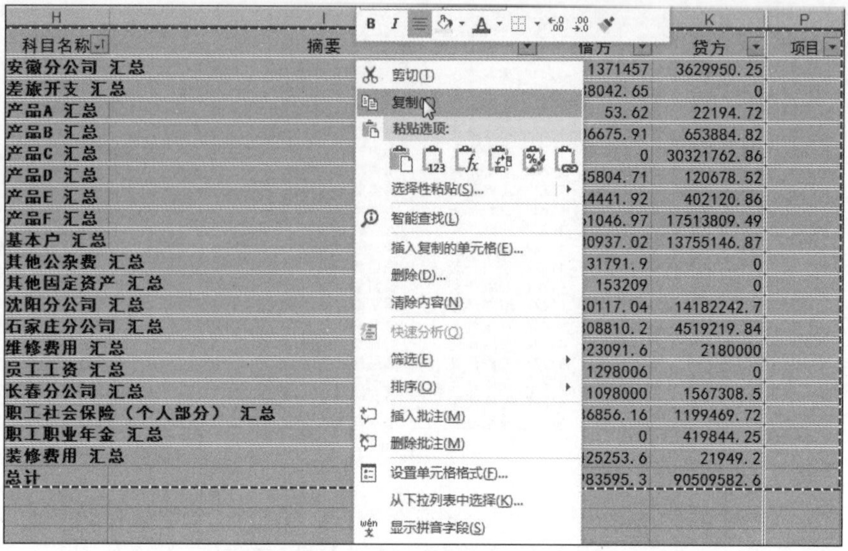

图 3.42

科目名称	摘要	借方	贷方
基本户 汇总		31100937.02	13755146.87
合肥分公司 汇总		1371457	3629950.25
沈阳分公司 汇总		6850117.04	14182242.7
石家庄分公司 汇总		2808810.2	4519219.84
长春分公司 汇总		1098000	1567308.5
其他公杂费 汇总		31791.9	0
差旅开支 汇总		138042.65	0
其他固定资产 汇总		50459	0
维修费用 汇总		923091.6	2180000
装修费用 汇总		425253.6	21949.2
其他固定资产 汇总		102750	0
产品A 汇总		53.62	22194.72
产品B 汇总		506675.91	653884.82
产品C 汇总		0	30321762.86
产品D 汇总		85804.71	120678.52
产品E 汇总		44441.92	402120.86
产品F 汇总		1561046.97	17513809.49
员工工资 汇总		1298006	0
职工社会保险（个人部分） 汇总		1586856.16	1199469.72
职工职业年金 汇总		0	419844.25
总计		49983595.3	90509582.6

图 3.43

3.5 供货方应付账款和已付账款统计

图 3.44 是一张某单位 2021 年商品仓库入库盘点主表，现在需要将供货方应付账款和已付账款等各类数据快速统计出来。

3.5.1 按供货方统计付款数据

首先根据表中数据完成各个供货方应付款和已付款的总金额的统计。为了一次性将所有供货方的付款数据统计出来，可以用 SUMIF 函数来完成。

首先，在入库主表的右边 K1、L1、M1 3 个单元格设置数据统计区，如图 3.45 所示。

在 K 列中，需要将所有供货方名称罗列上去，来看下数据表格 D 列，因为每个供货方涉

入库单号	库存管理单位	入库日期	账期归属月份	供货方	应付款	已付款	入库类别	存放库房
RMZ7279	25601	2021/1/9	1月	长沙公司	6313.50	0.00	正常入库	A仓库
RMZ7280	25601	2021/1/9	1月	长沙公司	7516.00	0.00	正常入库	A仓库
RMZ7281	25601	2021/1/9	1月	长沙公司	641.52	0.00	正常入库	A仓库
RMZ7282	25601	2021/1/9	1月	长沙公司	14098.00	0.00	正常入库	A仓库
RXYS2991	256012	2021/1/14	1月	兰州公司	17.40	0.00	正常入库	B仓库
RXYF1806	256011	2021/2/3	2月	长沙公司	108587.50	0.00	正常入库	C仓库
RXYS3036	256012	2021/4/7	4月	兰州公司	2800.20	0.00	正常入库	B仓库
RXYS3037	256012	2021/4/7	4月	吉林公司	25.41	0.00	正常入库	B仓库
RXS4309	25605	2021/4/27	4月	合肥公司	559.80	559.80	总部集采	D仓库
RXS4310	25605	2021/4/27	4月	北京公司	60600.00	60600.00	招标入库	D仓库
RXS4311	25605	2021/4/27	4月	北京公司	66528.00	66528.00	总部集采	D仓库
RXS4312	25605	2021/4/27	4月	呼和浩特公司	133920.00	133920.00	总部集采	D仓库

图 3.44

K	L	M
供货方	应付款	已付款

图 3.45

及多笔交货,所以供货方名会有很多重复值,如果手动一个个输入供货方名,是一件费时费力的工作,而且容易漏掉数据。所以运用第 2 章的不规范数据清理方法来处理原始数据删除重复值。

第一步:将 D 列数据复制并粘贴到 K 列,如图 3.46 所示。

E	F	G	H	I	J	K	L	M
供货方	应付款	已付款	入库类别	存放库房		供货方	应付款	已付款
长沙公司	6313.50	0.00	正常入库	A仓库		长沙公司		
长沙公司	7516.00	0.00	正常入库	A仓库		长沙公司		
长沙公司	641.52	0.00	正常入库	A仓库		长沙公司		
长沙公司	14098.00	0.00	正常入库	A仓库		长沙公司		
兰州公司	17.40	0.00	正常入库	B仓库		兰州公司		
长沙公司	108587.50	0.00	正常入库	C仓库		长沙公司		
兰州公司	2800.20	0.00	正常入库	B仓库		兰州公司		
吉林公司	25.41	0.00	正常入库	B仓库		吉林公司		
合肥公司	559.80	559.80	总部集采	D仓库		合肥公司		
北京公司	60600.00	60600.00	招标入库	D仓库		北京公司		
北京公司	66528.00	66528.00	总部集采	D仓库		北京公司		
呼和浩特公司	133920.00	133920.00	总部集采	D仓库		呼和浩特公司		

图 3.46

第二步：选择"数据"下的"删除重复项"，会出现内容对话框，如图 3.47 所示。

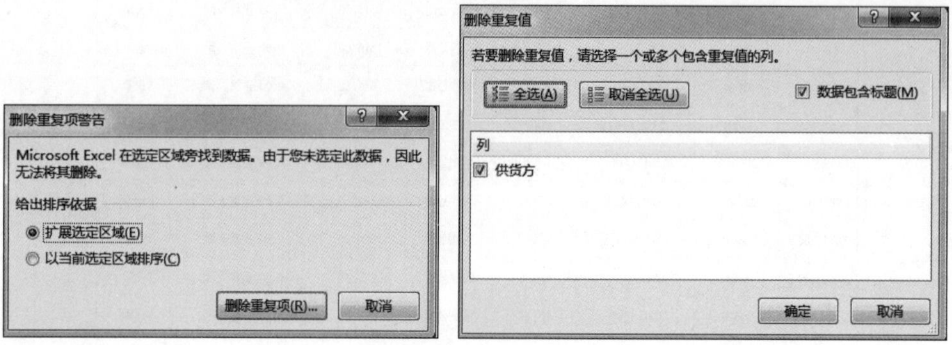

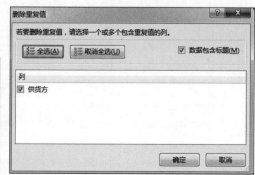

图 3.47

第三步：单击"确定"按钮后，弹出一个数据清理结果的对话框，再次单击"确定"按钮，K 列中供货方都只剩下一个记录。至此完成了数据的清理，如图 3.48 所示。

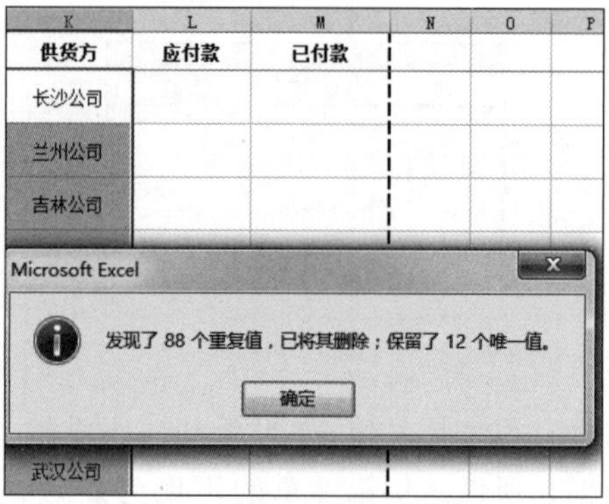

图 3.48

如图 3.48 所示，保留 12 个唯一值，其中标题项已经被识别排除。

在应付款标题下方的 L2 单元格中，输入公式"＝SUMIF(E:E,K2,F:F)"，这里的第一个参数"E:E"代表条件列是供货方数据列，第二个参数 K2 代表求和条件是供货方"长沙公司"，第三个参数"F:F"代表对该供货方所有应付款金额的求和。公式的结果会返回"长沙公司"应付款总金额。然后用鼠标双击 L2 单元格右下角，要统计的全部供货方应付款金额就被统计出来了，如图 3.49 和图 3.50 所示。

图 3.49

接下来，统计各个供货方的已付款金额，方法同上，在已付款标题下方的 M2 单元格中，输入公式"＝SUMIF(E:E,K2,G:G)"，这个公式的前两个参数没有变化，只有第三个参数变了,这里的第三个参数为"G:G",即要对已付款金额求和。用鼠标双击 M2 单元格右下角,所有供货方已付款金额就被统计出来,如图 3.51 所示。

供货方	应付款	已付款
长沙公司	642065.06	
兰州公司	54090.42	
吉林公司	2118.41	
合肥公司	559.8	
北京公司	907421.05	
呼和浩特公司	168591.8	
包头公司	85294.6	
武汉公司	36968.33	
南昌公司	3237.55	
桂林公司	0	
重庆公司	27.9	
亳州公司	3183.03	

图 3.50

供货方	应付款	已付款
长沙公司	642065.06	0
兰州公司	54090.42	0
吉林公司	2118.41	0
合肥公司	559.8	559.8
北京公司	907421.05	907421.05
呼和浩特公司	168591.8	168591.8
包头公司	85294.6	79603.6
武汉公司	36968.33	36968.33
南昌公司	3237.55	0
桂林公司	0	0
重庆公司	27.9	0
亳州公司	3183.03	0

图 3.51

这样统计起来非常快捷,特别是供货方数据特别多时。

3.5.2 进一步细化按月份统计

如果需要将所有应收款按月份统计,就可以用到 SUMIFS 函数,它相对于 SUMIF 可以设置更多的条件进行统计。仍然以上面的数据表为例,完成按月统计。

首先要先在表格中增加一列,提取月份的数据。如图 3.52 所示,这里用之前学过的 TEXT 函数来提取,输入公式"=TEXT(C2,"M月")",双击全列填充完成,如图 3.53 所示。

	C		F
fx	=TEXT(C2,"M月")		
	入库日期	账期归属月份 供货方	应付款
	2021/1/9	=TEXT(C2,"M月") 长沙公司	6313.5
	2021/1/9	长沙公司	7516
	2021/1/9	长沙公司	641.52

图 3.52

入库单	库存管理单号	入库日期	账期归属月份	供货方	应付款	已付款
RMZ7279	25601	2021/1/9	1月	长沙公司	6313.50	0.00
RMZ7280	25601	2021/1/9	1月	长沙公司	7516.00	0.00
RMZ7281	25601	2021/1/9	1月	长沙公司	641.52	0.00
RMZ7282	25601	2021/1/9	1月	长沙公司	14098.00	0.00
RXYS2991	256012	2021/1/14	1月	兰州公司	17.40	0.00
RXYF1806	256011	2021/2/3	2月	长沙公司	108587.50	0.00
RXYS3036	256012	2021/4/7	4月	兰州公司	2800.20	0.00
RXYS3037	256012	2021/4/7	4月	吉林公司	25.41	0.00
RXS4309	25605	2021/4/27	4月	合肥公司	559.80	559.80

图 3.53

将图 3.53 中"账期归属月份""供货方""应付款"3 列数据复制到新的表格中,将 K 列删除了重复值的"供货方"数据复制至新表格中的 E 列,接下来以 E 列数据为始,在右边设置数据统计区域,在第一行添加 1~12 月份字段,如图 3.54 所示。

A	B	C	D	E	F	G	H	I	J	K	L	M	N	O	P	Q
账期归属月份	供货方	应付款		供货方	1月	2月	3月	4月	5月	6月	7月	8月	9月	10月	11月	12月
1月	长沙公司	6313.50		长沙公司												
1月	长沙公司	7516.00		兰州公司												
1月	长沙公司	641.52		吉林公司												
1月	长沙公司	14098.00		合肥公司												
1月	兰州公司	17.40		北京公司												
2月	长沙公司	108587.50		呼和浩特公司												
4月	兰州公司	2800.20		包头公司												
4月	吉林公司	25.41		武汉公司												
4月	合肥公司	559.80		南昌公司												
4月	北京公司	60600.00		桂林公司												
4月	北京公司	66528.00		重庆公司												
4月	呼和浩特公司	133920.00		亳州公司												

图 3.54

然后在 F1 单元格中输入 SUMIFS 函数公式用来统计"长沙公司"1 月的应付款总金额。F1 中输入"=SUMIFS(C:C,B:B,E2,A:A,F1)",按回车键即得到长沙公司 1 月份应付款总金额,如图 3.55 所示。

图 3.55

接下来需要向右和向下拖拽填充整个数据表格,但由于图 3.55 中的函数公式都是进行的相对引用,所以在拖拽中会改变单元格的位置,因此需要对函数进行整改。根据要引用的数据位置,将 K1 中的函数公式修改为"=SUMIFS($C:$C,$B:$B,$E2,$A:A,F1)"。然后向右填充公式,再向下填充,就得到了 12 个分公司 1—12 月的应付款统计,如图 3.56 和图 3.57 所示。

图 3.56

供货方	1月	2月	3月	4月	5月	6月	7月	8月	9月	10月	11月	12月
长沙公司	28569	108588	0	0	438846	0	0	0	1173.6	46008.6	0	18880.3
兰州公司	17.4	0	0	2800.2	9482.92	0	0	0	0	41789.9	0	0
吉林公司	0	0	0	0	25.41	0	0	0	0	2093	0	0
合肥公司	0	0	0	0	559.8	0	0	0	0	0	0	0
北京公司	0	0	0	0	134482	341454	0	15500	0	41778	200260	173948
呼和浩特公司	0	0	0	0	133920	4919	0	0	0	0	0	29752.8
包头公司	0	0	0	0	53308.6	5321.5	0	0	0	5390	0	21274.9
武汉公司	0	0	0	0	15330	0	0	0	0	18134.3	3504	0
南昌公司	0	0	0	0	0	3183.03	0	0	0	0	54.52	0
桂林公司	0	0	0	0	0	0	0	0	0	0	0	0
重庆公司	0	0	0	0	0	0	0	0	0	0	0	27.9
亳州公司	0	0	0	0	0	3183.03	0	0	0	0	0	0

图 3.57

注意：在公式中，很多数据单元格用的是绝对引用，是因为要将公式向下和向右拖拽，不加绝对$，单元格会随着公式的拖拽而变化。在条件区域中，C列为应付款，B列为供货方，A列为账期归属月份，这些都是绝对的条件数据，函数计算都以这些列数据为基础，不允许在拖拽过程中有变动，否则函数公式就不成立。同样对于求和条件F1要对所属列F进行固定，防止拖拽过程中变成其他列，而行数是可以根据供货方名字所在的行进行变化的；而统计条件月份，其必须固定在某行数据，在此固定在第二行，如果拖拽到其他行，数据就会为空。所以一定要考虑清楚哪些参数是要绝对引用，不允许变动的。

课后练习

如图 3.58 所示的表格为从某大型连锁单位管理信息系统提取的内部结算流水日志，其中数据最后一列为日志校验列，包含了经手人、品牌、容量、结算价等数据。请通过至少两种方法，即快速填充法（Ctrl+E 组合键）和分列法，从日志校验列中提取相应数据，核实是否有篡改行为。

A	B	C	D	E	F
流水ID	经手人	品牌	容量	结算价	结算流水日志校验列
352987	APC	GREE	30L	4039	APC, GREE, 30L, 4039
352988	RQN	GREE	90L	3900	RQN, GREE, 90L, 7900
352989	NUUK	MKP	200L	10200	NUUK, MKP, 200L, 10200
352990	RQN	GREE	150L	8000	RQN, GREE, 150L, 8900
352991	APC	BLUE	60L	4000	APC, BLUE, 60L, 4000
352992	UKK	BLUE	300L	12000	UKK, BLUE, 300L, 12000
352993	UKK	BLUE	200L	11000	UKK, BLUE, 200L, 11000
352994	APC	WHITE	120L	5000	APC, WHITE, 120L, 5000

图 3.58

第 4 章

快速定位查找

学习目标

本章主要学习如何运用查找函数对数据进行精确定位、筛选和提取。

准确查找数据,是 Excel 自身带有的强大功能。在审计工作中,如何通过设置条件,快速查找并匹配得到线索,也是数据分析的重要手段。数据分析的目的是简化数据内容,缩小数据查找范围。本章将通过数据的定位查找,到简易可视化显示,以及同类表格快速汇总等,查找出数据中的疑点。

4.1 数据定位提取

借用前面通过函数运算出来的数据表来进行演算,某单位供货方每月应付账款表如图 4.1 所示。

E	F	G	H	I	J	K	L	M	N	O	P	Q
供货方	1月	2月	3月	4月	5月	6月	7月	8月	9月	10月	11月	12月
长沙公司	28569	108588	0	0	438846	0	0	0	1173.6	46008.6	0	18880.3
兰州公司	17.4	0	0	2800.2	9482.92	0	0	0	0	41789.9	0	0
吉林公司	0	0	0	25.41	0	0	0	0	0	2093	0	0
合肥公司	0	0	0	559.8	0	0	0	0	0	0	0	0
北京公司	0	0	0	134482	341454	0	15500	0	41778	200260	0	173948
呼和浩特公司	0	0	0	133920	4919	0	0	0	0	0	0	29752.8
包头公司	0	0	0	53308.6	5321.1	0	0	0	0	5390	0	21274.9
武汉公司	0	0	0	15330	0	0	0	0	0	18134.3	3504	0
南昌公司	0	0	0	0	3183.03	0	0	0	0	54.52	0	0
桂林公司	0	0	0	0	0	0	0	0	0	0	0	0
重庆公司	0	0	0	0	0	0	0	0	0	0	0	27.9
亳州公司	0	0	0	0	3183.03	0	0	0	0	0	0	0

图 4.1

现在要用 INDEX 快速查询某个供货方某月份的应付账款金额。首先套用 MATCH 函数确定数据的位置,然后再用 INDEX 函数查找到对应的值。以查找"北京公司"在"7 月"的应付账金额为例。

首先做一个分解计算,用 MATCH 查找该数据的位置,在 S2 中输入公式"＝MATCH("北京公司",E:E,0)",返回值为 6,即找到了该供货方行位置为第 6 行。然后在 S3 中输入公式"＝MATCH("7月",E1:Q1,0)",返回值为 8,意思为要查找的数据在第 8 列,如图 4.2 和图 4.3 所示。

E	F	G	H	I	J	K	L	M	N	O	P	Q	R	S
供货方	1月	2月	3月	4月	5月	6月	7月	8月	9月	10月	11月	12月		
长沙公司	28569	108588	0	0	438846	0	0	0	1173.6	46008.6	0	18880.3		
兰州公司	17.4	0	0	2800.2	9482.92	0	0	0	41789.9	0	0			

图 4.2

E	F	G	H	I	J	K	L	M	N	O	P	Q	R	S
供货方	1月	2月	3月	4月	5月	6月	7月	8月	9月	10月	11月	12月		
长沙公司	28569	108588	0	0	438846	0	0	0	1173.6	46008.6	0	18880.3		6
兰州公司	17.4	0	0	2800.2	9482.92	0	0	0	41789.9	0	0			

图 4.3

然后将 MATCH 查询行与列的公式直接作为参数代入 INDEX 函数中,在 S4 单元格内输入公式"＝INDEX(E:Q,S2,S3)",如图 4.4 所示。不过第二个和第三个参数也可以直接选择上面已经分解计算的 S2 和 S3 单元格,就不需要再输入一次公式。按回车键确认,返回值为 15500。回原数据表中检验,结果是正确的。其结果如图 4.4 所示。

E	F	G	H	I	J	K	L	M	N	O	P	Q	R	S
供货方	1月	2月	3月	4月	5月	6月	7月	8月	9月	10月	11月	12月		
长沙公司	28569	108588	0	0	438846	0	0	0	1173.6	46008.6	0	18880.3		6
兰州公司	17.4	0	0	2800.2	9482.92	0	0	0	41789.9	0	0			8
吉林公司	0	0	0	25.41	0	0	0	0	2093	0	0			15500

图 4.4

4.2 异常数据的可视化快速展示

审计人员在进行数据分析时,从众多繁杂数据中进行数据梳理、定位和找到异常数据,是首先需要处理的问题。在繁杂的数据海洋里,可视化无疑是对审计人员最直观和有效的表达形式。通过自带的许多可视化小工具,可以有效帮助数据的梳理。下面讲解迷你图和数据条。

图 4.5 为被审计单位某年的人员工资发放人数与总金额,需要对这批数据快速比较波动趋势,并定位问题所在。

在两列数据的最下空白处,单击"插入"工具,选择"迷你图"中的"折线图",打开"创建迷你图"对话框(图 4.6),然后在数据范围框中选择"发放人数"数据列,单击"确定"按钮,这样

月份	发放人数	发放金额
一月	282	3506057
二月	272	3417059
三月	278	3428050
四月	280	3430818
五月	284	3497744
六月	284	3518058
七月	281	3440900
八月	281	3452300
九月	286	3520058
十月	288	3531052

图 4.5

在该数据列的最下边空白单元格即展示出了数据发展趋势的微型折线图。同样,为"发放金额"添加同样的迷你折线图,其结果如图 4.7 所示。

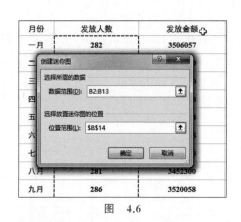

图 4.6

三月	278	3428050
四月	280	3430818
五月	284	3497744
六月	284	3518058
七月	281	3840900
八月	281	3452300
九月	286	3520058
十月	280	3531052
十一月	295	3618570
十二月	282	3545008

图 4.7

从折线图可以很直观地看出,无论是人数还是发放金额,都出现了较大的波动幅度,并且这两个波动点还不在同一个时间段,这样就可以将波动数据作为异常数据目标,进行下一步的数据查看和分析。

注意:只有在 Excel 2010 及以上版本才带有迷你图功能。因此,在进行该功能操作时,需要注意版本是否满足,否则在低版本中无法找到该工具。同时,使用较高版本创建的迷你图也无法在低版本中展示。

迷你图反映整体数据的变化趋势,下一步可再创建每个数据的数据条,这样就可以更精确定位哪个数据变化幅度较大,从而可能是异常数据。

选择"发放人数"数据区域,然后选择"开始"菜单下的"条件格式",选择菜单中的"数据条",选择其中一个式样即可完成数据条的建立(图 4.8)。同样也为"发放金额"数据列建立数据条。自此数据条就创建好了,如图 4.9 所示。

从数据条可以定位到该单位在工资年度发放中,11 月份人数增幅最大,2 月份减幅最

图 4.8

月份	发放人数	发放金额
一月	282	3506057
二月	272	3417059
三月	278	3428050
四月	280	3430818
五月	284	3497744
六月	284	3518058
七月	281	3840900
八月	281	3452300
九月	286	3520058
十月	280	3531052
十一月	295	3618570

图 4.9

大,而在工资发放金额上,7月份突然增加非常多,而其人数却是减少的。因此,这几个数据可以看成疑点数据,作为下一步查找的线索。

4.3 自动查找银行存款未达款

对于单位的现金存款收支情况,单位会手工记录"银行存款日记账",而银行则会定期提供"银行对账单",如图 4.10 所示文件夹中的表格文件,根据这两个表格可以制作现金流量平衡表。但由于记账的及时性与规范性,有可能会使得两个记账数据出现差异。

要找出单位与银行记账的查漏,一般需要人工一笔笔核对,这就是所说需要查找银行存款未达账。人工查找费事费力,还容易出错。本节通过函数公式的设定,来自动完成未达账的搜索,同时找出两边记账数据中的未达账,完成会计现金流量平衡表。

第一步:在工作表新建两个工作簿,分别命名为"银行存款日记账"和"银行对账单",用

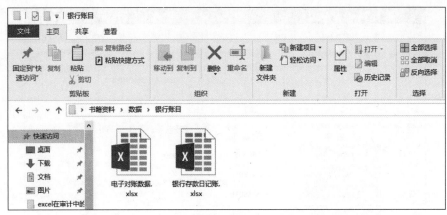

图 4.10

来保存对应的数据。

第二步：进入"银行存款日记账"工作表，在第一行输入表格的标题栏，分别为"核对订单号""凭证日期""凭证编号""摘要""借方发生额""贷方发生额""余额"几个字段，然后将对应的数据复制到表格中，如图 4.11 所示。

核对订单号	凭证日期	凭证编号	摘要	借方发生额	贷方发生额	余额
			期初余额			41799908.87
8718492	2021/1/2	2	李兰报制作宣传栏和灯箱开支	0	39000	
5639716	2021/1/2	3	业务处田富报业务招待费	0	2953.77	
8718475	2021/1/2	4	行政部李国辉报北京差旅费	0	6475	
8718478	2021/1/2	5	总经办李福军借款（设备款）	0	2500	
8718479	2021/1/2	5	总经办李福军借款（设备款）	0	6360	
5639717	2021/1/2	6	行政部闫冰借款（配件款）	0	220	
8718455	2021/1/3	7	李兰报制作展板开支	0	7040	
8718496	2021/1/3	7	李兰报制作展板开支	0	1650	
8718497	2021/1/3	7	李兰报制作展板开支	0	5600	
20211278	2021/1/3	8	财务结算中心付业务招待费	20982.5	0	
20211279	2021/1/3	8	财务结算中心付业务招待费	17157	0	
5639724	2021/1/3	9	市场部徐金龙报业务招待费	0	113537.4	
8718498	2021/1/3	10	总经办马旭红报购矿泉水等开支	0	2700	
8718509	2021/1/4	12	行政部张磊报布线费用	0	7252	
8718520	2021/1/4	15	李兰报招标公告费	0	1500	
5639743	2021/1/4	17	行政部闫冰借款（维修费）	0	5000	
8718534	2021/1/4	18	行政部闫冰借款（维修费）	0	1600	
8718529	2021/1/4	19	市场部袁建生借款（业务招待费）	0	24177.8	
8718488	2021/1/4	20	总经办王军科报更换塑胶地板开支	0	28391	

图 4.11

第三步：在表格 H2 中填入期初金额，计算本期余额。在 H3 单元中，输入公式"＝H2＋F3－G3"，按回车键 H3 单元格中计算出发生的第一笔业务后的余额，向下填充，在 H 列中完成数据的计算，得到每笔业务发生后的余额，如图 4.12 所示。

	D	E	F	G	H
f_x		=H2+F3-G3			
	凭证编号	摘要	借方发生额	贷方发生额	余额
		期初余额			41799908.87
	2	李兰报制作宣传栏和灯箱开支	0	39000	41760908.87
	3	业务处田富报业务招待费	0	2953.77	41757955.1
	4	行政部李国辉报北京差旅费	0	6475	41751480.1

图 4.12

第四步：在银行对账单表格中添加数据。原始的银行对账单数据内容比较多，只选取其中需要的部分。另外在原始数据中借贷方金额放在同一列中，如图 4.13 所示。为了数据提取使用，需要先将该列中的借方和贷方数据分成两列。

图 4.13

首先，增加一列空白单元格 G 列，调出"排序"对话框，选择排序的主要关键字"借贷标志"，默认为"单元格值"，同时勾选上"数据包含标题"复选框，单击"确定"按钮，如图 4.14 所示。

图 4.14

然后 E 列筛选出贷方数据，将贷方数值剪切至新增列 G 列中，同时将 F 列空白单元格填充上 0，并将 F 和 G 列标题分别修改为"借方"和"贷方"。

接下来 E 列筛选出"借方"数据，同时将对应的 G 列"贷方"单元格填充上数值 0。

最后，选定 E 列删除该列，按照入账日期将数据完成"升序"排列，还原数据的排列。

这样就完成了借贷方数据的分列，将对应的数据复制至新建的"银行对账单"工作簿中，完成了表格的建立，如图 4.15～图 4.18 所示。

第五步：在"银行对账单"工作簿中输入期初余额，银行记账与单位记账方向相反，在 F3 单元格中输入公式"＝F2－D3＋E3"，并填充计算出其他业务发生后的余额，如图 4.19 所示。

图 4.15

I	J	K	L	AH	AI
借贷标志	借方	贷方	余额	摘要	凭证号
贷	0	157427.1	41957336	1231-0101费0元	77696040
贷	0	7505.37	41964841	1229-0101费0元	86196938
贷	0	109011.4	42073853	0102-0102费0元	14028146
贷	0	2314.54	42065979	0102-0102费0元	20714912
贷	0	123891.3	42169495	0103-0103费0元	37533492
贷	0	55000	42101516		37530104
贷	0	95000	42196516		20210115
贷	0	140000	42336516		20210607
贷	0	215000	42551516		20210151
贷	0	160000	42711516		20210257
贷	0	3934.62	42715450	0103-0103费0元	43283242
贷	0	15630	42731080		20210104
贷	0	58910	42789930	812800610000142018	62856282
贷	0	91444.12	42878874	0104-0104费0元	66062400
贷	0	3352.3	42882227	0104-0104费0元	69809892
贷	0	319573.4	42726079	0105-0107费0元	42858226

图 4.16

借方	贷方	余额	摘要	凭证号
10188	0	42063665	补贴	8718474
20376	0	42045603		8718473
25032.36	0	42144462	材料费	8718477
97946.58	0	42046516	设备费	8718476
2953.77	0	42503324	材料款	5639716
2500	0	42787430	设备款	8718478
375709	0	42506518	物业费	5639718
220	0	42506283	维修配件	5639717
13840	0	42489479	维修费	8718481
8550	0	42480929	维修费	8718480
113516.3	0	42604643	设备款	5639722
113537.4	0	42491091	设备款	5639724
10771.2	0	42480305	设备款	5639723
7396	0	42472899	设备款	5639721
25800	0	42437153	设备款	5639720
15468	0	42465461	物耗费	8718490
11162	0	42454299	制作费	8718486
28391	0	42425908	维修费	8718488

图 4.17

序号	入账日期	交易代码	借方	贷方	余额	凭证号
		期初余额			41799908.9	
1	2021-01-02	41248	0	157427.09		77696040
2	2021-01-02	41248	0	7505.37		86196938
3	2021-01-03	41248	0	109011.43		14028146
4	2021-01-03	52169	20376	0		8718473
5	2021-01-03	41248	0	2314.54		20714912
6	2021-01-03	52068	10188	0		8718474
7	2021-01-04	41248	0	123891.29		37533492
8	2021-01-11	52240	6475	0		8718475
9	2021-01-04	52068	97946.58	0		8718476
10	2021-01-04	02023	0	55000		37530104
11	2021-01-04	02023	0	95000		20210115
12	2021-01-04	02023	0	140000		20210607
13	2021-01-04	02023	0	215000		20210151
14	2021-01-04	02023	0	160000		20210257
15	2021-01-04	41248	0	3934.62		43283242
16	2021-01-04	59113	0	15630		20210104
17	2021-01-04	68006	60	0		20180104
18	2021-01-05	41248	0	58910		62856282

图 4.18

凭证号	入账日期	摘要	交易代码	借方	贷方	余额
		期初余额				41799908.87
77696040	2021-01-02	1231-0101费0元	41248	0	157427.09	41957335.96
86196938	2021-01-02	1229-0101费0元	41248	0	7505.37	41964841.33
14028146	2021-01-03	0102-0102费0元	41248	0	109011.43	42073852.76
8718473	2021-01-03	补贴	52169	20376	0	42053476.76
20714912	2021-01-03	0102-0102费0元	41248	0	2314.54	42055791.3
8718474	2021-01-03		52068	10188	0	42045603.3
37533492	2021-01-04	0103-0103费0元	41248	0	123891.29	42169494.59
8718475	2021-01-11	材料费	52240	6475	0	42163019.59
8718476	2021-01-04	设备费	52068	97946.6	0	42065073.01
37530104	2021-01-04		02023	0	55000	42120073.01
20210115	2021-01-04		02023	0	95000	42215073.01
20210607	2021-01-04		02023	0	140000	42355073.01
20210151	2021-01-04		02023	0	215000	42570073.01
20210257	2021-01-04		02023	0	160000	42730073.01
43283242	2021-01-04	0103-0103费0元	41248	0	3934.62	42734007.63
20210104	2021-01-04		59113	0	15630	42749637.63
20180104	2021-01-04	材料款	68006	60	0	42749577.63
62856282	2021-01-05	8128006100001 42018	41248	0	58910	42808487.63
8718477	2021-01-04	设备款	52240	25032.4	0	42783455.27

图 4.19

第六步：将单位银行存款日记账自动与银行对账单核对。在"银行存款日记账"工作表H3单元格中输入公式"=IF(AND(VLOOKUP(A3,银行对账单!A:D,4,FALSE)=F3,VLOOKUP(A3,银行对账单!A:E,5,FALSE)=E3),"Y","N")"，返回值为Y表示此笔账在银行对账单中也存在。将H3单元格的内容向下填充至当期的最后一笔发生额为止，如图4.20所示。

核对订单号	凭证编号	摘要	借方发生额	贷方发生额	余额	
		期初余额			41799908.87	
8718492	2	李兰报制作宣传栏和灯箱开支	0	39000	41760908.87	Y
5639716	3	业务处田富报业务招待费	0	2953.77	41757955.1	Y
8718475	4	行政部李国辉报北京差旅费	0	6475	41751480.1	Y
8718478	5	总经办李福军借款（设备款）	0	2500	41748980.1	Y
8718479	5	总经办李福军借款（设备款）	0	6360	41742620.1	#N/A
5639717	6	行政部闫冰借款（配件款）	0	220	41742400.1	Y
8718455	7	李兰报制作展板开支	0	7040	41735360.1	#N/A
8718496	7	李兰报制作展板开支	0	1650	41733710.1	Y
8718497	7	李兰报制作展板开支	0	5600	41728110.1	Y
20211278	8	财务结算中心付业务招待费	20982.5	0	41749092.6	Y
20211279	8	财务结算中心付业务招待费	17157	0	41766249.6	Y
5639724	9	市场部徐金龙报业务招待费	0	113537.4	41652712.2	Y
8718498	10	总经办马旭红报购矿泉水开支	0	2700	41650012.2	Y
8718509	12	行政部张磊报布线费用	0	7252	41642760.2	Y
8718520	15	李兰报招标公告费	0	1500	41641260.2	Y
5639743	17	行政部闫冰借款（维修费）	0	5000	41636260.2	Y
8718534	18	行政部闫冰借款（维修费）	0	1600	41634660.2	Y
8718529	19	市场部袁建生借款（业务招待费）	0	24177.8	41610482.4	Y
8718488	20	总经办王军科报更换塑胶地板开支	0	28391	41582091.4	Y
8718487	21	总经办王军科报更换玻璃开支	0	19402	41562689.4	#N/A

图 4.20

函数解释：在H3单元格中，利用了查找函数VLOOKUP、连接函数AND、逻辑判断函数IF 3个函数的嵌套公式，"银行存款日记账"和"银行对账单"中都有相同的"核对单据号"，即A3单元格，用函数建立两个表格的连接，查询"银行存款日记账"中A列的某个"核对单据号"在"银行对账单"中是否也存在。

VLOOKUP(A3,银行对账单!A:D,4,FALSE)：查找"银行存款日记账"中A3数据在"银行对账单"对应的借方数值。

VLOOKUP(A3,银行对账单!A:E,5,FALSE):查找"银行存款日记账"中 A3 数据在"银行对账单"对应的贷方数值。

AND(查找值=F3,查找值=E3):用 VLOOKUP 查找出"银行对账单"对应的"借方"数值等于"银行存款日记账"中 F3 数值;同时查找出"银行对账单"对应的"贷方"数值等于 E3 单元格数值。用 AND 函数计算出 3 个查询值都存在,则表明两个表中同一笔发生额均存在。

IF 函数:用 IF 函数来判断结论,如果查询值都存在,则返回值为 Y;如果"核对订单号"存在,但是对应的值不相同,则返回 N;如果返回值为♯N/A,则表示"银行存款日记账"中有记录的交易,但在"银行对账单"中没有记录。

第七步:"银行对账单"与"银行存款日记账"自动核对。同样在"银行对账单"工作表 G3 单元格中输入公式"=IF(AND(VLOOKUP(A3,银行存款日记账!A:E,4,FALSE)=E3,VLOOKUP(A3,银行存款日记账!A:F,5,FALSE)=D3),"Y","N")",将 G3 单元格的内容向下填充至当期的最后一笔发生额为止。

函数公式解释同上,是在"银行对账单"查找"银行存款日记账"中漏记未登的发生额,如图 4.21 所示。

摘要	借方	贷方	余额	G
		期初余额	41799908.87	
101费0元	0	157427.1	41957335.96	Y
101费0元	0	7505.37	41964841.33	Y
102费0元	0	109011.4	42073852.76	Y
	20376	0	42053476.76	#N/A
102费0元	0	2314.54	42055791.3	Y
	10188	0	42045603.3	#N/A
103费0元	0	123891.3	42169494.59	Y
	6475	0	42163019.59	Y
	97946.58	0	42065073.01	#N/A
	0	55000	42120073.01	Y
	0	95000	42215073.01	Y
	0	140000	42355073.01	Y
	0	215000	42570073.01	Y
	0	160000	42730073.01	Y
103费0元	0	3934.62	42734007.63	Y
	0	15630	42749637.63	Y
	60	0	42749577.63	#N/A
610000142018	0	58910	42808487.63	Y
	25032.36	0	42783455.27	#N/A
104费0元	0	91444.12	42874899.39	Y

公式栏:=IF(AND(VLOOKUP(A3,银行存款日记账!A:E,4,FALSE)=E3,VLOOKUP(A3,银行存款日记账!A:F,5,FALSE)=D3),"Y","N")

图 4.21

第八步:筛选出两个表格中♯N/A 和 N 的数据,分别表示没有登记的账目和记录数据有错的数据,单击"银行存款日记账"中的 H 列,选择"数据"→"筛选"→"自动筛选"。在下拉式列表,选择 N 项,即可得到单位和银行记账不一致的数据记录;选择♯N/A,即可得到单位已记账而银行未记账的未达账项全部明细记录,如图 4.22~图 4.24 所示。

同样打开"银行对账单"工作簿,对 G 列进行筛选,选择 N 项和♯N/A 的数据。

根据所有♯N/A 数据,可以快速完成单位银行存款余额调节表。

核对订单号	凭证编号	摘要	借方发生额	贷方发生额	余额	
8718479	5	总经办李福军借款（设备款）	0	6360	41742620.1	#N/A
8718455	7	李兰报制作展板开支	0	7040	41735360.1	#N/A
8718487	21	总经办王军科报更换玻璃开支	0	19402	41562689.4	#N/A
8718485	23	总经办王军科报办公室改造开支	0	46072	41500777.4	#N/A
20210108	28	解兑定期存款	5043208.33	0	46482556.73	N
5639710	41	业务部胡晓冬报差旅费	0	38830.7	47414558.61	#N/A
20210152	48	1月份现金存银行	80000	0	49300999.52	#N/A
20210170	48	1月份现金存银行	50000	0	49465999.52	#N/A
20210171	48	1月份现金存银行	65000	0	49530999.52	#N/A
20210179	48	1月份现金存银行	80000	0	50050999.52	#N/A
20210198	48	1月份现金存银行	105000	0	50355999.52	#N/A
20210200	48	1月份现金存银行	125000	0	50515999.52	#N/A
20210201	48	1月份现金存银行	35000	0	50550999.52	N
46698970	50	1月份银联收入	3773.44	0	52874860.1	#N/A
8630973	50	1月份银联收入	1650.38	0	53906849.15	N
20210246	76	上海办事处业务招待费	10976	0	58235431.02	#N/A
20210247	76	上海办事处业务招待费	1041	0	58236472.02	N
8718652	108	总经办德格金报维修开支	0	6444	56637118.02	N
8718624	159	总经办德格金报减速带等开支	0	2915	54613051.76	#N/A
8718607	184	李兰报制作技能中心培训标识开支	0	1900	54412510.76	#N/A
20210248	187	发放聘用人员1月份工资退汇	4540	0	54410370.76	N

图 4.22

核对订单号	凭证编号	摘要	借方发生额	贷方发生额	余额	
20210108	28	解兑定期存款	5043208.33	0	46482556.73	N
20210201	48	1月份现金存银行	35000	0	50550999.52	N
8630973	50	1月份银联收入	1650.38	0	53906849.15	N
20210247	76	上海办事处业务招待费	1041	0	58236472.02	N
8718652	108	总经办德格金报维修开支	0	6444	56637118.02	N
20210248	187	发放聘用人员1月份工资退汇	4540	0	54410370.76	N
20210274	243	2月份现金存银行	120000	0	#REF!	N
	246	2月份支票收入	100000	0	#REF!	N
20210276	256	业务招待费	14152.2	0	#REF!	N
8732247	257	业务处田富报业务招待费	0	408004.8	#REF!	N
20210278	371	中国人寿保险公司	24262	0	#REF!	N
20210276	379	3月份现金存银行	150000	0	#REF!	N
20210315	381	3月份银联收入	7094.5	0	#REF!	N
20210350	485	收鹏达环球物流公司投标保证金	100000	0	#REF!	N

图 4.23

核对订单号	凭证编号	摘要	借方发生额	贷方发生额	余额	
8718479	5	总经办李福军借款（设备款）	0	6360	41742620.1	#N/A
8718455	7	李兰报制作展板开支	0	7040	41735360.1	#N/A
8718487	21	总经办王军科报更换玻璃开支	0	19402	41562689.4	#N/A
8718485	23	总经办王军科报办公室改造开支	0	46072	41500777.4	#N/A
5639710	41	业务部胡晓冬报差旅费	0	38830.7	47414558.61	#N/A
20210152	48	1月份现金存银行	80000	0	49300999.52	#N/A
20210170	48	1月份现金存银行	50000	0	49465999.52	#N/A
20210171	48	1月份现金存银行	65000	0	49530999.52	#N/A
20210179	48	1月份现金存银行	80000	0	50050999.52	#N/A
20210198	48	1月份现金存银行	105000	0	50355999.52	#N/A
20210200	48	1月份现金存银行	125000	0	50515999.52	#N/A
46698970	50	1月份银联收入	3773.44	0	52874860.1	#N/A
20210246	76	上海办事处业务招待费	10976	0	58235431.02	#N/A
8718624	159	总经办德格金报减速带等开支	0	2915	54613051.76	#N/A
8718607	184	李兰报制作技能中心培训标识开支	0	1900	54412510.76	#N/A

图 4.24

4.4 多张表格数据的快速汇总

INDIRECT 绝对是查询和提取数据函数的高端级别，它可以引用其他工作簿的名称、工作表名称和单元格，实现多表格数据共享。INDIRECT 与 SUM、SUMIF、SUMIFS、SUMPRODUCT 等汇总函数联合使用，可以实现一个工作表内多个区域汇总、一个工作簿内的多表汇总、多个工作簿的多表汇总等，与 VLOOKUP、MATCH、INDEX 等查找引用函数联合使用,可以制作各种自动化分析模板。

值得注意的是 INDIRECT 函数引用有两种形式。它既可以引用单元格本身,也可以引用单元格里的数据,所以一定要分清楚两者的区别。如果要引用单元格文本内容,一定要加双引号;如果只是引用单元格地址,则不需要加。

现在用 INDIRECT 练习多表汇总,如图 4.25 所示为某单位 2021 年 1—12 月 9 项产品收入的明细表,总共有 9 张表,现在需要将它汇总到如图 4.26 所示的汇总表中。有人会质疑,这还不容易,一张一张表复制并粘贴就好了,何必使用函数呢?例中只有 9 张表,也许还可以手工复制并粘贴,但如果有几百张表,恐怕就很难逐张表手工打开再进行复制并粘贴。对于多张表数据汇总的场景,INDIRECT 的优势就体现出来了。

日期	科目	科目名称	月份	金额
2021/1/31	4811	产品A收入	一月份	96325
2021/2/28	4811	产品A收入	二月份	74275
2021/3/31	4811	产品A收入	三月份	111355
2021/4/30	4811	产品A收入	四月份	112195
2021/5/31	4811	产品A收入	五月份	104565
2021/6/30	4811	产品A收入	六月份	95465
2021/7/31	4811	产品A收入	七月份	107585
2021/8/31	4811	产品A收入	八月份	104620
2021/9/29	4811	产品A收入	九月份	107795
2021/10/31	4811	产品A收入	十月份	116562
2021/11/30	4811	产品A收入	十一月份	122342
2021/12/31	4811	产品A收入	十二月份	130000

产品A收入 / 产品B收入 / 产品C收入 / 产品D收入 / 产品E收入 / 产品F收入

图 4.25

	产品A收入	产品B收入	产品C收入	产品D收入	产品E收入	产品F收入
一月份						
二月份						
三月份						
四月份						
五月份						
六月份						
七月份						
八月份						
九月份						
十月份						
十一月份						
十二月份						

图 4.26

第一步:设置公式。在"汇总表"中"产品 A 收入"下单元格 B2 中把公式改造成"= INDIRECT",打开"产品 A 收入"表,再选中 E2,这时公式自动设置"= INDIRECT(产品 A 收入!E2)"。但如果直接按回车键确认,结果会显示错误,这是为什么呢?在此要回顾本章开始时讲到的"绝对引用"和"相对引用",现在目的是要提取引用地址单元格中的数值,所以需要在括号内加上双引号,变成"= INDIRECT("产品 A 收入!E2")",再次确认后返回值为

96325，检验该数值正确。

现在第一个单元格函数设置完成，接下来要做的就是填充函数公式，让汇总表中的其他单元格也可以自动运算完成。首先分析该公式，发现其引用的地址是表名，如果直接拖拽公式，可能无法实现单元格的变动，所以接下来需要对 B 中的函数公式进行改造。

第二步：改造函数公式。要使函数公式能自动填充，引用的单元格地址需要替换成单元格参数。参数中有表名"产品 A 收入"，刚好跟汇总表中的表头标题单元格 B1 相同，所以可用 B1 来替代表名。另外，为了接下来向右拖拽填充公式做准备，所以需要把行号用绝对引用 $ 来固定。这是为了公式可以自动往后变成 C2、D2……，得到需要引用的其他收入表格名，但因为所有表头标题文件在第一行，所以不能让公式在拖拽过程变成了其他行，所以要"行固定列可变"，也就是设置为 B$1。同时让数据建立连接关系，中间用 & 来连接。公式第一步被改造为"=INDIRECT(B$1&"!E2")"。

接下来进一步改造，让表格中的行号能够自动变化。这里需要用到一个查找行号函数 ROW，将行号改用 ROW(A2)代替，ROW(A2)返回值为 2，表示 A2 在第二行。改造的目的，是为了公式往下拖拽时，统计"产品 A 收入"的 2 月份、3 月份、4 月份……收入金额，将 E2 中的 2 改造成 ROW(A2)，公式下拉时，ROW(A2) 会变成 ROW(A3)、ROW(A4)、ROW(A5)……，各个 ROW 函数返回的值依次是 2、3、4、5……10，这样就把检查收入中的 B2、B3、B4……B10 中的 1—9 月份及合计收入提取出来了，实现了滚动提取数据。同样也用 & 来连接。

公式最终改造为"=INDIRECT(B$1&"!E"&ROW(A2))"，再回车运算下，结果一样。分别将函数向下向右填充，整个表格完成数据提取，如图 4.27 和图 4.28 所示。

图 4.27

	产品A收入	产品B收入	产品C收入	产品D收入	产品E收入	产品F收入
一月份	96325	289172	1278297.15	432942	168849.49	202452
二月份	74275	188069.25	771069.93	246441	105527	150849
三月份	111355	412629.43	1130706.76	329945.02	178723.27	282426
四月份	112195	360392.57	1302642.51	528422	163517.57	282113
五月份	104565	326489.89	1066281.5	318655	154485.08	268112
六月份	95465	313163.5	1050197.5	344806.5	155406.48	274771
七月份	107585	299172.41	1356562.1	394512	190605.13	290735
八月份	104620	278622.5	1376697.31	525147.5	186733.4	293832
九月份	107795	315228.5	1134099.17	327623	182678.85	268579
十月份	116562	306668	1135080	388869	187560	266565
十一月份	122342	310005	1200880	405640	190080	390668
十二月份	130000	328090	1254808	401534	195600	324445

图 4.28

> **注意：**
> （1）要汇总的工作表的位置顺序没有关系，10个表格可以随意放置，不会影响汇总表的汇总结果。
> （2）工作表命名一定要规范，汇总表的表头标题一定要与工作表名一致。
> （3）如果是对其他工作簿数据的引用，该工作簿必须处于被打开状态，否则返回错误值#REF!。

课后练习

如图4.29所示的表格为某单位的人员入职离职信息表，记录了所有入职人员的详细信息，包括离职时间，另外一张表为该单位2022年3月份工资发放名单。请设置查找条件，核实工资发放名单中的人员是否都为在职人员，以此审计吃空饷的情况（通过查找工资发放人员是否有离职信息）。

序号	姓名	性别	民族	文化程度	入职时间	离职时间
1	王大	男	汉族	本科	2009/12/1	
2	杨明	男	汉族	本科	2019/7/1	
3	李秋	男	汉族	博士	2011/7/12	
4	红超	男	汉族	硕士	2008/9/1	
5	陈二	男	汉族	本科	2009/8/1	2021/4/30
6	罗一	女	汉族	大专	2017/7/13	
7	梅芳	女	汉族	中专	2013/8/30	
8	宁静	女	汉族	本科	2008/7/1	
9	李莉	女	汉族	大专	2014/12/1	
10	肖肖	男	汉族	本科	2002/8/1	
11	刘伟	男	汉族	本科	2017/12/1	
12	郭中	男	汉族	本科	2008/9/1	2020/9/30
13	阳林一	男	汉族	硕士	2012/11/1	
14	宁宇海	男	汉族	硕士	1976/2/28	
15	周小梅	女	汉族	大学	2016/8/30	
16	汪霞	女	汉族	中专	2017/9/1	

2022年3月份工资发放名单	是否离职
曾乐	
李莉	
陈二	
陈亮	
思红	
李亦	
陈志朋	
邓小杰	
冯少华	
冯李一	
高伟	
郭刚熊	

图 4.29

第二部分

分析篇

第 5 章

数据有效性筛选

学习目标

本章主要学习如何筛选有效数据,通过工具栏和函数实现限定条件下的数据提取,并借助筛查条件的设定、高级筛选运用等,实现对疑点数据的定位和提取。

数据的有效性往往与数据本身代表的意义相关联。每类数据的存在都有其约束性条件,不合理范围的存在即为违规违法操作。本章借助经济业务中各项业务执行的红线标准,以此为数据有效性的成立条件对数据进行筛查,得到超越合理范围的疑点数据。

5.1 数据排序的有效性约束

表格数据的排序是对数据有效性进行筛选的一种常用方法。排序方式中有很多种,默认的即为升降序,或者按颜色,或者筛选数据内容和上下限等条件,从而获取想要的数据。而某些数据需要选用特定的排列顺序,而且此类通用数据可以在相类似的数据中进行运用,这就可以使用自定义排序筛选功能。

图 5.1 为湖南省各地级市和自治州的社保人员数量统计表,数据分析人员想要得到按照编制排列的数据统计。自动的排序方式一般只能按照拼音顺序,因此并不能实现按照编制排序,还需要进行人工调整。因此,这里可以借用自定义的排序方式,将编制序列数据设置为固定模板。

行政地区	社保人数						
	2015年	2016年	2017年	2018年	2019年	2020年	2021年
安化县							
安仁县							
安乡县							
保靖县							
北湖区							
北塔区							
茶陵县							
常德市							
常宁市							
郴州市							
辰溪县							
城步苗族自治县							
慈利县							
大祥区							
道县							

图 5.1

从网络上下载湖南省的行政地级市和自治州名,已经按照固定的编制排位排序好的行政区域划分,如图 5.2 所示。

在要进行数据处理的表格中,单击"文件"菜单,选择"高级"命令,然后单击"编辑自定义列表"(图 5.3),打开该工具对话框。选择已下载好的行政划分区域名称,单击"导入"按钮,这样就将行政划分的固定排序以序列的方式采集进了模板中,如图 5.4 所示。

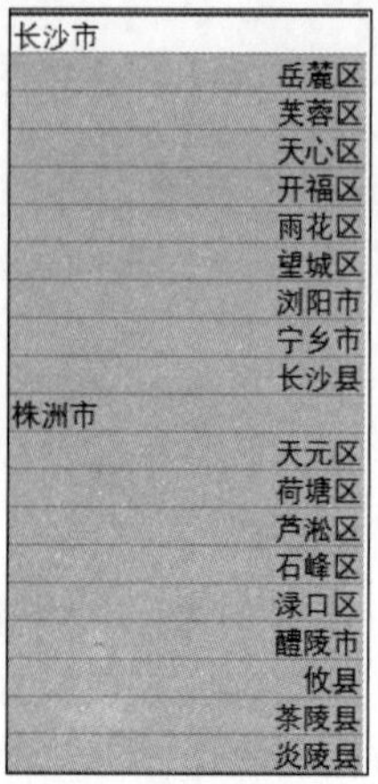

图 5.2

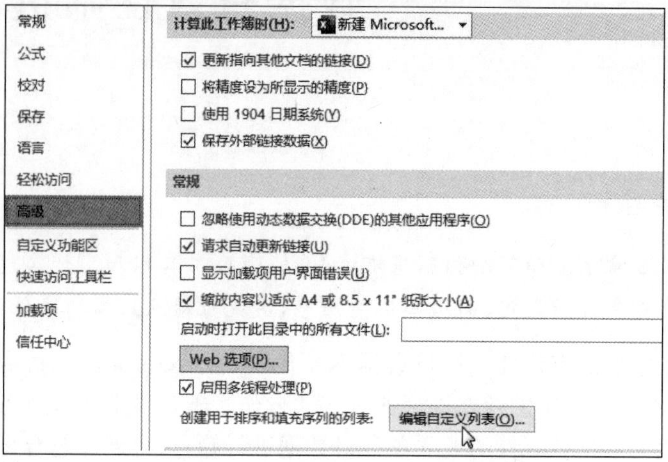

图 5.3

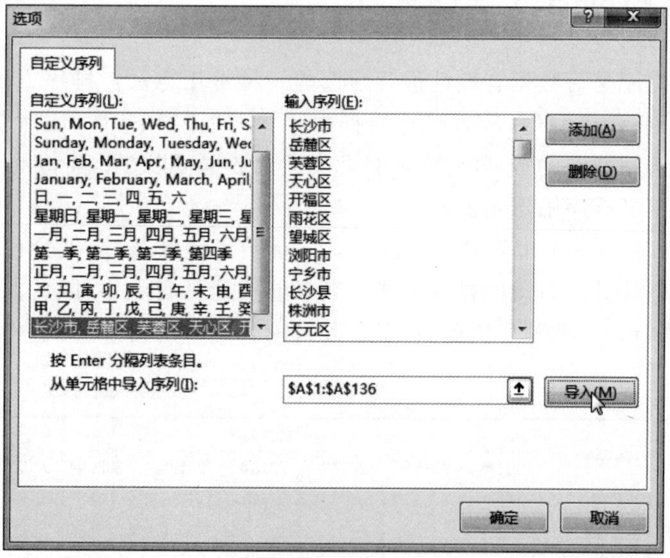

图 5.4

打开要进行数据处理的表格,单击"筛选",然后选择"按颜色排序"中的"自定义排序",如图 5.5 所示。

打开"自定义排序"对话框,在"次序"框下选择"自定义"排序,这时会出现已经自定义排序的各类数据,选择前面定义好的行政划分次序,单击"确定"按钮(图 5.6)。此时就可以看到表格中的数据按照既定的排序规则已经重新排列了顺序(图 5.7)。

在数据审计工作中,数据的优先排序是获取关键数据的重要手段。在通过通用排序无法实现目的的情况下,可以将关键字段采用自定义形式固化成模板,以方便在执行类似工作时快捷操作。

图 5.5

图 5.6

图 5.7

5.2 条件格式筛选异常

现在有一张医院采购药品明细表,表中罗列了各种药品的进货价格和零售价格,如图5.8所示,现在需要对这样一张表格进行数据分析。

入库单号	药品代码	规格	单位	进货价	零售价	进销加成比例	入库日期
RMZ7279	1705024AT0	10g:0.1mg	支	126.27	127.00	0.6%	2021/1/9
RMZ7280	1504066TA0	10mg	片	37.58	38.00	1.1%	2021/1/9
RMZ7281	0105038SL0	0.5g	支	58.32	62.00	6.3%	2021/1/9
RMZ7282	3012104EY0	1t	张	70.49	90.00	27.7%	2021/1/9
RMZ7282	3012104EY0	1t	张	70.49	71.00	0.7%	2021/1/9
RXYS2991	0502012IJ0	10ml	支	0.87	1.00	14.9%	2021/1/14
RXYF1806	5104030ZY0	10g	包	1.32	1.32	0.0%	2021/2/3
RXYS3036	0401015TA0	1t	片	0.66	0.80	21.2%	2021/4/7
RXYS3037	0204017UR0	10g	支	25.41	26.00	2.3%	2021/4/7
RXS4309	0703005IJ0	500ml:35g	瓶	27.99	33.00	17.9%	2021/4/27
RXS4310	1207008IJ0	20mg	支	101.00	117.00	15.8%	2021/4/27
RXS4311	0602014IJ0	1支	支	36.96	42.50	15.0%	2021/4/27

图 5.8

5.2.1 突出显示单元格规则

"突出显示单元格规则"在本案例中主要用于突出显示销售价格高于进货价格20%以上的药品。其操作步骤如下。

第一步:选中要突出的数据区域。选中"采购药品明细表"中的药品"进销加成比例"区域,即H列单元格区域。

第二步:在"条件格式"功能中选择"突出显示单元格规则"中的"大于",在"为大于以下值的单元格设置格式"中输入20%,"设置为"中选择"浅红填充色深红色文本",如图5.9和图5.10所示。

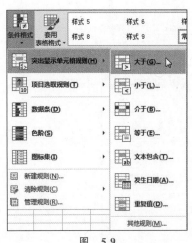

图 5.9

图 5.10

这时,进销价格超过20%的药品名就已经被标注出来了,如图5.11所示。

入库单号	药品代码	规格	单位	进货价	零售价	进销加成比例	入库日期
RMZ7279	1705024AT0	10g:0.1mg	支	126.27	127.00	0.6%	2021/1/9
RMZ7280	1504066TA0	10mg	片	37.58	38.00	1.1%	2021/1/9
RMZ7281	0105038SL0	0.5g	支	58.32	62.00	6.3%	2021/1/9
RMZ7282	3012104EY0	1t	张	70.49	90.00	27.7%	2021/1/9
RMZ7282	3012104EY0	1t	张	70.49	71.00	0.7%	2021/1/9
RXYS2991	0502012IJ0	10ml	支	0.87	1.00	14.9%	2021/1/14
RXYF1806	5104030ZY0	10g	包	1.32	1.32	0.0%	2021/2/3
RXYS3036	0401015TA0	1t	片	0.66	0.80	21.2%	2021/4/7
RXYS3037	0204017UR0	10g	支	25.41	26.00	2.3%	2021/4/7
RXS4309	0703005IJ0	500ml:35g	瓶	27.99	33.00	17.9%	2021/4/27
RXS4310	1207008IJ0	20mg	支	101.00	117.00	15.8%	2021/4/27
RXS4311	0602014IJ0	1支	支	36.96	42.50	15.0%	2021/4/27

图 5.11

5.2.2 项目选取规则

"项目选取规则"在本案例中主要用于突出显示药品"进销加成比例"排名前 5 的数据。其操作步骤如下。

第一步：清除之前设置的条件格式。选中上面已经设置条件格式的 H 单元格区域。在"条件格式"功能中选择"清除规则"中的"清除所选单元格的规则"，如图 5.12 所示，单击"确定"按钮后，刚设置的条件格式就被清除了。

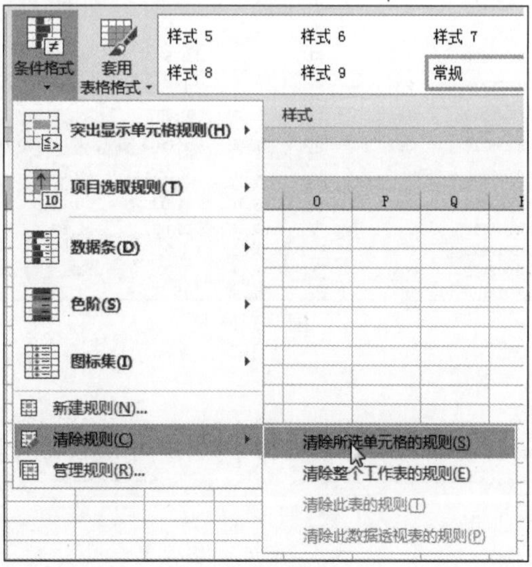

图 5.12

第二步：选择数据区域。用鼠标选中"采购药品明细表"的"进销加成比例"区域，即 H 列单元格区域，同前面。

第三步：突出显示排名前 5 的单价。在"条件格式"功能中选择"项目选取规则"中的"前 10 项"，在"前 10 项"对话框中，将 10 改为 5，即仅突出显示前 5 个最大值项目，"设置为"中的填充颜色选择默认的即可，如图 5.13 和图 5.14 所示。

单击"确定"按钮，进销加成比例最大的前 5 种药品数据就被突出显示出来了，如图 5.15 所示。

图 5.13

图 5.14

图 5.15

注意：这里选择的突出颜色和查询数据个数，都可以根据需要进行相应选择。

5.2.3 数据条

"数据条"在本案例中主要用来查看各种药品的进销加成情况。其操作步骤如下。

第一步：清除之前设置的条件格式，同上面操作。

第二步：选择数据区域。用鼠标选中采购药品明细表的"进销加成比例"区域，即 H 列单元格区域。

第三步：将每种药品的加成比例用条形图展现。在"条件格式"功能中选择"数据条"，然后在"渐变填充"中选择"蓝色数据条"。

确认后，各种药品的加成比例已经用条形图标注出来了，加成多少一目了然，如图 5.16 和图 5.17 所示。

图 5.16

入库单号	药品代码	规格	单位	进货价	零售价	进销加成比例	入库日期
RMZ7279	1705024AT0	10g:0.1mg	支	126.27	127.00	0.6%	2021/1/9
RMZ7280	1504066TA0	10mg	片	37.58	38.00	1.1%	2021/1/9
RMZ7281	0105038SL0	0.5g	支	58.32	62.00	6.3%	2021/1/9
RMZ7282	3012104EY0	1t	张	70.49	90.00	27.7%	2021/1/9
RMZ7282	3012104EY0	1t	张	70.49	71.00	0.7%	2021/1/9
RXYS2991	0502012IJ0	10ml	支	0.87	1.00	14.9%	2021/1/14
RXYF1806	5104030ZY0	10g	包	1.32	1.32	0.0%	2021/2/3
RXYS3036	0401015TA0	1t	片	0.66	0.80	21.2%	2021/4/7
RXYS3037	0204017UR0	10g	支	25.41	26.00	2.3%	2021/4/7
RXS4309	0703005IJ0	500ml:35g	瓶	27.99	33.00	17.9%	2021/4/27
RXS4310	1207008IJ0	20mg	支	101.00	117.00	15.8%	2021/4/27
RXS4311	0602014IJ0	1支	支	36.96	42.50	15.0%	2021/4/27
RXS4312	0702003IJ0	10g	支	372.00	378.00	1.6%	2021/4/27
RXS4313	1407037CP0	10mg	粒	94.96	109.20	15.0%	2021/4/27
RXS4314	0606012IJ0	1000ml	袋	222.61	223.00	0.2%	2021/4/27
RXS4315	0102005IJ0	1g	瓶	90.10	105.00	16.5%	2021/4/27
RXS4316	1303020HQ0	120喷	支	56.91	66.00	16.0%	2021/4/27

图 5.17

5.2.4 图标集

"图标集"在本案例中主要用于区分药品进销加成是否合理。

自 2017 年以来国家政策规定,医院禁止对药品进行加价销售。在此用"图标集"来进行数据分析。

第一步:清除之前设置的条件格式,同前面操作。

第二步:依旧选择数据区域 H 列。

第三步:将各种药品的加价比例用图标标注。在"条件格式"功能中选择"图标集",然后选择"其他规则",打开"新建格式规则"对话框,在"图标样式"中指定一个样式,这里选择"对、错、感叹号"图标集,如图 5.18 和图 5.19 所示。

第四步:设置图标显示数值区间。在"选择规则类型"中选定第一个"基于各自值设置所有单元格的格式"。在"图标"选项中,第一个选择符号"×",值">0",类型选择"百分比",

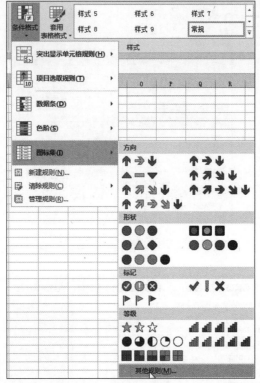

图 5.18

图 5.19

表示不符合政策的数据;第二个选择符号"√",这里需要注意的是,选项中没有单独的"=0",所以在这里选择一个交集,"<=0且>=0",其交集默认的值即为"=0",表示符合政策不加价销售,如图 5.20 所示。

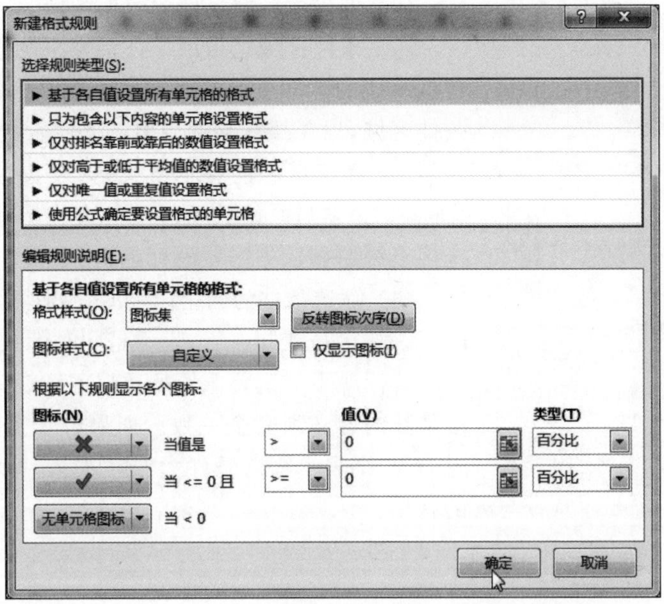

图 5.20

这里只需要保留两个图标,第三个选项这里不需要,所以直接选择"无单元格图表"。

单击"确定"按钮,到这里,药品是否进行加价销售已经被条件格式清晰地标注出来了。效果如图 5.21 所示。

入库单	药品代码	规格	单位	进货价	零售价		进销加成比例	入库日期
RXS4316	1303020HQ0	120喷	支	56.91	66.00	✗	15.97%	2021/4/27
RZC4779	3011024LF0	8g	袋	40.00	42.00	✗	5.00%	2021/4/28
RXS4319	2108019IJ0	15000u	瓶	1095.00	1170.00	✗	6.85%	2021/4/28
RMZ7636	0503005IJ0	0.2g	支	63.25	65.00	✗	2.77%	2021/5/7
RMZ7637	1202011IJ0	0.1g	支	3.68	4.00	✗	8.70%	2021/5/7
RMZ7637	1205002IJ0	10mg	支	0.54	1.00	✗	85.19%	2021/5/7
RMZ7638	2108012IJ0	18ug	支	212.49	215.00	✗	1.18%	2021/5/7
RMZ7654	1407027TA0	10mg	片	254.00	254.00	✓	0.00%	2021/5/15
RMZ7655	1903067NJ0	2.5g	支	18.97	20.00	✗	5.43%	2021/5/15
RMZ7656	0702003IJ0	5g	支	222.00	222.00	✓	0.00%	2021/5/15
RMZ7657	1299015IJ0	10ml:0.4g	支	100.05	102.00	✗	1.95%	2021/5/15
RXYS3073	0103006IJ0	8wu	支	0.42	0.50	✗	19.05%	2021/5/17
RXYS3073	0207005IJ0	10ml	支	54.42	55.00	✗	1.07%	2021/5/17
RMZ7660	1802028IJ0	250ml:2.25	袋	9.01	9.01	✓	0.00%	2021/5/18
RMZ7660	1702002IJ0	1.25wu	支	10.86	10.86	✓	0.00%	2021/5/18
RMZ7660	1404006IJ0	10mg	支	0.35	0.35	✓	0.00%	2021/5/18
RMZ7660	1303020HQ0	120喷	支	65.44	65.44	✓	0.00%	2021/5/18
RMZ7660	0808044IJ0	300iu	支	177.99	177.99	✓	0.00%	2021/5/18
RMZ7660	0808017IJ0	300iu	支	55.20	55.20	✓	0.00%	2021/5/18

图 5.21

5.3 高级筛选识别异常

平时进行的筛选都是简单运用,其实使用的都是自动筛选功能,而且每次都只能对一列数据设置筛选条件,如果要设置多列数据的筛选条件,就要用到"高级筛选"。在"数据"菜单下有个"高级"选项,单击进去后,会出现如图 5.22 所示的界面。

从对话框中可以看到,"高级筛选"有多个必须要输入的内容,分别是:在原有区域显示筛选结果、将筛选结果复制到其他位置、列表区域、条件区域。

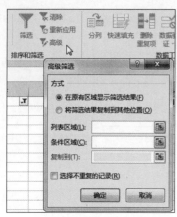

图 5.22

（1）列表区域就是原始数据区域。

（2）条件区域是指用什么条件来筛选，通常会在原始数据区域的下面或者右面空白处添加一个区域，专门放置条件区域，以免执行筛选后覆盖了原始数据。

（3）条件区域的基本格式是"表头标题＋条件"，"表头标题"必须与原始数据区域的表头标题内容一致，通常直接复制原始数据区域的标题。

（4）筛选条件为两个以上时，条件区域就对应为两个以上。如果写在同一行，表示是同时满足的"与"关系。条件区域标题不一定要跟原始数据区域表头标题顺序一致，但是其内容必须完全一致。如果将几个筛选条件排列在同一列，则表示筛选条件为"或"关系，即满足其中一个条件即可。因此，一定要注意行与列的区别。

5.3.1　检测试剂过期/临期

近年来，新冠病毒的出现，让防疫物资在某段时间内非常稀缺，价格也是成倍上涨。经过国家和企业的努力，相关物资的生产保证了市场供应充足。但是在多次的防疫物资审计中，惊现众多机构囤积物资、高价转售、虚报数据获取国家补贴的情况，严重扰乱了社会秩序和民众利益。本节从被审计单位获取"在库防疫物资明细表"，如图 5.23 所示，通过分析其过期/临期物资的数量和金额，来审计其造成的经济利益损失情况，为其他事项审计提供事实依据。下面以"检测试剂"专题为例。

药品代码	品名	厂家	入库日期	有效期	包装规格	进货价格	库存数量
0101038TA0	酒精	广东万方	2021/12/17	2023/12/17	100g/瓶	5.4	600
0102036IP0	检测试剂	武汉明德	2019/12/26	2020/6/23	20人份/盒	163.8	210
0102055TA0	检测试剂	广州万孚	2021/9/25	2022/3/24	20人份/盒	196	120
0102055TA0	酒精	华北金坦	2021/10/20	2023/10/20	100g/瓶	4.9	2
0103014IT0	口罩	海南万隆	2021/5/18	2024/5/17	100个/盒	38	300
0105038SL0	棉签	河南立宁	2021/1/9	2024/1/9	100根/盒	3.8	11
0106002TA0	酒精	西安兆兴	2021/5/18	2023/5/18	100g/瓶	6	45
0109006LF0	手套	厦门星鲨	2020/5/18	2023/5/18	100双/盒	3.8	300
0109007IT0	口罩	广东万方	2019/5/18	2022/5/17	100个/盒	38	400
0202038IT0	口罩	四川万通太平洋	2021/5/20	2024/5/19	100个/盒	27	600
0204017US0	防护服	北大西南合	2021/4/7	2024/4/6	10套/包	250	1

图 5.23

利用"高级筛选"工具，设定两个筛查条件统计品名和有效期，品名选择"检测试剂"，有效期设置为"＜2022/7/1"，两个条件需要同时满足，所以两个条件区域并列在一行中。

第一步：创建条件区域，即在药品入库明细表数据区域的上边空白区域设置两个条件区域"A1:B3"。复制表格中的表头标题"品名"和"有效期"至"A2:B2"单元格。接着在条件区域表头标题下分别输入条件值"检测试剂"和"＜2022/7/1"，完成条件区域的设置，如

图 5.24 所示。

品名	有效期								
检测试剂	<2022/7/1								
入库单号	药品代码	品名	厂家	入库日期	有效期	包装规格	进货价格	库存数量	
RMZ7279	0101038TA0	酒精	广东万方	2021/12/17	2023/12/17	100g/瓶	5.4	600	
RMZ7280	0102036IP0	检测试剂	武汉明德	2019/12/26	2020/6/23	20人份/盒	163.8	210	
RXYF1806	0102055TA0	检测试剂	广州万孚	2021/9/25	2022/3/24	20人份/盒	196	120	
RXYF1806	0102055TA0	酒精	华北金坦	2021/10/20	2023/10/20	100g/瓶	4.9	2	
RXYF1806	0103014IT0	口罩	海南万隆	2021/5/18	2024/5/17	100个/盒	38	300	
RXYF1806	0105038SL0	棉签	河南立宁	2021/1/9	2024/1/9	100根/盒	3.8	11	
RXYF1806	0106002TA0	酒精	西安兆兴	2021/5/18	2023/5/18	100g/瓶	6	45	
RMZ7660	0109006LF0	手套	厦门星鲨	2020/5/18	2023/5/18	100双/盒	3.8	300	
RMZ7660	0109007IT0	口罩	广东万方	2019/5/18	2022/5/17	100个/盒	38	400	
RMZ7660	0202038IT0	口罩	四川万通太平洋	2021/5/20	2024/5/19	100个/盒	27	600	
RMZ7660	0204017US0	防护服	北大西南合	2021/4/7	2024/4/6	10套/包	250	1	

图 5.24

第二步：调出"高级筛选"对话框。勾选"将筛选结果复制到其他位置"复选框；"列表区域"选择整个药品入库明细表区域，即"A4：I183"；"条件区域"选择前面创建的条件区域，即"A1：B2"；"将结果复制到"选择K4单元格，即将筛选出的结果从K4单元格开始输出，如图5.25所示。以上这些数据区域用鼠标左键选取即可，无须人工输入公式。

图 5.25

第三步：设置好"高级筛选"对话框后，单击"确定"按钮，于是需要的数据就被筛选出来，如图5.26所示。

通过对过期检测试剂的筛选提取，进一步进行简单的数据统计，发现在库的过期、临期检测试剂总金额超过100万元。按照该类严重情况的存在，可以进一步对其他所有物资进行统计。

入库单号	药品代码	品名	厂家	入库日期	有效期	包装规格	进货价格	库存数量
RMZ7280	0102036IP0	检测试剂	武汉明德	2019/12/26	2020/6/23	20人份/盒	163.8	210
RXYF1806	0102055TA0	检测试剂	广州万孚	2021/9/25	2022/3/24	20人份/盒	196	120
RXS5600	0606005IP0	检测试剂	天津博奥赛斯	2021/9/20	2022/3/19	5人份/盒	45	210
RZC5219	0804021TA0	检测试剂	北京热景	2020/4/15	2020/10/12	40人份/盒	360	320
RMZ7281	0804021TA0	检测试剂	浙江东方	2021/11/20	2022/5/19	卡型单人份	840	12
RXYF1806	1101001TA0	检测试剂	广州万孚	2021/12/30	2022/6/28	1人份/袋	9.8	250
RXYF1806	1303016IP0	检测试剂	北京乐普	2019/12/26	2022/6/23	2人份/盒	19.6	185
RXS4319	1507021TA0	检测试剂	北京金沃夫	2020/6/26	2022/12/23	25人份/盒	222.25	480
RMZ7662	3005023TA0	检测试剂	中元汇吉	2020/3/15	2020/9/11	100人份/盒	900	600
RMZ7665	3012104EA0	检测试剂	中元汇吉	2021/12/25	2022/6/23	40人份/盒	360	450
RCY0688	3017018LF0	检测试剂	艾康	2021/12/10	2022/6/8	1人份/盒	9	160
RCY0690	5102059ZA0	检测试剂	艾康	2021/4/12	2021/10/9	5人份/盒	9	600
RCY0690	5102059ZA0	检测试剂	艾康	2021/8/26	2022/2/22	25人份/盒	9	16
RCY0690	5102059ZA0	检测试剂	浙江东方	2021/11/20	2022/5/19	卡型单人份	8.4	143

图 5.26

> **注意**："高级筛选"不仅可以用于并列条件，还可以用于"或者条件"，将条件区域的两个条件放在同一列即可；也可以用于模糊查找，将条件数据设置为"文本/数值＋*"的形式，表示以某文本或某数值开头的所有数据；还可以结合公式来进行筛选，在条件中设置需要的公式即可，例如">500"等。在"高级筛选"的操作过程中，只需要将条件区域按需求设置好，就可以进行快速的数据统计。

5.3.2 医保卡冒名看病

医保政策是一项民生工程，参保病人在医院就诊过程中所花费的费用可以享受一定的医保补贴。但是在政策之下，有些人为了享受医保补贴，会挪用他人的医保卡或借给他人使用，特别是直旁系亲属。基于此种情况的出现，在就医信息中，可以通过性别、年龄、特定的检查或者药品，来审查是否存在用医保卡冒名看病的可能情况。

图 5.27 是某医院住院部的病患诊疗信息表，在表中有病人的基本信息，如姓名、性别、年龄、检查项目或开列的药品名等。

VISIT_DATE	NAME	SEX	AGE	ITEM_NAME	CHARGES
2021/9/2	唐*	男	38	布洛芬混悬液	15.53
2021/9/2	唐*	男	38	开喉剑喷雾剂⊙	34.5
2021/9/2	唐*	男	38	小儿豉翘清热颗粒★	47.08
2021/9/2	唐*	男	38	头孢克洛颗粒⊙	10.4
2021/9/2	胡*	男	29	咳喘灵	30
2021/9/2	胡*	男	29	感冒冲剂	28
2021/9/2	胡*	男	29	蒲地蓝口服液	33
2021/9/2	胡*	男	29	阿莫西林	63
2021/9/2	胡*	男	29	血液检查	99
2021/9/2	胡*	男	29	主治医师门诊诊查费	5
2021/9/2	李*	女	59	病历复印费★	6
2021/9/2	赵*	女	25	瓷金	838
2021/9/2	赵*	女	25	固定修复计算机辅助设计	224
2021/9/2	赵*	女	25	桩冠修复★	242
2021/9/2	赵*	女	25	钴铬瓷金	444
2021/9/2	尹*	男	51	肋骨带★	45

图 5.27

在检查中，某些检查是性别特有的，如女性的妇科检查、男性的前列腺检查等；在用药上，有些药是儿童专用的，一般会有"小儿""儿童""婴"等明确年龄范围的药品名称。基于此，以这两类可能出现的问题为例，对该表格进行核查。

首先在表格的右侧建立筛选条件，主要是性别和诊疗项目两项内容。在筛选内容上，为了匹配和查找所有相关的信息，在这里使用通配符，因此在项目上分别建立两个主要的内容"*妇*"和"*前列*"，"*妇*"表示所有含有"妇"字的检查项目，"*前列*"则表示所有含有"前列"两个字的项目，同时在性别上，分别定义不符合要求的内容，"*妇*"对应"男"，而"*前列*"则对应"女"，如图 5.28 所示。

D	E	F	G	H	I	J
SEX	AGE	ITEM_NAME	CHARGES		ITEM_NAME	SEX
男	38	布洛芬混悬液	15.53		*妇*	男
男	38	开喉剑喷雾剂⊙	34.5		*前列*	女
男	38	小儿豉翘清热颗粒★	47.08			
男	38	头孢克洛颗粒⊙	10.4			
男	29	咳喘灵	30			
男	29	感冒冲剂	28			
男	29	蒲地蓝口服液	33			
男	29	阿莫西林	63			

图 5.28

然后单击“数据”选择“排序和筛选”中的“高级”，打开“高级筛选”对话框，列表区域选择要筛选的数据表范围，这里是整个数据表 A:G，条件区域则是刚建立的 I1:J3，如图 5.29 所示。单击“确定”按钮后就会自动搜索出具备条件的数据，如图 5.30 所示。

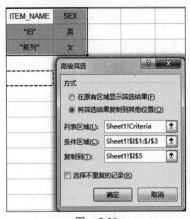

图　5.29

ITEM_NAME	SEX					
妇	男					
前列	女					
VISIT_DATE	PATIENT_II	NAME	SEX	AGE	TEM_NAMI	CHARGES
2021/9/2	1126535	赵*	女	25	前列腺检查	30
2021/9/2	J70424573	蔡*	男	24	妇科检查	30

图　5.30

类似地，再定义年龄阶段不符合条件的数据，主要是针对儿童用药，有明确的跟儿童相关的字眼，同时将年龄设置为大于 18 周岁的非儿童就诊者。操作同上，如图 5.31 和图 5.32 所示，最后结果如图 5.33 所示。

胡*	男	29	阿莫西林	63		ITEM_NAME	AGE
胡*	男	29	血液检查	99		*儿童*	>18
胡*	男	29	主治医师门诊诊查费	5		*小儿*	>18
李*	女	59	病历复印费★	6		*婴*	>18
赵*	女	25	瓷金★	838			
赵*	女	25	固定修复计算机辅助设计	224			
赵*	女	25	桩冠修复★	242			
赵*	女	25	钴铬瓷金	444			
尹*	男	51	肋骨带★	45			
尹*	男	51	独一味滴丸★	108.99			

图　5.31

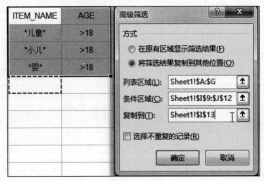

图　5.32

ITEM_NAME	AGE					
儿童	>18					
小儿	>18					
婴	>18					
VISIT_DATE	PATIENT_ID	NAME	SEX	AGE	ITEM_NAME	CHARGES
2021/9/2	1142494	唐*	男	38	小儿豉翘清热颗粒★	47.08
2021/9/2	1004313	贺*	女	32	小儿止咳糖浆	76.9

图 5.33

从上,可以顺藤摸瓜地审计出一些套用医保卡报销的流水条目,再通过数据的深入分析和规则管控,可以进一步规范医院的管理,规范医保卡使用。

5.4 多重条件的合规性审查

本节以对廉租房申请条件审计作为实战示例。廉租房的申请是社会热点,也是重点审计内容。在很多情景下,需要同时满足多重条件,即多个条件为“和”的关系。申请人需提供各类证明材料,不满足其中任何一条就不符合申请条件。例如,某市廉租房申请条件如下。

(1) 本市常驻户口 5 年以上的已婚人员(含离异、丧偶人员)。

(2) 家庭无住房或者人均住房面积小于 15m^2 且住房总面积在 50m^2 以下。

(3) 市低收入家庭认定(人均收入少于 450 元/月)。

如图 5.34 所示为申请人基本信息汇总表(部分信息),需要对数据进行自动分析,借助工具自动识别个人的申请条件。

	A	B	C	D	E	F	G	H	I
1	XX市廉租房申请人基本信息表								
2	序号	申请人	性别	出生日期	本市户籍时间	婚姻状况	家庭成员数	家庭月收入	自有房产面积
3	1	宣*	女	1981.04	2001-4-1	已婚	4	2100	50
4	2	赵*超	女	1982.03	1982-3-1	已婚	3	1200	0
5	3	冯*	女	1982.08	2005-8-1	已婚	3	2800	40
6	4	李*福	女	1983.08	2017-8-1	已婚	3	1200	0
7	5	薛*	女	1986.02	1990-2-1	离异	2	800	0
8	6	蔡*	女	1985.11	1985-11-1	已婚	3	1200	42
9	7	李*	男	1986.11	2012-4-1	已婚	3	900	38
10	8	李*峰	女	1989.05	1989-5-1	未婚	3	1200	80
11	9	杨*兴	女	1987.10	1987-10-1	已婚	3	1200	42
12	10	鲁*丽	女	1970.06	2015-2-1	已婚	3	1100	0

图 5.34

第一步：在右边空白区域建立“条件审核区”,将廉租房申请条件逐一填写到标题栏单元格,最后一列为“综合审定”列。

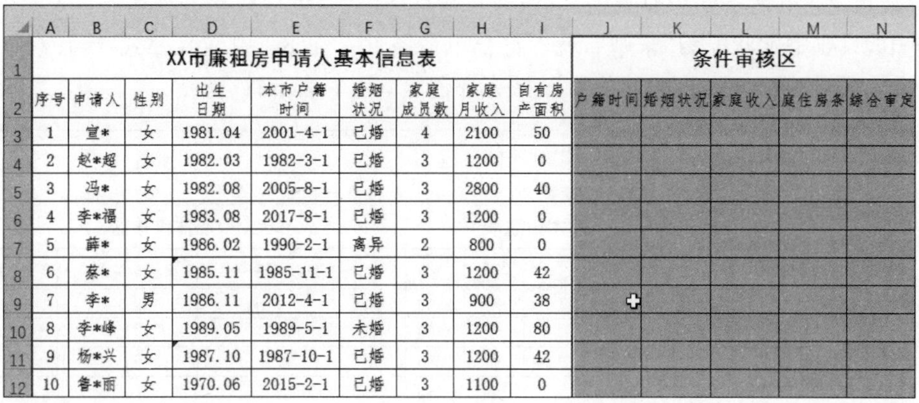

序号	申请人	性别	出生日期	本市户籍时间	婚姻状况	家庭成员数	家庭月收入	自有房产面积
1	宣*	女	1981.04	2001-4-1	已婚	4	2100	50
2	赵*超	女	1982.03	1982-3-1	已婚	3	1200	0
3	冯*	女	1982.08	2005-8-1	已婚	3	2800	40
4	李*福	女	1983.08	2017-8-1	已婚	3	1200	0
5	薛*	女	1986.02	1990-2-1	离异	2	800	0
6	蔡*	女	1985.11	1985-11-1	已婚	3	1200	42
7	李*	男	1986.11	2012-4-1	已婚	3	900	38
8	李*峰	女	1989.05	1989-5-1	未婚	3	1200	80
9	杨*兴	女	1987.10	1987-10-1	已婚	3	1200	42
10	鲁*丽	女	1970.06	2015-2-1	已婚	3	1100	0

图 5.35

第二步：为各分项条件设定函数运算。

户籍时间：条件为本市落户 5 年以上(含 5 年)，在 J3 单元格中输入函数"＝IF(DATEDIF(E3,TODAY(),"Y")>=5,"Y","N")"(图 5.36)，确认返回。DATEDIF 函数计算本市落户到今天的时间年度长，然后用 IF 函数进行条件分析，如果户籍时间不小于 5 年，则返回 Y，表示符合该项申请条件，否则返回值为 N。往下填充完成该列数据(图 5.37)。其中，计算时间的截止日期可以规定为具体某天，取代案例函数中的 TODAY()。

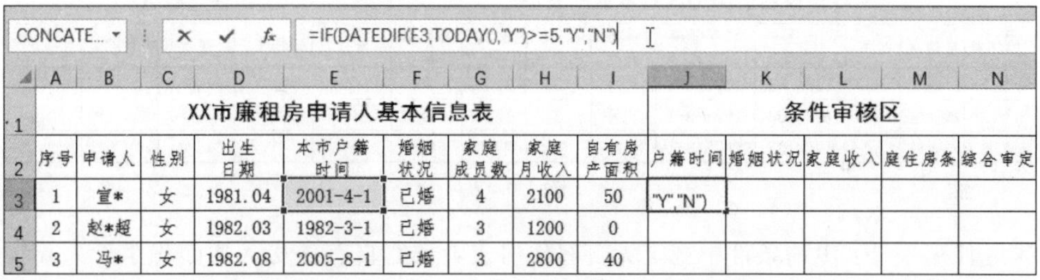

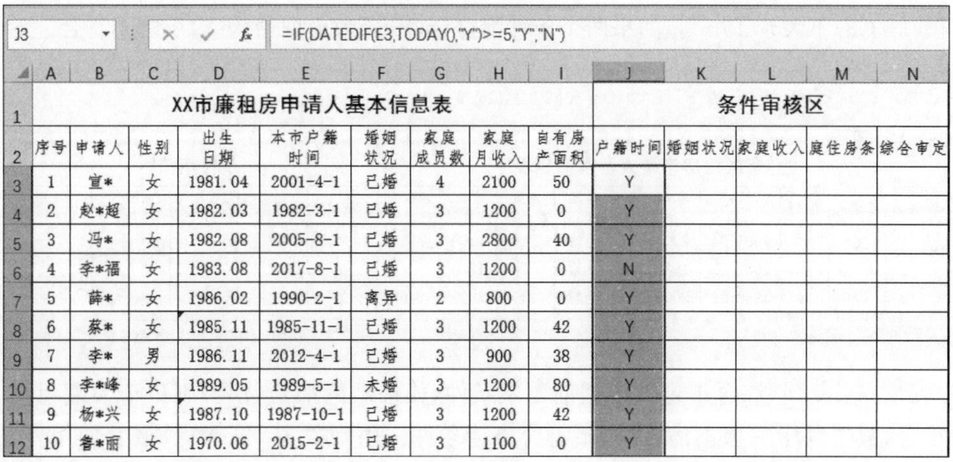

图 5.36

图 5.37

婚姻状况：申请条件为非未婚人员，即必须是已婚，但包括离异或丧偶的情况。所以条件判定中，只要婚姻状况为"未婚"，就不符合申请条件。在 K3 中输入公式"＝IF(F3="未婚","N","Y")"（图 5.38），返回值为 N 表示不符合，为 Y 表示符合。

图 5.38

家庭收入：人均月收入少于 450 元，需要用家庭月收入除以家庭成员数，即可得出家庭人均月收入数，同样用 IF 函数进行判定。在 L3 单元格中输入函数"＝IF((H3/G3)<=450,"Y","N")"（图 5.39），表示家庭人均收入少于 450 元（含 450 元），则返回 Y，符合申请条件，否则返回 N。

图 5.39

家庭住房条件：申请条件中规定无自有住房或者家庭自有住房人均面积小于 15m^2，且总面积不超过 50m^2，这两个条件需要同时满足。在 M3 单元格中输入公式"＝IF(AND(I3<=50,(I3/G3)<=15),"Y","N")"（图 5.40），用 AND 函数表示住房面积 I3 小于 50m^2，且人均住房面积(I3/G3)不大于 15m^2。如果两个条件都符合，IF 函数返回值为 Y，反之不符合。

图 5.40

最后一列 N 列"综合审定"，根据前 4 项条件，如果结论都是符合，则申请人廉租房申请条件符合，只要其中一项不满足，则不符合申请条件。用函数 IF 和 AND 嵌套使用。在 N3 中输入公式"＝IF(AND(J3="Y",K3="Y",L3="Y",M3="Y"),"符合","不符合")"（图 5.41），就可以自动判断该申请人是否具有申请的全部资格（图 5.42）。

```
=IF(AND(J3="Y",K3="Y",L3="Y",M3="Y"),"符合","不符合")
```

序号	申请人	性别	出生日期	本市户籍时间	婚姻状况	家庭成员数	家庭月收入	自有房产面积	户籍时间	婚姻状况	家庭收入	家庭住房条件	综合审定
				XX市廉租房申请人基本信息表						条件审核区			
1	宣*	女	1981.04	2001-4-1	已婚	4	2100	50	Y	Y	N	N	"不符合")
2	赵*超	女	1982.03	1982-3-1	已婚	3	1200	0	Y	Y	Y	Y	
3	冯*	女	1982.08	2005-8-1	已婚	3	2800	40	Y	Y	N	Y	

图 5.41

```
N3    =IF(AND(J3="Y",K3="Y",L3="Y",M3="Y"),"符合","不符合")
```

序号	申请人	性别	出生日期	本市户籍时间	婚姻状况	家庭成员数	家庭月收入	自有房产面积	户籍时间	婚姻状况	家庭收入	家庭住房条件	综合审定
1	宣*	女	1981.04	2001-4-1	已婚	4	2100	50	Y	Y	N	N	不符合
2	赵*超	女	1982.03	1982-3-1	已婚	3	1200	0	Y	Y	Y	Y	符合
3	冯*	女	1982.08	2005-8-1	已婚	3	2800	40	Y	Y	N	Y	不符合
4	李*福	女	1983.08	2017-8-1	已婚	3	1200	0	N	Y	Y	Y	不符合
5	薛*	女	1986.02	1990-2-1	离异	2	800	0	Y	Y	Y	Y	符合
6	蔡*	女	1985.11	1985-11-1	已婚	3	1200	42	Y	Y	Y	Y	符合
7	李*	男	1986.11	2012-4-1	已婚	3	900	38	Y	Y	Y	Y	符合
8	李*峰	女	1989.05	1989-5-1	未婚	3	1200	80	Y	N	Y	N	不符合
9	杨*兴	女	1987.10	1987-10-1	已婚	3	1200	42	Y	Y	Y	Y	符合
10	眷*丽	女	1970.06	2015-2-1	已婚	3	1100	0	Y	Y	Y	Y	符合

图 5.42

由此可以看出，只要一次性设定好了所有条件，就能快速完成所有数据的判定，对于成千上万条数据来说，是非常快捷的处理方法。

课后练习

如图 5.43 所示的表格，为某单位记录的仪器设备报废清单，现要审计设备报废是否在合理的政策报废范围内。该单位的报废政策约定，所有仪器设备必须使用满 6 年后才能申请报废。

序号	名称	入库时间	规格型号	单价	数量	报废时间
1	触控一体机	2011/12/12		2780.00	1	2020/9/30
2	应用服务器	2012/5/30	693527-AA1	35000.00	1	2020/1/30
3	服务器	2012/10/1	RD640	44300.00	1	2020/9/30
4	服务器	2012/10/1	RD640	44300.00	1	2020/9/30
5	组装电脑	2012/12/12		2070.00	1	2020/9/30
6	组装电脑	2012/12/12		2070.00	1	2020/9/30
7	触控一体机	2012/12/12		2780.00	1	2020/9/30
8	触控一体机	2012/12/12		2780.00	1	2020/12/30
9	空气调节器（空调机）	2013/5/1	KFR-26GW/C26556)Ga-2	2400.00	1	2020/1/21
10	空气调节器（空调机）	2013/5/1	KFR-26GW/C26556)Ga-2	2400.00	1	2020/1/21
11	一卡通数据库服务器	2013/5/30	693390-AA1	28000.00	1	2020/1/30
12	应用服务器	2013/5/30	693527-AA1	35000.00	1	2020/1/30
13	空气调节器（空调机）	2013/6/1	KFR-35G(35570)Aa-3	2800.00	1	2020/1/21
14	服务器	2013/10/1	RD640	44300.00	1	2020/4/30
15	服务器	2013/10/1	RD640	44300.00	1	2020/4/30
16	服务器	2013/10/1	RD640	44300.00	1	2020/4/30
17	联想服务器	2013/11/7	RD630	33172.00	1	2020/4/30
18	联想服务器	2013/11/7	RD630	33172.00	1	2020/4/30
19	组装电脑	2013/12/12		1940.00	1	2020/9/30

图 5.43

第 6 章

数据透视万能工具

学习目标

本章主要学习和掌握数据透视表和透视图的分析工具,利用数据的透视法对会计报表进行全方位的解析。

数据透视表是处理大批量数据最有效的工具,其功能本质是对数据进行分类汇总,然后选择任一标题字段的组合,生成想要的基础表。因此,常说数据透视表是集计算、汇总和分析数据于一身的强大万能工具。

透视表对于数据的规范性要求很高,因此在进行数据透视前,首先要对数据的规范性进行检查和清洗,如果没有规范的基础数据,数据透视就会发生错误,甚至无法使用。

首先,要保证数据结构规范。如果要对数据进行分类汇总,深入分析,要保证数据是一维数据,即数据源表头文件必须是一行,不能是两行或多行。

其次,要保证数据内容和格式规范。数据中不能存在以下情况:①合并单元格;②空白行或列;③合计行;④文本型数值;⑤不规范日期;⑥重复记录值;⑦单元格中数据是复合属性(两种格式的数据组合);⑧数据源不完整。

6.1 年度报表的快速解析

财务审计工作离不开会计报表的数据分析,作为所有财务收支的基础数据表,通过解析年度的财务表可以初步筛选出数据的疑点,为下一步的审核提供方向与思路。本节以用一个年度的会计报表为例,来对该单位一年的开支情况进行各项数据的统计分析。

6.1.1 数据透视表制作

打开"2021年会计报表",单击"插入"中的"数据透视表",在随后弹出的"创建数据透视表"对话框中,可以看到已自动选取了一个数据区域,如果这个数据区域不是想要的,单击"表/区域"右边的按钮,将"创建数据透视表"对话框缩小为粗线方框框住的小窗口后,在表格中选取想要进行数据透视的数据区域,单击小窗口右部的下三角形按钮,恢复"创建数据透视表""对话框,单击"确定"按钮,就自动插入了一个新的工作表Sheet1,如图6.1所示。

在图6.2和图6.3的右边,出现"数据透视表字段"选项卡,根据需要的数据信息进行选择,在这里依次勾选"凭证号""科目""科目名称""摘要""借方""贷方"。勾选的内容中除了"凭证号""借方""贷方"所在列是数值列外,其余项都属于文本格式,所以透视表将"凭证号""借方""贷方"自动设置为"求和项",在这里"凭证号"并不需要作为求和项,所以单独调整至

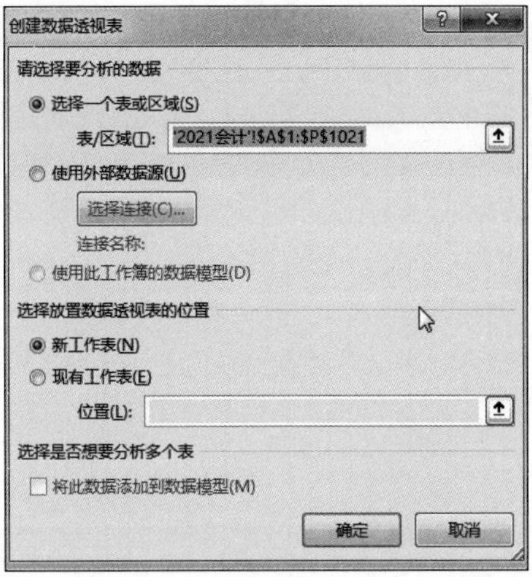

第 6 章　数据透视万能工具

图　6.1

筛选内容，如图 6.4 所示，在"值"区域内单击"求和项：凭证号"，在弹出的下拉菜单中选择"移动到报表筛选"，该列就会再次调整为文本格式，"凭证号"作为筛选项目，可以对任何一张凭证数据进行明细展示，方便查找任何一个疑点数据。例如，要查看 3 号凭证，具体操作如图 6-2～图 6.6 所示。

图　6.2

会计报表的基本数据透视表就已经完成了，可以在透视表上读取任何动态数据，同时也可以通过筛选得到不同类数据的明细和汇总数据。

在该单位的会计报表中，如果需要统计所有"差旅费"开支账目，打开"摘要"单元格的下拉菜单，在"搜索"框中输入"差旅"进行模糊搜索，单击"确定"按钮后数据界面自动筛选出所有有关差旅的数据，取消单元格前面的"－"号，表格就折叠了明细内容。同样，如果需要审计各科目中差旅费开支的明细，单击"科目名称"前面的"＋"号即可，如图 6.7 和图 6.8 所示。

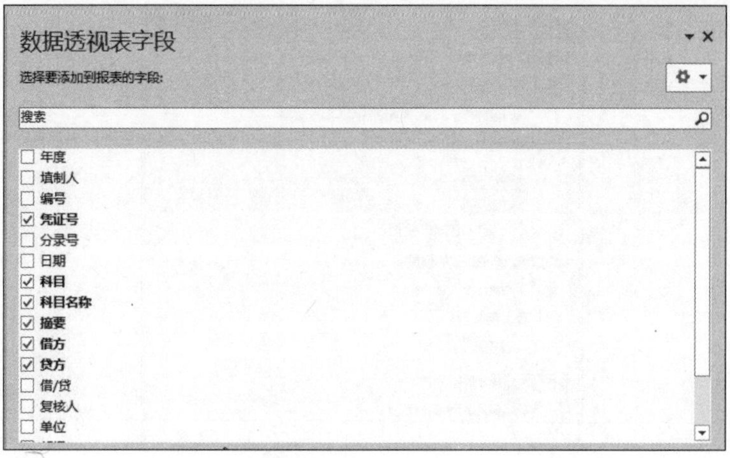

图 6.3

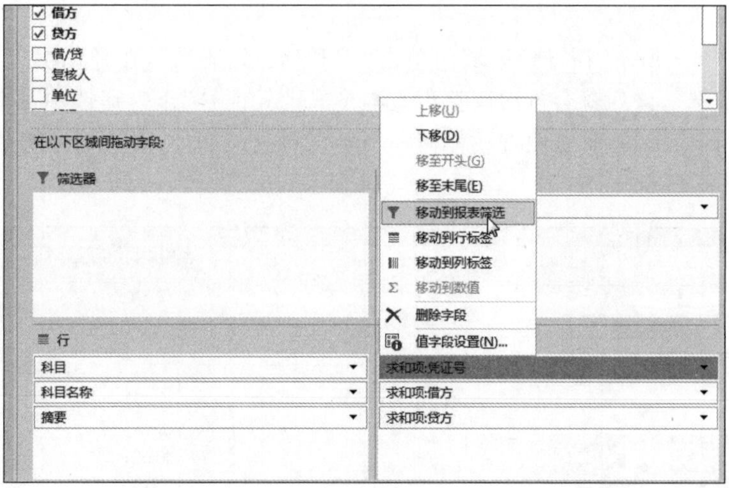

图 6.4

凭证号	(全部)			
			数据	
科目	科目名称	摘要	求和项:借方	求和项:贷方
⊟1211	⊟基本户	1月份库存现金存银行	2785000	0
		2月份现金存入银行	2165000	0
		2月份银行手续费	0	280
		2月份银联收入	3200437.34	0
		2月份营业点押金	186000	0
		3月份电子汇划费	0	150
		3月份库存现金存银行	2085000	0
		3月份库存现金存银行(4)	670000	0
		3月份银联收入	5269713.91	0
		3月份支票收入	185000	0
		报1月份电子汇跨行支付手续费	0	457.17
		补汇(行政部李龙报办公室地板维修费用)	0	800
		财务室许强购买业务凭证费用	0	22.5
		采购部广华报教材费用	0	5420
		采购部刘叶华报原材料(2020年6月前)	0	2416446.86
		采购部刘叶华报原材料（2020年6月前）	0	2275235.18
		采购部刘叶华报原材料（2020年8月前）	0	1500
		采购部刘叶华报原材料（军区销售部专项）	0	12127.5
		采购部闫冰借1月份采购维修配件款	0	76579

图 6.5

凭证号	3			
			数据	
科目	科目名称	摘要	求和项:借方	求和项:贷方
⊟1211	⊟基本户	人力资源部何通报沈阳出差差旅费	0	1310
	基本户 汇总		0	1310
1211 汇总			0	1310
总计			0	1310

图　6.6

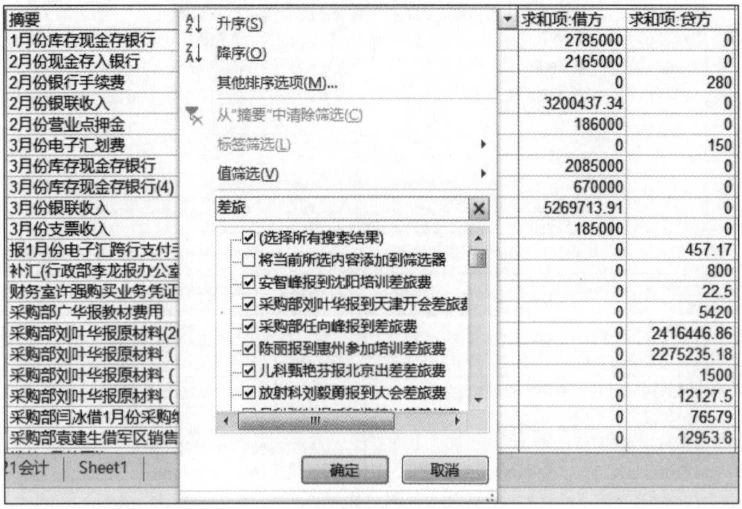

图　6.7

科目	科目名称	摘要	求和项:借方	求和项:贷方
⊟1211	⊟基本户	行政部刘健报巴彦淖尔出差差旅费	0	720
		南京办事处区席瑞平报呼和浩特培训差旅费	0	230
		南京办事处区杨阳报济南出差差旅费	0	1593
		人力资源部何通报沈阳出差差旅费	0	1310
		人力资源部梁斌报哈尔滨出差差旅费	0	780
		人力资源部王宇兵报章丘出差差旅费	0	2020
		市场部李大同报济南出差差旅费	0	11360
		总经办张志龙报差旅费	0	760
	基本户 汇总		0	18773
1211 汇总			0	18773
⊟41222	⊟差旅开支	安智峰报到沈阳培训差旅费	330	0
		采购部刘叶华报到天津开会差旅费	2280	0
		采购部任向峰报到差旅费	711	0
		陈丽报到惠州参加培训差旅费	2373	0
		儿科甄艳芬报北京出差差旅费	1218	0
		放射科刘毅勇报到大会差旅费	800	0
		骨科张帅报呼和浩特出差差旅费	646	0
		韩兰坡报呼和浩特出差差旅费	237	0
		行政部卞炳刚报到济南差旅费	986.57	0
		行政部陈磊报差旅费	1750	0
		行政部德格金报参加组织检查差旅费	700	0
		行政部德格金报考察交流差旅费	2694	0

图　6.8

6.1.2　会计科目的统计与汇总

数据透视表是提取其他目标数据的来源，所以通过透视表可以进行计算和再分析等。

在会计报表中，科目数据的汇总是进行年度比较增减幅度的重要参照，参照 6.1.1 节的数据透视，可以提取所有会计科目开支的汇总数据。

单击透视表中任一单元格，在功能区中会出现"分析"和"设计"两个工具栏。单击"分析"选择工具栏中的"折叠字段"，这时透视表就只剩下加总行和汇总行，如图 6.9 所示。然后再单击"设计"工具栏的"分类汇总"，在弹出的下拉菜单中选择"不显示分类汇总"，回到透视表界面，就只显示各个科目的加总行。至此，可以得到第一张分析数据表——各科目 2021 年的开支金额表，如图 6.10 和图 6.11 所示。

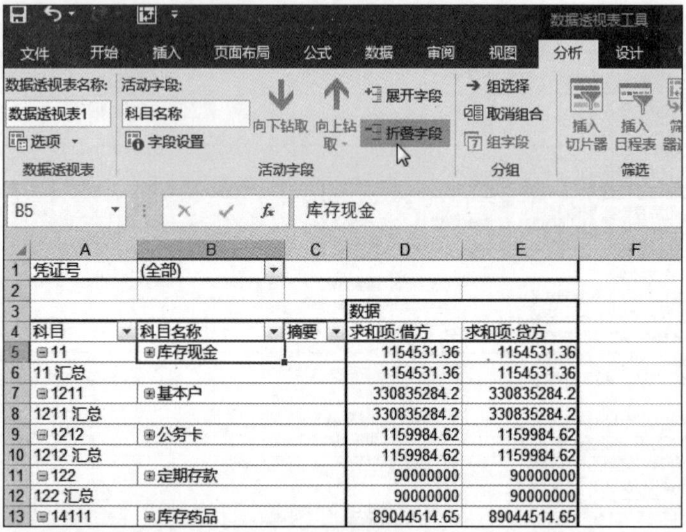

图 6.9

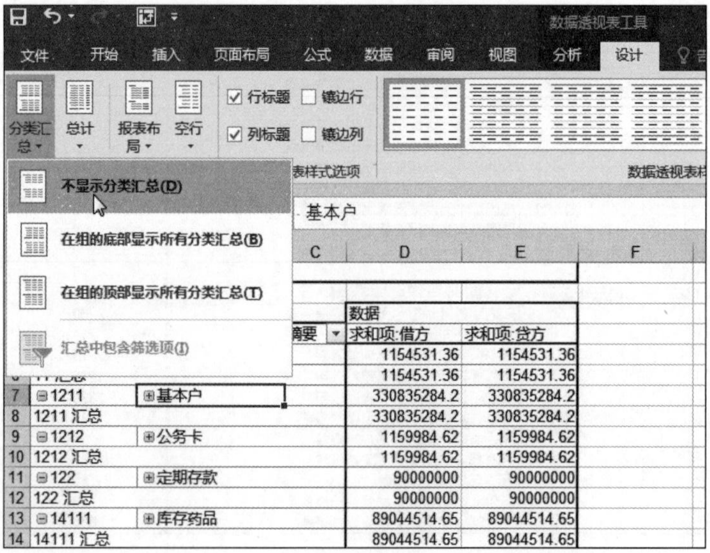

图 6.10

在这张表中，得到只是二级会计科目的开支金额，如果要得到一级科目的开支金额，又要怎样操作？

先将透视表中的"科目""借方""贷方"3 列数据复制粘贴至表格空白处 G、H、I 列，成为一组新的表格数据列。然后在"科目"列 G 右边插入空白列，标题为"一级科目"，如图 6.12 所示。

科目	科目名称	摘要	数据 求和项:借方	求和项:贷方
⊞1211	⊞基本户		31100937.02	13755146.87
⊞17Z2	⊞其他固定资产		153209	0
⊞27163	⊞济南分公司		1371457	3490090.75
⊞27167	⊞石家庄分公司		2808810.2	4519219.84
⊞27169	⊞长春分公司		1098000	1567308.5
⊞2716F	⊞郑州分公司		0	139859.5
⊞271A	⊞沈阳分公司		6850117.04	14182242.7
⊞2ZZ7	⊞职工职业年金		0	419844.25
⊞2ZZ8	⊞职工社会保险（个人部分）		1586856.16	1199469.72
⊞4121Z	⊞其他公杂费		31791.9	0
⊞41222	⊞差旅开支		138042.65	0
⊞413H1	⊞维修费用		923091.6	2180000
⊞4613	⊞产品F		273891.21	4983851.77
⊞4615	⊞产品C		0	2435302.02
⊞46182	⊞产品A		53.62	3963.94
⊞46183	⊞产品B		0	298129.16
⊞461Z	⊞产品E		198.2	7925.87
⊞4623	⊞产品F		91535.24	1053055.85
⊞4625	⊞产品C		0	4942041.14

图 6.11

求和项:借方	求和项:贷方	科目	一级科目	求和项:借方	求和项:贷方
31100937.02	13755146.87	1211		31100937.02	13755146.87
153209	0	17Z2		153209	0
1371457	3490090.75	27163		1371457	3490090.75
2808810.2	4519219.84	27167		2808810.2	4519219.84
1098000	1567308.5	27169		1098000	1567308.5
0	139859.5	2716F		0	139859.5
6850117.04	14182242.7	271A		6850117.04	14182242.7
0	419844.25	2ZZ7		0	419844.25
1586856.16	1199469.72	2ZZ8		1586856.16	1199469.72
31791.9	0	4121Z		31791.9	0
138042.65	0	41222		138042.65	0
923091.6	2180000	413H1		923091.6	2180000
273891.21	4983851.77	4613		273891.21	4983851.77
0	2435302.02	4615		0	2435302.02
53.62	3963.94	46182		53.62	3963.94
0	298129.16	46183		0	298129.16
198.2	7925.87	461Z		198.2	7925.87
91535.24	1053055.85	4623		91535.24	1053055.85
0	4942041.14	4625		0	4942041.14

图 6.12

在会计科目设定中，一级科目为两位数，二级科目从第三位开始顺序增加，设定该一级科目下不同的二级科目。利用这个规律，能够从二级科目中提取其所属一级科目。在 H5 单元格中输入函数"=LEFT(G5,2)"，从左边开始提取 G 列中的两个字符。返回值即为所属一级科目代码，同时快速填充该列数据。这样就得到了所有一级科目开支的数据，过程如图 6.13 和图 6.14 所示。

求和项:借方	求和项:贷方	科目	一级科目	求和项:借方	求和项:贷方
31100937.02	13755146.87	1211	[LEFT(G5,2)]	31100937.02	13755146.87
153209	0	17Z2		153209	0
1371457	3490090.75	27163		1371457	3490090.75
2808810.2	4519219.84	27167		2808810.2	4519219.84
1098000	1567308.5	27169		1098000	1567308.5
0	139859.5	2716F		0	139859.5
6850117.04	14182242.7	271A		6850117.04	14182242.7
0	419844.25	2ZZ7		0	419844.25
1586856.16	1199469.72	2ZZ8		1586856.16	1199469.72
31791.9	0	4121Z		31791.9	0
138042.65	0	41222		138042.65	0
923091.6	2180000	413H1		923091.6	2180000
273891.21	4983851.77	4613		273891.21	4983851.77
0	2435302.02	4615		0	2435302.02
53.62	3963.94	46182		53.62	3963.94
0	298129.16	46183		0	298129.16
198.2	7925.87	461Z		198.2	7925.87
91535.24	1053055.85	4623		91535.24	1053055.85
0	4942041.14	4625		0	4942041.14

图 6.13

科目	一级科目	求和项:借方	求和项:贷方
1211	12	31100937.02	13755146.87
17Z2	17	153209	0
27163	27	1371457	3490090.75
27167	27	2808810.2	4519219.84
27169	27	1098000	1567308.5
2716F	27	0	139859.5
271A	27	6850117.04	14182242.7
2ZZ7	2Z	0	419844.25
2ZZ8	2Z	1586856.16	1199469.72
4121Z	41	31791.9	0
41222	41	138042.65	0
413H1	41	923091.6	2180000
4613	46	273891.21	4983851.77
4615	46	0	2435302.02
46182	46	53.62	3963.94

图 6.14

再对此表进行数据透视，就可以得到所有一级科目的汇总数据，如图 6.15 所示。

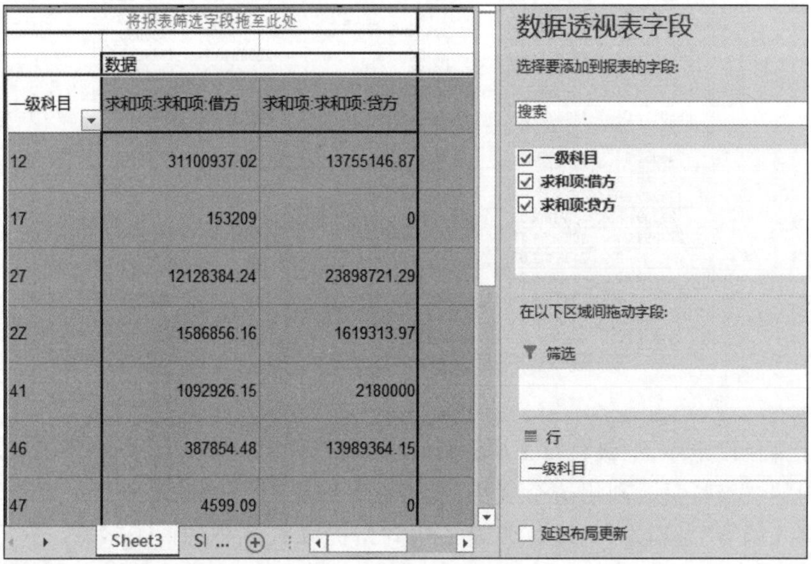

图 6.15

在会计报表中只有二级科目开支的名称，所以需要将提取的一级科目名称对应，方便审计的理解。被审单位一般都会提交年度会计科目数据，有了这个数据，可以利用查询函数就科目代码和科目名称进行自动匹配。

在 E5 单元格中输入函数"＝VLOOKUP(A5,"[2021-科目信息.xls]Sheet2"!＄B:＄C,2,FALSE)"，用 VLOOKUP 函数进行跨表格提取。确定返回值"银行存款"为代码 12 对应的科目名称。填充该列中的数据，这样就得到了第二张数据分析表——一级科目 2021 年开支总表，如图 6.16 和图 6.17 所示。

通过一二级科目开支金额表，可以进行年度间的分析比较，获取增减趋势分析，同样也可以进行二次比较，得到哪些科目代码变化或者消失，追查其剩余经费的去向问题等。

一级科目	求和项:求和项:借方	求和项:求和项:贷方	
12	31100937.02	13755146.87	=VLOOKUP(A5,'[2021-科目信息.xls]Sheet2'!$B:$C,2,FALSE)
17	153209	0	
27	12128384.24	23898721.29	
2Z	1586856.16	1619313.97	
41	1092926.15	2180000	
46	387854.48	13989364.15	
47	4599.09	0	
48	1303492.74	35045087.12	

图 6.16

一级科目	求和项:求和项:借方	求和项:求和项:贷方	
12	31100937.02	13755146.87	银行存款
17	153209	0	固定资产
27	12128384.24	23898721.29	应付账款
2Z	1586856.16	1619313.97	暂收款
41	1092926.15	2180000	维修费
46	387854.48	13989364.15	应收账款
47	4599.09	0	其他费用
48	1303492.74	35045087.12	销售收入

图 6.17

6.2 透析人员借还款时间周期

人员借款预支经济活动开支，一段时间后再进行还款，这是单位财务运行中存在的一种现象。对于借款和还款的时间周期、金额，在财务制度上都有严格的规定，因此对于借还款的审计，是追查款项特别是大金额款项去向的重要线索。在这里可以借助数据透视表和透视图，对单位连续年度的个人还借款周期进行动态的统计。

从 2019—2021 年 3 年的会计账中，筛选或者导出"借款"和"还款"两张明细表，并将 3 年的数据汇总至一张表中，如图 6.18 所示。

第一步：自动查找借款的还款日期。

要计算还款周期，首先得对应找出每笔借款的还款日期。因此，需要借助 VLOOKUP 函数进行自动查找。函数值中设定"金额"为查找的参数，根据 VLOOKUP 函数的特点，查找参数必须在查找范围的第一列。因此，在还款表中，"金额"要在范围的首列，所以将还款日期复制至 K 列，如图 6.19 所示。

年度	填制人	编号	凭证号	分录号	日期	科目
2019	管理员	561	561	342	2019/5/30	1211
2019	管理员	562	562	342	2019/5/30	1211
2019	管理员	607	607	72	2019/6/6	1211
2019	管理员	693	693	20	2019/6/30	1211
2019	管理员	762	762	4	2019/7/17	1211
2019	管理员	790	790	4	2019/7/26	1211
2019	管理员	843	843	6	2019/8/3	1211
2019	管理员	845	845	6	2019/8/3	1211
2019	管理员	932	932	4	2019/8/27	1211
2019	管理员	999	999	4	2019/9/9	1211
2019	管理员	1002	1002	10	2019/9/10	1211
2019	管理员	1010	1010	16	2019/9/13	1211
2019	管理员	1048	1048	4	2019/9/22	1211
2019	管理员	1056	1056	8	2019/9/25	1211
2019	管理员	1098	1098	21	2019/10/3	1212
2019	管理员	1135	1135	25	2019/10/13	1211
2019	管理员	1183	1183	14	2019/10/22	1211
2019	管理员	1184	1184	16	2019/10/22	1211
2019	管理员	1185	1185	2	2019/10/23	1211
2019	管理员	1186	1186	4	2019/10/23	1211
2019	管理员	1187	1187	6	2019/10/23	1211

借款 还款

图 6.18

摘要	金额	日期
网络运维部杜云霞报还借款	50	2019/1/8
网络运维部杜云霞报还借款	3000	2019/1/8
网络运维部杜云霞报还借款	5100	2019/1/8
行政部郝斌峰报还借款	3490.45	2019/1/8
采购部李彩霞现金还借款	20	2019/2/24
市场部杨静还借款	2500	2019/3/1
行政部刘应龙还借款	1390	2019/4/1
行政部郝斌峰办证费用开支还借款	1700	2019/4/1
行政部李福军报电源开支还借款	5000	2019/4/1
行政部乌兰报还借款	1000	2019/4/1
行政部郝斌峰报还借款	174781.6	2019/4/1
行政部刘应龙报1-3月份物业服务费还借款	900000	2019/5/15
市场部王懿报边误餐费还借款	3360	2019/8/11
市场部王懿报还借款	1121	2019/8/12
支付采购款徐金龙还借款	6600	2019/10/15
支付维修配件费开支闫冰还借款	2200	2019/10/21
行政部陈晨报发布谈判招标公告费用开支还借款	1500	2019/12/17
行政部王军科报电梯年检费还借款	3020	2019/12/23

图 6.19

回到“借款”表中，在 K 列输入标题“还款日期”，然后在 K2 单元格中输入函数“=VLOOKUP(J2,还借款!J:K,2,FALSE)”，如图 6.20 所示，表示在“还借款”中查找与“借款”表中“金额”相同的“日期”，如该借款已还，返回值为“还款日期”，否则返回“#N/A”，表示未还或未找到对应的值。

M　　× ✓ fx　=VLOOKUP(J2,还借款!J:K,2,FALSE)

A	B	C	D	E	F	G	H	J	K
年度	填制人	编号	凭证	分录	日期	科目	科目名称	金额	还款日期
2019	管理员	561	561	342	2019/5/30	1211	基本户	306000	K,2,FALSE)
2019	管理员	562	562	342	2019/3/30	1211	基本户	1390	
2019	管理员	693	693	20	2019/6/30	1211	基本户	8400	

图 6.20

填充该列数据后，筛选出有结果的数据，对于返回错误的数据再进行人工核对，如图 6.21 所示。

年度	填制	编号	凭证	分录	日期	科目	科目名称	金额	还款日期
2019	管理员	561	561	342	2019/5/30	1211	基本户	306000	2020/3/21
2019	管理员	562	562	342	2019/3/30	1211	基本户	1390	2021/4/1
2019	管理员	693	693	20	2019/6/30	1211	基本户	8400	2021/6/30
2019	管理员	762	762	4	2019/7/17	1211	基本户	5027.3	2021/12/11
2019	管理员	790	790	4	2019/7/26	1211	基本户	7000	2021/9/20
2019	管理员	843	843	6	2019/8/3	1211	基本户	12356.6	2020/5/25
2019	管理员	845	845	6	2019/8/3	1211	基本户	64239	2020/11/19
2019	管理员	932	932	4	2019/8/27	1211	基本户	13000	2020/8/20
2019	管理员	999	999	4	2019/9/9	1211	基本户	8650	2021/11/9
2019	管理员	1002	1002	10	2019/9/10	1211	基本户	7460.4	2021/12/8
2019	管理员	1048	1048	4	2019/9/22	1211	基本户	25000	2021/8/29
2019	管理员	1056	1056	8	2019/9/25	1211	基本户	5027.3	2021/12/11
2019	管理员	1098	1098	21	2019/10/3	1212	公务卡	6986.68	2021/11/25
2019	管理员	1135	1135	25	2019/10/13	1211	基本户	2330	2020/11/25
2019	管理员	1183	1183	14	2019/10/22	1211	基本户	3500	2021/5/29
2019	管理员	1184	1184	16	2019/10/22	1211	基本户	2880	2021/11/10
2019	管理员	1185	1185	2	2019/10/23	1211	基本户	3020	2021/12/23

图 6.21

第二步：计算还款周期。

查找出了对应的还款日期，就可以计算出其借还款周期。

在"借款"表 L 列中输入标题"还款周期"，然后在 L2 中输入公式"=DATEDIF(F2,K2,"D")"，计算借款和还款之间的时间差，并用天数 D 表示出来。在 L2 中返回值为 295 天，即该笔借款 295 天后才办理还款手续。

填充还款周期数据列后，即准备好了基本的数据表，如图 6.22 和图 6.23 所示。

f_x	=DATEDIF(F2,K2,"D")							
D	E	F	G	H	J	K	L	
凭证	分录	日期	科目	科目名称	金额	还款日期	还款周期	
561	342	2019/5/30	1211	基本户	306000	2020/3/21	F(F2,K2,"D")	
562	342	2019/3/30	1211	基本户	1390	2021/4/1		
693	20	2019/6/30	1211	基本户	8400	2021/6/30		

图 6.22

第三步：数据透视动态分析。

选择"借款"中的数据，插入"数据透视图和数据透视表"，在新的表格中，透视表和透视图会一同出现在表格界面中。在字段中选择"年度""金额"和"还款周期"，基本的数据透视表和透视图框架完成，如图 6.24～图 6.27 所示。

在透视数据中，"还款周期"不需要进行数值的汇总，因此将其调为列数据，在"值"区域内单击"还款周期"，在弹出的下拉菜单中选择"移动到行标签"，"还款周期"数据展开不进行汇总。

对还款周期数据，要进行分段统计，这样方便审计时能掌握周期的长短。在透视表中，选择"还款周期"列的任一单元格，右击，在弹出的快捷菜单中选择"组合"，在"组合"对话框中，"起始于"设为 0，"终止于"设为 720，设定最长还款时间为两年，两年以上的数据不再分段；

日期	科目	科目名称	金额	还款日期	还款周期
2019/5/30	1211	基本户	306000	2020/3/21	296
2019/3/30	1211	基本户	1390	2021/4/1	733
2019/6/30	1211	基本户	8400	2021/6/30	731
2019/7/17	1211	基本户	5027.3	2021/12/11	878
2019/7/26	1211	基本户	7000	2021/9/20	787
2019/8/3	1211	基本户	12356.6	2020/5/25	296
2019/8/3	1211	基本户	64239	2020/11/19	474
2019/8/27	1211	基本户	13000	2020/8/20	359
2019/9/9	1211	基本户	8650	2021/11/9	792
2019/9/10	1211	基本户	7460.4	2021/12/8	820
2019/9/22	1211	基本户	25000	2021/8/29	707
2019/9/25	1211	基本户	5027.3	2021/12/11	808
2019/10/3	1212	公务卡	6986.68	2021/11/25	784
2019/10/13	1211	基本户	2330	2020/11/25	409
2019/10/22	1211	基本户	3500	2021/5/29	585
2019/10/22	1211	基本户	2880	2021/11/10	750
2019/10/23	1211	基本户	3020	2021/12/23	792

图 6.23

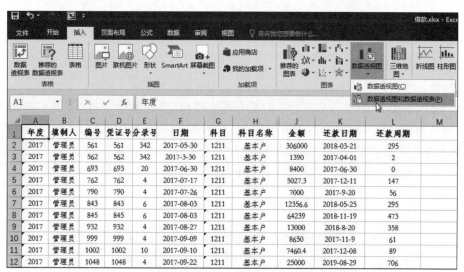

图 6.24

图 6.25

第 6 章 数据透视万能工具

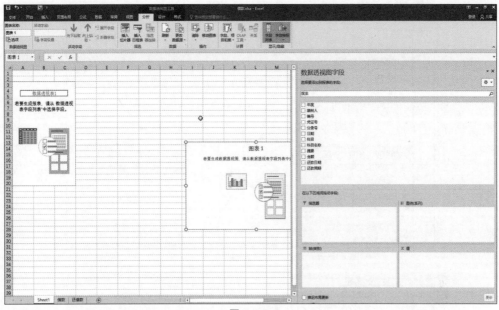

图 6.26

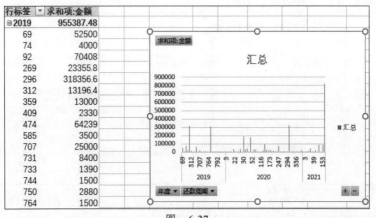

图 6.27

"步长"设为 60，即两个月为一个时间分段。确认返回后，透视表中自动将两年的时间分成了不同的数据组，如图 6.28～图 6.30 所示。

为了更好地反映不同时间段内数据的多少，可以在表中增加一个"百分比"的值域。增加一个数字字段"编号"，它自动设置为"值"，需要的不是"编号"，而是借助其改为其他需求数据，在"值"区域单击"求和项：编号"，在弹出的下拉菜单中选择"值字段设置"，打开"值字段设置"对话框，将其名称自定义为"占百分比"，"值显示方式"中选择"列汇总的百分比"，单击"确定"按钮后即自动完成了各个还款周期的所占百分比统计计算，如图 6.31 和图 6.32 所示。

此时的透视数据中，"值"为借还款金额，汇总方式为数据加总，在审计的时候看到的是有多少笔在每个分段区间。选择金额列中任一单元格，单击右键后将"值汇总依据"中的选项改为"计数"，该列中改为统计不同区段间借还款活动的笔数。同样在占百分比中，单击右键后将"值汇总依据"中的选项改为"计数"，"值显示方式"选择"父级汇总的百分比"，用来统

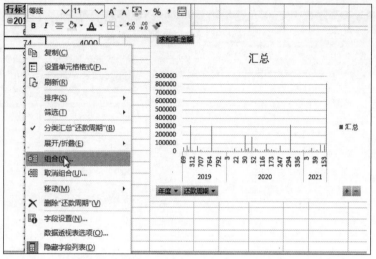

图 6.28

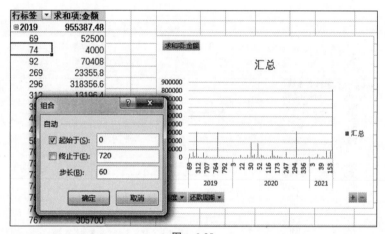

图 6.29

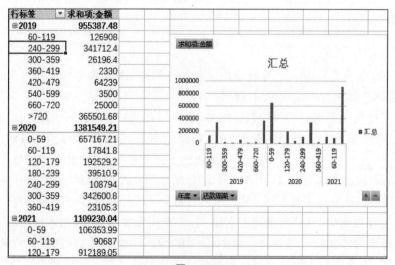

图 6.30

图 6.31

计每个段中开支活动占该年度的比例,这样能更好地反映财务指标,如图 6.33 和图 6.34 所示。

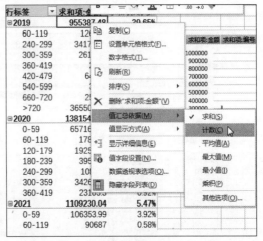

图 6.32   图 6.33

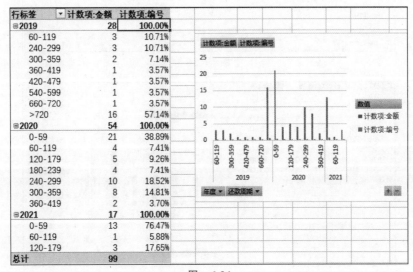

图 6.34

完成所有的数据设定后,右边的透视图会随着数据的调整相应进行动态变化。在透视图左下角,分列这字段行中的数据"年度"和"还款周期"两个按钮,单击"年度"可以从中选择任何年度的数据,例如单选 2019 年,返回后透视表和透视图同时都只展示出 2019 年的借还款数据。在"还款周期"中选择超过两年以上的还款周期数据(大于 360 天),返回后数据界面会换成条件数据表和数据图,如图 6.35～图 6.37 所示。

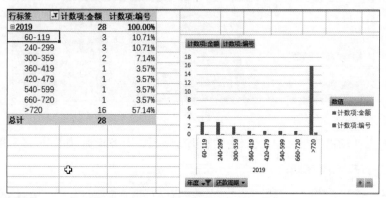

图 6.35

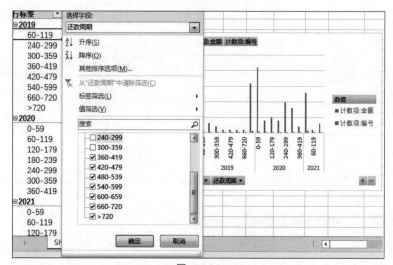

图 6.36

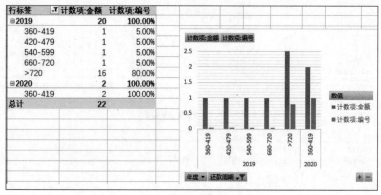

图 6.37

通过还款周期的分析,根据相关财务制度,将超过规定时间的数据罗列出来,再进行人工核对,特别是超长时间且金额较大的借还款,都是审计中的疑点数据。

6.3 利用切片器快速提取明细表

在透视表中,还有一个小工具"切片器",其最核心功能是筛选数据。

选用"2021 年会计报表"的数据来进行"切片器"的操作。在如图 6.38 所示的透视表中,单击数据透视表中的数据,单击"插入"菜单下的"筛选器",选择"切片器",弹出"插入切片器"对话框,上面会罗列透视表中的标题名,选择要筛选的标题"凭证号",界面上就会弹出一个小方形,显示的内容就是凭证号码,这个就是凭证号切片器。

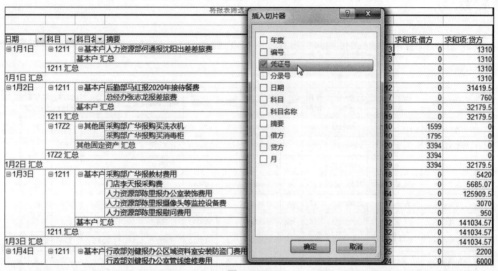

图　6.38

点击切片器上的选项,数据透视表上就会立即筛选出该凭证号下的所有数据。在"插入切片器"对话框中,也可以同时选择多个标题,这样就会生成多个切片器,如图 6.39 所示,选择"凭证号""科目名称""借方""贷方"4 个内容,同时生成 4 个切片,当选择其中一个切片器的选项时,其他切片器上会联动显示对应内容。

图　6.39

每个切片器右上角有"多选"和"清除筛选器"两个选项,用右键会弹出更多操作对话框。

切片默认是单选,单击"多选"按钮,可以同时选择多个凭证号数据汇总。单击"清除筛选器",可以取消筛选,恢复默认的全选状态。如果要去除切片器,可以在右键选项框中选择"删除"选项。

> **注意:**
> (1)切片器只能在数据透视表或者超级表格中使用,在其他格式表格中无法调出切片器。
> (2)如果鼠标在透视表中没有选择到任何数据,切片器上就没有任何选项,同时会提示"未找到任何连接"。

课后练习

固定资产设备清单表如图6.40所示,请借助数据透视表和透视图分析设备折旧计提情况。

类别名称	固定资产名称	开始使用日期	使用年限	单位	单价	数量	原值	资产状态	净残值率	净残值	已计提月份	本年折旧月数
房屋及建筑物	办公楼	1999/1/2	40		420000	1	420000	正常使用	20%	84000.0	281	12
房屋及建筑物	食堂	1998/12/2	40		236800	1	236800	正常使用	20%	47360.0	282	12
房屋及建筑物	乙型房	1999/1/2	40		402600	1	402600	正常使用	20%	80520.0	281	12
运输设备	轻型载货汽车	2000/10/1	12	辆	384920	2	769840	报废	5%	38492.0	260	0
运输设备	奔驰小轿车	2000/11/1	12	辆	188670	1	188670	报废	5%	9433.5	259	0
机器设备	罐车	2000/9/2	15	辆	100600	5	503000	报废	5%	25150.0	261	0
机器设备	干湿机	2012/6/1	14	台	2265	2	4530	正常使用	5%	226.5	120	12
机器设备	离心风机	2004/10/1	14	台	1980	2	3960	报废	5%	198.0	212	0
其他	电脑	2006/5/2	5	套	39338	5	196690	报废	5%	9834.5	193	0
其他	应急电源	2002/5/2	5	台	1520	4	6080	报废	5%	304.0	241	0
其他	打印机	2007/11/2	5	台	5250	2	10500	报废	5%	525.0	175	0

图 6.40

第 7 章

数据比对分析

学习目标

本章主要学习数据的比对工具,借助自身工具实现对表格同窗口的比较,同时了解 Office 内含的数据表和数据库的两种比较工具。

数据比对是进行数据分析常用的工具,既可借助 Excel 本身自带的比对工具,如窗口的并排冻结等,完成简单表格的比对,查找数据的差异,也可以借助 Office 自带的小工具,对数据结构和内容进行比对,快速分析出变动的部分。同时,函数也是进行数据比对筛选的重要工具。本章将从这几个方面,由简至难展示数据比对工具的运用和操作。

7.1 多张表格同步对比

通常情况下,大窗口只会打开一张表格进行操作,但如果需要同时打开多张表格进行数据比对或者查阅时,就需要灵活运用重排窗口、并排查看与同步滚动、冻结窗格等功能。

7.1.1 重排窗口:多表格查看很方便

正常情况下,界面每次只能展示一张表格,当然也可以使用表格右上角的"向下还原"选项,将表格界面缩小,从而同时展示几张表格;但当鼠标操作时,被选择的表格就会遮盖住其他表格的重叠部分,这样可能要不停地对表格格局大小进行调整。其实有一个工具就是专门针对同时打开多个表格来设定的。

在"视图"菜单下,"窗口"选项中有一个"全部重排"功能,选择后会出现如图 7.1 所示的对话框。

图 7.1

现在使用两张表来展示不同选项的效果图。

首先打开"出纳账 2020"和"出纳账 2021"两张数据表格,随便选择其中一张表的操作界面,调出"重排窗口"对话框,选择"平铺"单选按钮,两张表格同行排列,如图 7.2 所示。

图 7.2

选择"水平并排"单选按钮时,两个表格会以上下的顺序排列,如图 7.3 所示。

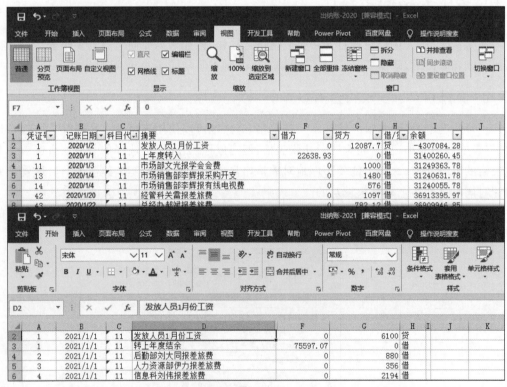

图 7.3

选择"垂直并排"单选按钮时,两个表格排列形式与"平铺"的效果是一样的。

选择"层叠"时,两个表格会交叠排列在一起,如图 7.4 所示。

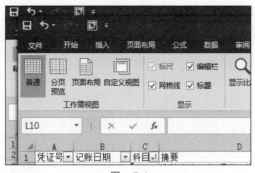

图 7.4

　　窗口重排的功能,可以同时打开多张表格且会自动规划版面,不会让任何一个表格有被重叠遮盖部分,为数据比对提供了很好的帮助。

7.1.2　并排查看与同步滚动:多张表同比对

　　在 7.1.1 节中学习了怎么用重排窗口来查看数据,在"全部重排"工具栏右边,会发现还存在一个"并排查看"的工具栏,如图 7.5 所示,这两者有什么联系吗?现在就用 7.1.1 节中的两张表格进行操作之后,比较一下有什么异同点。

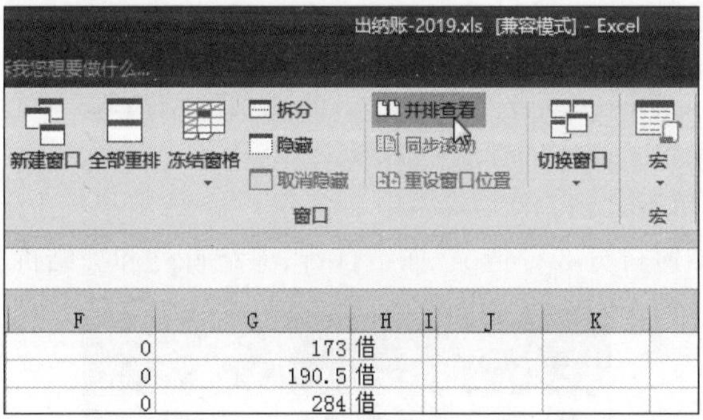

图 7.5

　　打开两张表,在其中一张表的操作界面上,选择"并排查看",会发现它自动与下面的"同步滚动"工具结合使用了,两者都变成了灰色,同时两个表格的排列格局如图 7.6 所示。

　　表格的排列与"全部重排"下的"水平并排"相似,但仔细看,还是有细微差距。"水平并排"下的两个表格都是完整显示,各自的操作界面都存在,可以独立操作每张表格。而"并排查看"中,下面一张表的操作界面就没有了,也就是说,同时展示的表格共用一个操作界面。当用鼠标滚轮进行表格的上、下、左、右移动时,两张表都会按照指令同时动起来。这就是"并排查看"工具一定会与"同步滚动"联动使用的原因。

7.1.3　冻结窗格:超长超宽表格不烦恼

　　有些表格行和列数据都非常多,当要从头看到尾时,经常会无法对应到行标题和列标题,在这里就要运用另外一个也比较重要和常用的功能——"冻结窗格"。当选择冻结表格中的某一行、某一列或者某一个单元格时,表格就会以冻结界面为轴,表格上、下、左、右拖动

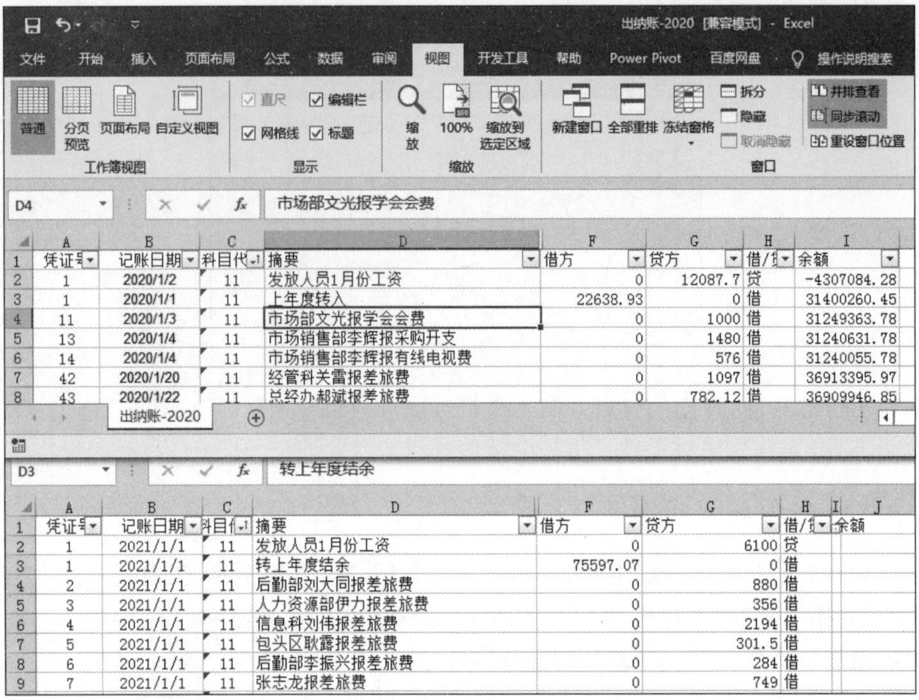

图 7.6

时,冻结窗格区域的上半部分或者左边部分不会随着拖动消失,而会一直保留在浏览界面上,这样为查看数据保留了基本的标题栏内容。

同样在"视图"菜单下,"窗口"工具栏中,有一个"冻结窗格"工具按钮,如图 7.7 所示。从图中可以看到,冻结窗口分 3 种情况,冻结首行、冻结首列和冻结拆分窗格。

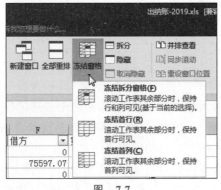

图 7.7

现在用一张银行对账流水表来进行操作。表格的首行是标题内容,因为这个表格的行数据和列数据很多,单个屏幕只显示了部分内容。为了在表格往下拖拽时,始终能看到标题栏第一行,方便对应数据的名称,可选择"冻结首行"。

单击表格中的任一单元格,选择"冻结首行",操作完成,当往下拖动表格时,发现首行标题始终都存在,如图 7.8 所示,数据往下已经拖到了 170 行以后,标题栏首行还显示在界面中。

	A	B	C	D	E	F	G	H	I
1	账号	工作日期	入账日期	错账日期	入账时	冲正标	正反交	交易代	借贷标
170	0602004109026701027	2015-01-30	2015-01-30	1900-01-01	16.19.24	0	0	59113	贷
171	0602004109026701027	2015-01-30	2015-01-30	1900-01-01	16.35.40	0	0	51078	借
172	0602004109026701027	2015-01-31	2015-01-31	1900-01-01	03.57.06	0	0	52110	借
173	0602004109026701027	2015-02-02	2015-02-02	1900-01-01	10.53.18	0	0	52093	贷
174	0602004109026701027	2015-02-02	2015-02-02	1900-01-01	11.18.09	0	0	52081	借
175	0602004109026701027	2015-02-02	2015-02-02	2015-02-02	11.18.09	0	0	52081	借
176	0602004109026701027	2015-02-02	2015-02-02	1900-01-01	11.19.25	0	0	52081	借
177	0602004109026701027	2015-02-02	2015-02-02	1900-01-01	11.19.25	0	0	52081	借
178	0602004109026701027	2015-02-02	2015-02-02	1900-01-01	11.20.30	0	0	51078	借
179	0602004109026701027	2015-02-02	2015-02-02	1900-01-01	11.26.00	0	0	52068	借
180	0602004109026701027	2015-02-02	2015-02-02	1900-01-01	11.26.11	0	0	52068	借
181	0602004109026701027	2015-02-02	2015-02-02	2015-02-02	12.36.41	0	0	41248	贷
182	0602004109026701027	2015-02-02	2015-02-02	1900-01-01	16.14.33	0	0	52068	借
183	0602004109026701027	2015-02-02	2015-02-02	1900-01-01	16.16.27	0	0	52068	借
184	0602004109026701027	2015-02-03	2015-02-03	1900-01-01	10.32.35	0	0	02020	贷
185	0602004109026701027	2015-02-03	2015-02-03	1900-01-01	10.33.55	0	0	02020	贷
186	0602004109026701027	2015-02-03	2015-02-03	1900-01-01	10.35.20	0	0	02020	贷

图 7.8

同样,在上述表格中,要将首列"账号"列冻结,使得数据向右拖拽时,它始终显示在界面中。操作同上面,单击表格中任一单元格,选择"冻结窗格"中的"冻结首列",即完成操作。在图7.9中,可以看到,表格已经往右拉到AC列了,但首行依然可见。

	A	AC	AD	AE	AF	AG
1	账号	对方户名	对方户名	附言	用途	摘要
2	0602004109026701027					体检费
3	0602004109026701027		工行上海浦东开发区支行	1231-0103费0元		1231-0103费0元
4	0602004109026701027					对公收费明细入帐
5	0602004109026701027		工行上海浦东开发区支行	0104-0104费0元		0104-0104费0元
6	0602004109026701027					入学保证金
7	0602004109026701027					培训费
8	0602004109026701027					
9	0602004109026701027					
10	0602004109026701027					
11	0602004109026701027					
12	0602004109026701027					
13	0602004109026701027		工行上海浦东开发区支行	0105-0105费0元		0105-0105费0元
14	0602004109026701027		中国建设银行股份有限公司呼和浩特海拉尔大街八一支行	工资		工资
15	0602004109026701027		中国建设银行股份有限公司呼和浩特海拉尔大街八一支行	工资		工资
16	0602004109026701027					差旅费
17	0602004109026701027		工行上海浦东开发区支行	0106-0106费0元		0106-0106费0元
18	0602004109026701027		中国农业银行股份有限公司托克托县托电工业园区支行	医疗费用		医疗费用
19	0602004109026701027		中国农业银行股份有限公司呼和浩特迎宾支行	伙食费		伙食费
20	0602004109026701027		工行上海浦东开发区支行	0107-0107费0元		0107-0107费0元
21	0602004109026701027		工行上海浦东开发区支行	0108-0108费0元		0108-0108费0元
22	0602004109026701027		中国农业银行股份有限公司托克托县托电工业园区支行	医疗费用		医疗费用
23	0602004109026701027					新生儿筛查费

图 7.9

"冻结首行"和"冻结首列"是一个指向性比较明确的快捷键操作,冻结的单元格就是首行或者首列,因为在第一个表格中,首行和首列都是唯一的。但如果要进行任意行或列的冻结呢?这里就可以选择"冻结拆分窗格"选项。

选择要冻结的行或者列的下一行或列,单击"冻结拆分窗格",可以发现,该行及以上或列及左侧的窗格都被冻结了,无论数据表怎么拖动,都是以此行或此列为分界线,向下或者向右延伸。现在用冻结某一行来作为案例展示。如图7.10中,现在要冻结黄色行第4行及以上的内容。

	A	B	C	D	E	F	G	H	I	J
1	账号	工作日期	入账日期	错账日期	入账时	冲正标	正反交	交易代	借贷标	发生额
2	0602004109026701027	2015-01-04	2015-01-04	2015-01-04	09.00.29	0	0	00351	贷	100000
3	0602004109026701027	2015-01-04	2015-01-04	2015-01-04	11.54.42	0	0	41248	贷	522662.41
4	0602004109026701027	2015-01-04	2015-01-04	9999-12-31	00.13.07	0	0	68006	借	60
5	0602004109026701027	2015-01-05	2015-01-05	2015-01-05	12.42.47	0	0	41248	贷	165117.36
6	0602004109026701027	2015-01-05	2015-01-05	1900-01-01	15.47.58	0	0	52240	借	50000
7	0602004109026701027	2015-01-06	2015-01-06	1900-01-01	10.27.16	0	0	52240	借	20280

图 7.10

首先选择第 5 行数据行，然后单击"冻结窗格"中的"冻结拆分窗格"，该行就被冻结了。再向下拖动数据时，1～4 行窗格始终显示在数据界面上，滚动是的 5 行以下的数据。操作步骤如图 7.11 和图 7.12 所示。

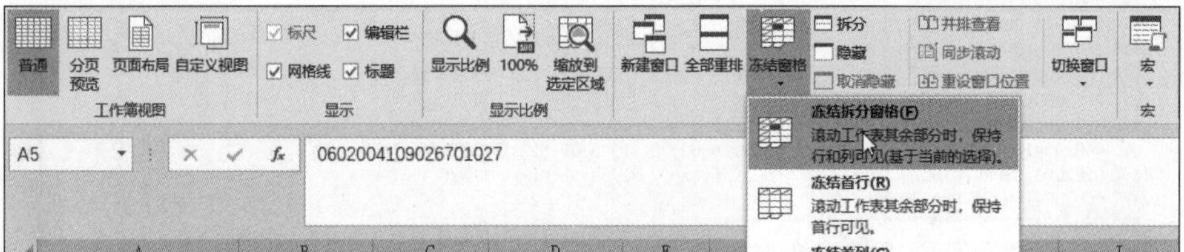

图 7.11

图 7.12

冻结任一列时的操作跟冻结某行是一样的，这里就不再举例说明。

上面都是单独就某一行或某一列来做的，但如果既要冻结某一行又冻结某一列该怎么办呢？同样在"冻结拆分窗格"中，只是选择的单元格不一样。

还是以上面例子中的表格为示范，如图 7.13 所示，灰色部分是需要冻结的窗格。

图 7.13

第一步：选择行与列交叉的单元格 C7，如图 7.14 所示。

	账号	工作日期	入账日期	错账日期	入账时	冲正标	正反交	交易代	借贷标	发生额
2	0602004109026701027	2015-01-04	2015-01-04	2015-01-04	09.00.29	0	0	00351	贷	100000
3	0602004109026701027	2015-01-04	2015-01-04	2015-01-04	11.54.42	0	0	41248	贷	522662.41
4	0602004109026701027	2015-01-04	2015-01-04	9999-12-31	00.13.07	0	0	68006	借	60
5	0602004109026701027	2015-01-05	2015-01-05	2015-01-05	12.42.47	0	0	41248	贷	165117.36
6	0602004109026701027	2015-01-05	2015-01-05	1900-01-01	15.47.58	0	0	52240	借	50000
7	0602004109026701027	2015-01-06	2015-01-06	1900-01-01	10.27.16	0	0	52240	借	20280
8	0602004109026701027	2015-01-06	2015-01-06	1900-01-01	10.33.17	0	0	02020	贷	175000
9	0602004109026701027	2015-01-06	2015-01-06	1900-01-01	10.38.14	0	0	02020	贷	325000
10	0602004109026701027	2015-01-06	2015-01-06	1900-01-01	10.39.32	0	0	02020	贷	260000

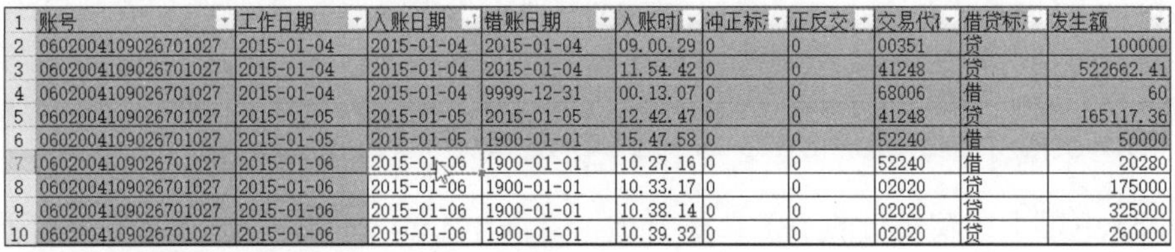

图　7.14

第二步：选择“冻结窗格”中的“冻结拆分窗格”，如图 7.15 所示。

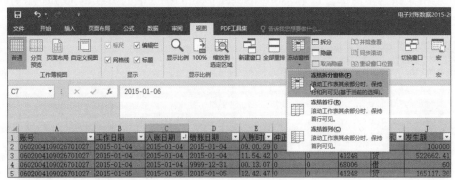

图　7.15

第三步：此时部分单元格已经冻结，当向下滚动鼠标时，界面已显示到第 34 行之后，但第 1～6 行数据保持不动；当向右拖动数据时，界面已显示到 G 列之后，但 A、B 列也保持不动，如图 7.16 所示。

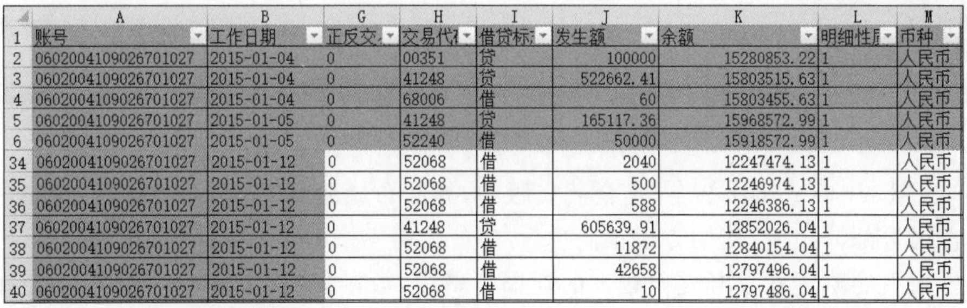

	A	B	G	H	I	J	K	L	M
1	账号	工作日期	正反交	交易代	借贷标	发生额	余额	明细性	币种
2	0602004109026701027	2015-01-04	0	00351	贷	100000	15280853.22	1	人民币
3	0602004109026701027	2015-01-04	0	41248	贷	522662.41	15803515.63	1	人民币
4	0602004109026701027	2015-01-04	0	68006	借	60	15803455.63	1	人民币
5	0602004109026701027	2015-01-05	0	41248	贷	165117.36	15968572.99	1	人民币
6	0602004109026701027	2015-01-05	0	52240	借	50000	15918572.99	1	人民币
34	0602004109026701027	2015-01-12	0	52068	借	2040	12247474.13	1	人民币
35	0602004109026701027	2015-01-12	0	52068	借	500	12246974.13	1	人民币
36	0602004109026701027	2015-01-12	0	52068	借	588	12246386.13	1	人民币
37	0602004109026701027	2015-01-12	0	41248	贷	605639.91	12852026.04	1	人民币
38	0602004109026701027	2015-01-12	0	52068	借	11872	12840154.04	1	人民币
39	0602004109026701027	2015-01-12	0	52068	借	42658	12797496.04	1	人民币
40	0602004109026701027	2015-01-12	0	52068	借	10	12797486.04	1	人民币

图　7.16

窗口冻结功能的使用，主要为查阅长数据表提供方便。一般而言，会将行标题冻结，方便往下查看数据时，始终保持标题栏的存在，对应到数据本身的含义，方便数据的核对；表格左边通常是序号列，也可能是其他标题性质的内容，冻结此列后，能够保证往右边查阅数据时，始终能对应到序号或者标题性内容。

7.2　外部工具快速比对异常变动

在会计报表和数据审计中，经常会要用数据比较找差异。数据比较根据不同的数据来源，选用不同的工具。本节中要介绍的两个比较工具，都属于 Office 小工具。不能从 Excel

中调出,只能通过操作系统"开始"菜单调出,在 Office 2016 下拉菜单中就可以看到比较工具 Database Compare 和 Spreadsheet Compare,前者用于数据库的比较,后者则用于数据表格的比较。两者的作用类似,只是被用于比对不同的数据。

7.2.1 Spreadsheet Compare 审核跨年度会计科目的增减变化

Office 中用于比较表格的小工具是 Spreadsheet Compare,需要在 Office 中打开,使用这个工具可快速比较识别两个工作簿(或者同一个工作簿的不同版本)来查看不同工作簿之间的差异。通过对比也可以发现任何潜在的问题,例如公式或计算的变化、手工录入的数据错误,甚至格式颜色不同都会识别,Spreadsheet Compare 是名符其实的 Office 官方出品的数据比对神器,如图 7.17 所示。

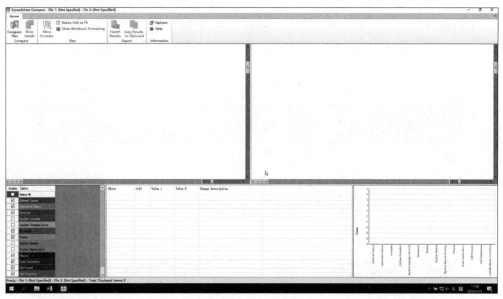

图 7.17

Spreadsheet Compare 2016 是全英文版的,界面布局简洁明了,由工具栏、表格展示区、差异内容区等部分组成,使用方法很简单。

办公用品的购置费是开支比较大的耗损类费用,数量大,品类繁多,管理核对比较麻烦。一般会通过批量采购后,再办理入库。从工作中产生两张数据表格,如图 7.18 所示的采购清单和入库清单,要审核这两张表之间是否存在数量、价格、品牌的差距,以防止低买高进、多买少进等行为发生。这里就可以用 Spreadsheet Compare 工具来快速核查。

| 办公用品采购清单.xlsx | 2022/06/14 09:19 | Microsoft Excel ... | 13 KB |
| 办公用品入库清单.xlsx | 2022/06/14 09:19 | Microsoft Excel ... | 13 KB |

图 7.18

从"开始"所有程序中打开 Spreadsheet Compare 2016,然后单击左上角的 Compare Files,打开比对文件对话框。

单击右侧的打开图标,分别选择要比对的文件,如图 7.19 所示。这里的 older file 和

newer file 可自行定义，导入要进行比较的“办公用品采购清单”和“办公用品入库清单”分别作为 older file 和 newer file。

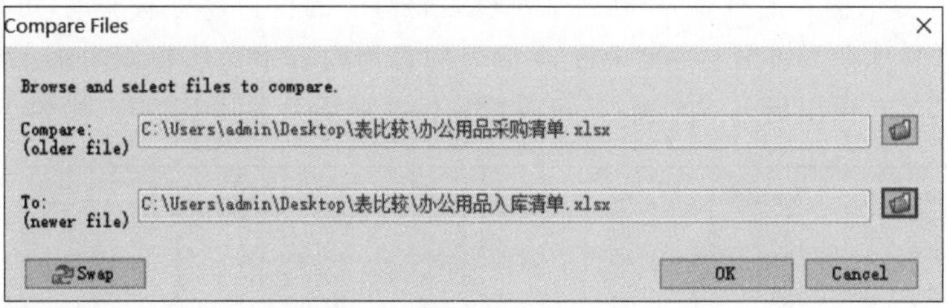

图　7.19

导入文件后，单击 OK 按钮，工具开始进行两个表格的比较，不到一分钟就可以完成比对工作。

图 7.20 是比较后的结果，上半部分是两个比较表格的内容，下半部分从左到右的内容分别是比较项目勾选列表、比较后差异内容和差异结果统计图。

图　7.20

在比较项目选择列表中，用不同颜色表示不同项目的结果，可以根据需要进行比较项目的选择，有“输入值”“计算值”“公式”“修改部分”“修改错误”“结构”“标题名”等，也可以选择所有，如图 7.21 所示。

	A	B	C	D	E	F	G
1	序号	物品名称	规格型号	单位	品牌	价格（元	采购数
2	1	胶水5021	5021	支	博宝	6	100
3	2	装订	三芯线	个	浩立信	4	200
4	3	502胶水		支	爱必达	5	500
5	4	4分线管	4分	个	联塑	2.5	200
6	5	黑色长尾	1#	盒	得力	16	500
7	6	厚层双面	12mm	卷	得力	1.8	600
8	7	磁粒30m	30mm	卡	得力	11	1000
9	8	小透明胶		个	得力	8.6	500
10	9	尺子	30CM	把	得力	2.8	200
11	10	垃圾篓	探戈	个	探戈	14.5	100
12	11	A6软抄本	A6	本	渡边	3.8	400
13	12	小透明胶	12mm	卷	得力	1.5	500
14	13	铁书立	中号	副	得力	23	200
15	14	黑色长尾	3#	盒	得力	9.5	400
16	15	封口袋	6*5cm	包	国产	28	500
17	16	三层文件	三层文件	个	富强	29.5	200
18	17	温湿度计	小号	个	得力	23	50
19	18	旗牌蓝印	蓝色	个	旗牌	22	200
20	19	旗牌红印	旗牌	个	旗牌	22	200
21	20	佳能保鲜	30CM*60	卷	佳能	43	100

	A	B	C	D	E	F	G
1	序号	物品名称	规格型号	单位	品牌	价格（元	入库数量
2	1	胶水5021	5021	支	亚信戈得	6	100
3	2	装订	三芯线	个	浩立信	4	200
4	3	502胶水		支	爱必达	5	500
5	4	4分线管	4分	个	联塑	2.5	200
6	5	黑色长尾	1#	盒	得力	16	500
7	6	厚层双面	12mm	卷	得力	1.8	600
8	7	磁粒30m	30mm	卡		11	1000
9	8	小透明胶		个	得力	8.6	500
10	9	尺子	30CM	把	得力	2.8	200
11	10	垃圾篓	探戈	个	探戈	14.5	95
12	11	A6软抄本	A6	本	渡边	3.8	350
13	12	小透明胶	12mm	卷	得力	1.5	500
14	13	铁书立	中号	副	得力	23	200
15	14	黑色长尾	3#	盒	得力	9.5	400
16	15	封口袋	6*5cm	包	国产	28	500
17	16	三层文件	三层文件	个	富强	29.5	200
18	17	温湿度计	小号	个	得力	23	50
19	18	旗牌蓝印	蓝色	个	旗牌	22	200
20	19	旗牌红印	旗牌	个	旗牌	22	200
21	20	佳能保鲜	30CM*60	卷	佳能	43	100

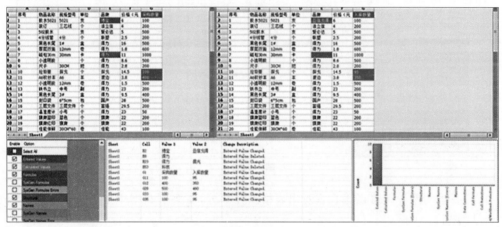

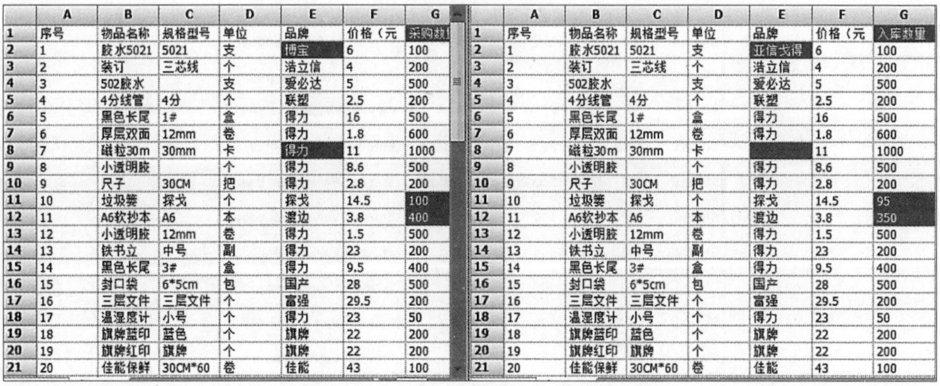

图　7.21

中间项为比较差异的内容，从这里可以找出比对内容的差异。在案例的两个表格中，主要是结构上和输入值两个方面的差别，红色内容提示结构上有变动，新旧表格具体哪些行有删减；绿色内容提示输入值有差异，同一个科目编码对应的科目名称有变动，可以单击其中一个绿色内容，其具体差异部分会自动在上半部分的表格内容中对应标识出来。同时双击该差异的输入值内容，会弹出另外一个窗口，可查看具体数据项差异详情记录，如图 7.22 所示。

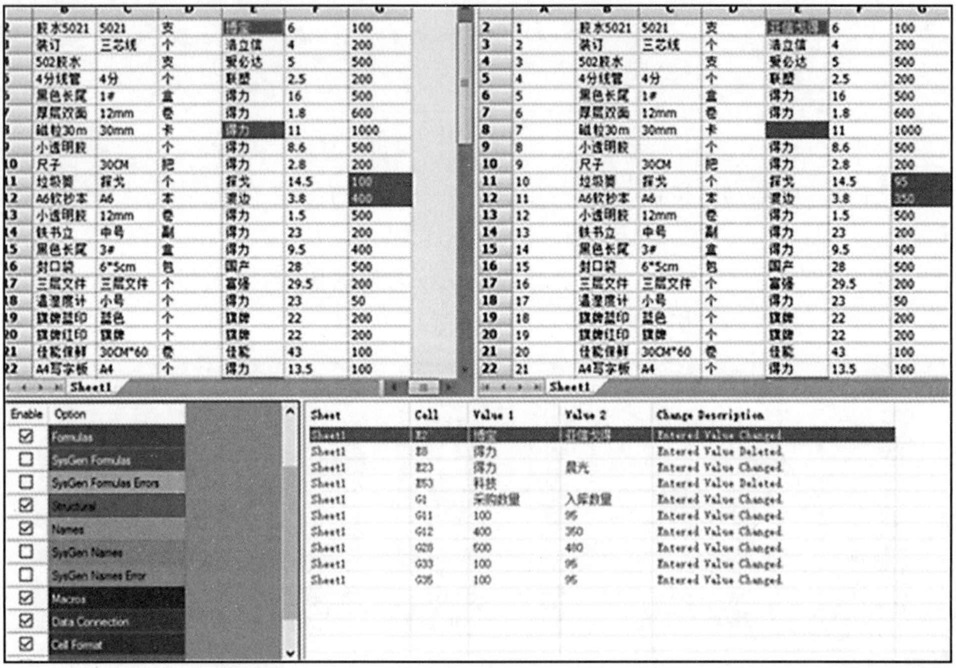

图 7.22

从最右边的差异图可以很直观看出表格差异部分，在案例数据中主要来源于"输入值"和"表结构"上。

比对的结果可以导出表格，单击工具栏中的 ExportResults 导出结果到指定位置。打开表格后，系统自动将差异的内容分为两个表格进行详细的描述，供使用者查阅，如图 7.23 和图 7.24 所示。

Differences

Sheet	Range	Old Value	New Value	Description
Sheet1	E2	博宝	亚信戈得	Entered Value Changed.
Sheet1	E8	得力		Entered Value Deleted.
Sheet1	E23	得力	晨光	Entered Value Changed.
Sheet1	E53	科技		Entered Value Deleted.
Sheet1	G1	采购数量	入库数量	Entered Value Changed.
Sheet1	G11	100	95	Entered Value Changed.
Sheet1	G12	400	350	Entered Value Changed.
Sheet1	G28	500	480	Entered Value Changed.
Sheet1	G33	100	95	Entered Value Changed.
Sheet1	G35	100	95	Entered Value Changed.

图 7.23

Compare Setup	
Setting	Value
File 1	C:\Users\admin\Desktop\表比较\办公用品采购清单.xlsx
File 2	C:\Users\admin\Desktop\表比较\办公用品入库清单.xlsx
Compare Date	2022/06/14 10:06:02
Compared by	DESKTOP-KNUR5NN\admin
Entered Values	True
Calculated Values	True
Formulas	True
System Generated Formulas	False
System Generated Formulas with Errors	False
Structural	True
Named Items	True
System Generated Named Items	False
System Generated Named Items with Errors	False
Code Modules	True
Data Connections	True
Cell Formatting	True
Cell Protection	True
Workbook/Sheet Protection	True

图 7.24

通过 Spreadsheet Compare 工具的使用，可以快速查到出现差异的办公用品数据，有些是品牌差别，有些是数量差别，还有价格差别，从而为下一步审计指明了方向并可以精准定位。

Spreadsheet Compare 的最大特点在于快、准，再多的数据也能够快速完成比较，同时其差异结果都会以不同的颜色标注并注明差异。从输入值到结构，从修改内容到公式变动，甚至包括相同内容所属单元格的变动，任何细小的数据不一致都不会错过，在分段查核同类数据变动差异中经常可以使用到。

注意：在使用 Spreadsheet Compare 工具时，进行比较的两个工作簿结构要一致，包括工作簿的数目等。如果工作簿中有几个工作表，Spreadsheet Compare 是无法自动识别比对的。要确保每个工作簿只包含一个工作表。

7.2.2 Database Compare 查找审计系统数据字段的变化

Database Compare 是对数据进行可视化的工具。如果对数据库中的表结构还不够了解的话，可以利用此工具将表结构直观地展示出来。Database Compare 是比较数据库表结构差异的可视化工具，它可以：

（1）比较两个数据库全部表结构的差异，包括表名、存储引擎、字符集、注释的不同，以及每张表中的字段名、数据类型、字符集、默认值的不同，还有索引的不同、字段顺序的不同。

（2）比较两个数据库全部视图的差异。

（3）比较两个数据库全部存储过程的差异。

（4）比较两个数据库全部触发器的差异。

（5）支持 MySQL、SQL Server、SQLite 的比较。

其使用方法与 Spreadsheet Compare 基本相同，只是用于不同的两种数据语言。从 Office 2016 中选择 Database Compare，调出比较对话框，如图 7.25 所示。

在 Compare 和 To 的文本框中选择要比较的数据库，下面以两个 Access 数据库比较为例，分别导入两个会计科目系统数据文件，然后单击右下角的 Compare 按钮，系统开始进行

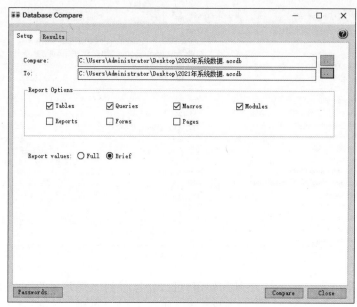

图 7.25

自动比较。

完成比对后，系统会快速自动生成比较结果文档，如图 7.26 所示，从中可以看到两个数据库之间的差异。

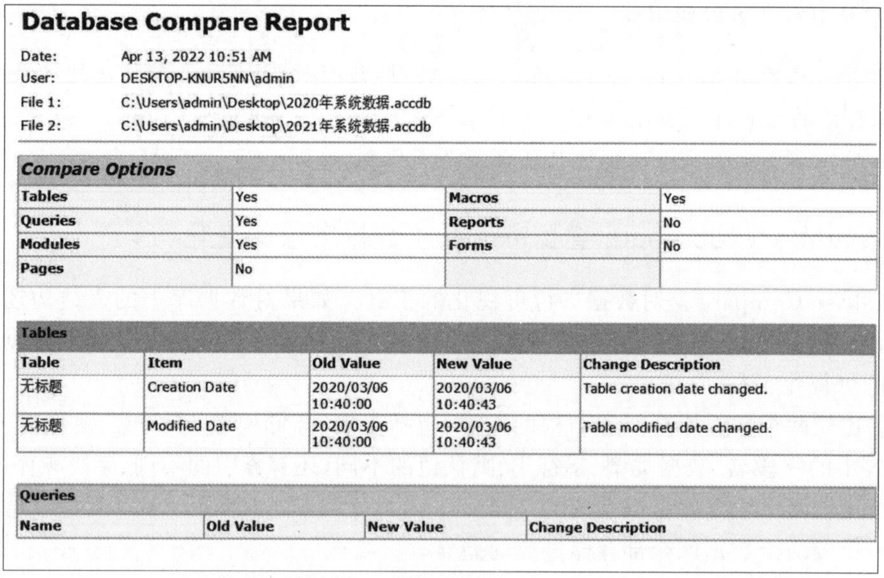

图 7.26

从结果文档可以看到，Database Compare 可以很快速实现数据库文件的结构比较，且项目很全面。Database Compare 可以对表格、宏命令、查询、模块等多种形式的内容进行比对，如果结果有差异，会分别陈列出差异的部分。虽然本节案例中的两个数据库文件差异不是很大，但是连两个文件生成时间这种微小差距都被比较出来。

> **注意**：在使用 Database Compare 工具时，需要注意比对的数据文件有限制的类型，只能是 accdb、mdb、mda、accda、mde、accdu、accdr、mdt 和 and 扩展名文档，除此之外的文件是无法识别的。

7.3 断号分析检查收费数据被私删

数据完整性是业务合法合规进行的最有效判断依据之一，在很多业务信息系统中，系统自动生成的数据序列号一般都是连贯的，如果出现断号，则说明存在人为删除数据的可能。因此，验证数据的完整性，是审计工作的重要保障。

数据验证可以确认所采集数据的真实性、完整性和正确性。这一点，是数据验证最为明确，也是最为主要的目的。通过数据验证，审计人员可以确认被审计单位提供的以及审计人员采集的原始电子数据的真实性、完整性和正确性，验证电子数据是检验被审计单位实际经济业务活动的是否真实反映的重要程序，排除被审计单位有意隐瞒部分数据的可能性。

图 7.27 是某单位的收费流水表，其中有系统自动生成的收据号。这列数据是系统自动生成且不可人为修改，而且是连续的序列。因此，需要审计是否有删单据的情况存在，即判断分析该列数据是否有断号的情况。

图 7.27

在图 7.27 中，按照收据号升序排列该数据表。新增一列数据，在 A2 中复制收据号数列中的第一个数据，向下填充，将整个数据流水号无中断地排列出来，如图 7.28 所示。

图 7.28

接下来需要将断号的数据对比出来。新增一列数据用来判断结果，在 C2 单元格中输入公式“=IF(ISERROR(MATCH(A2,B:B,0)),A2,"")”，如图 7.29 所示。用 MATCH 函数匹配新增的流水号是否能在原始的收据号中找到对应的数据，如果有则显示为空，如果没有则显示缺失数据。将该函数公式向下填充后，缺失的数据就显示出来，显示出的流水号表示可能是被删除的内容，如图 7.30 所示。为什么收费流水被删除产生跳号现象，是否存在跑冒滴漏的普遍现象，可以作为下一步审计的方向。

SUM =IF(ISERROR(MATCH(A2,B:B,0)),A2,"")

	A	B	C	D	E	F	G	H
1	流水号	收据号	判断	病人标识符	姓名	费别	就诊日期	总费用
2	03808104	03808104	),A2,"")	S011335	谷*涛	社保	2021/1/15	16.00
3	03808105	03808105		Y005169	田*诺	社保	2021/1/15	0.63
4	03808106	03808106		S013079	王*军	社保	2021/1/15	260.00

图 7.29

A	B	C	D	E	F	G	H
流水号	收据号	判断	病人标识符	姓名	费别	就诊日期	总费用
03808104	03808104		S011335	谷*涛	社保	2021/1/15	16.00
03808105	03808105		Y005169	田*诺	社保	2021/1/15	0.63
03808106	03808106		S013079	王*军	社保	2021/1/15	260.00
03808107	03808107		S018421	王*	社保	2021/1/15	79.68
03808108	03808108		S013237	陈*	社保	2021/1/15	215.20
03808109	03808109		S014970	刘*虎	社保	2021/1/15	950.00
03808110	03808110		S010920	孟*柱	社保	2021/1/15	308.00
03808111	03808111		S010110	赵*	社保	2021/1/15	212.45
03808112	03808113	03808112	Y000961	傅*义	社保	2021/1/15	920.47
03808113	03808114		Y002365	彭*明	社保	2021/5/6	622.46
03808114	03808115		Y009818	星*	社保	2021/5/6	644.46
03808115	03808116		Y005764	孙*雄	社保	2021/5/6	622.46
03808116	03808117		5612010005	孟*	社保	2021/5/6	622.46
03808117	03808118		H013258298	董*慧	社保	2021/5/7	18.50
03808118	03808120		M1417532	杨*辉	自费	2021/5/7	198.00
03808119	03808121	03808119	H010150274	聂*林	社保	2021/5/7	198.00
03808120	03808122		M1417854	王*芬	自费	2021/5/7	448.46

图 7.30

7.4 数据分析工具运用

数据自身的属性记录各类信息，数据分析是审计工作中的数据处理工作统称。Excel 中虽然所有工具都是为数据分析服务，但还单设了“数据分析”的工具，用于完成各类数据数学计算和统计。通过“数据分析”工具可以进行数据的随机抽样，以及庞大数据列的分析统计，为审计人员快速提供数据的特征、相互关系和分布规律等。

如果在所使用的表格工具栏中没有该工具，则可以通过“开发工具”→“Excel 加载项”进行添加，如图 7.31 所示。

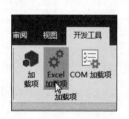

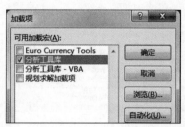

图 7.31

7.4.1　通过随机数抽取被审计项目

抽样一般用于产品质量管理过程，是质量管控的重要步骤。海量数据给审计人员造成了不小的困扰，因此抽样也成为审计中运用的手段，用随机抽样的检测理念来加快审计工作的开展。要对样本进行随机抽取可以选用两种方法：第一种是通过“随机数发生器”；第二种则是“抽样”。

图 7.32 为某单位的 140 个招标采购待审项目汇总表，第一列以项目 1～项目 140 为其代号，第二列是中标单位得分情况。为了快速完成对该单位招标采购情况的审计工作，计划从这 140 个待审项目中随机抽取 16 个项目，从而掌握基本情况，获取相关问题线索。本节将讲解使用“随机数发生器”方法抽取被审计项目，7.4.2 节讲解使用“抽样”方法。

选择“数据”菜单中的“数据分析”，在弹出的“数据分析”对话框中选择“随机数发生器”，单击“确定”按钮，如图 7.33 所示。

项目1	98
项目2	87
项目3	96
项目4	84
项目5	79
项目6	91
项目7	88
项目8	84
项目9	99
项目10	92

图　7.32

图　7.33

在弹出的“随机数发生器”对话框中，设置好相关参数。“变量个数”是生成的数据每行显示的个数，“随机数个数”是生成的数据的行数，两者的乘积就是需要生成的随机数量，即要抽取样本的数量；在案例中，“变量个数”和“随机数个数”分别设置为 4，表示随机抽取的样本为 4×4＝16 个。

“分布”一般选择“均匀”；“参数介于”输入 0～140，为总样本的数量范围，案例中总样本数为 140 个，因此定义的抽取范围在这其中；确定“输出选项”中的数据展示区间，完成参数的设置，如图 7.34 所示。单击“确定”按钮，其随机数据便在指定的单元格中输出，如图 7.35 所示。

图　7.34

128.8314	33.42021	108.7033	72.9545
28.20338	133.5484	28.83572	105.1527
31.2241	133.2322	60.68361	25.47319
37.01346	112.6084	1.362957	119.9615

图　7.35

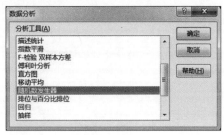

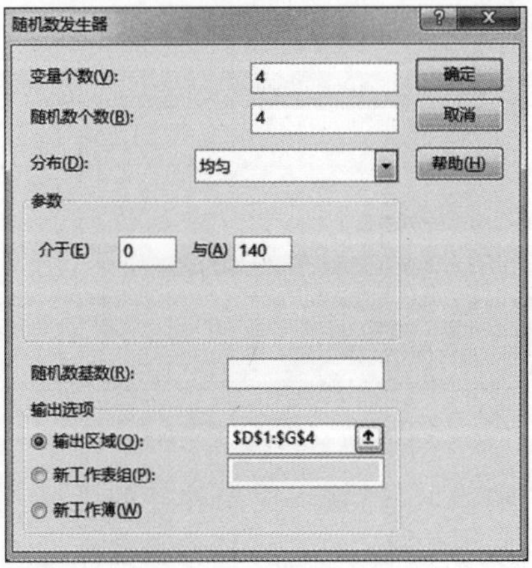

在图 7.35 中抽取的数据均带有小数点,因此需要设置数值的格式。选择数据区域,右击,在弹出的快捷菜单中选择"设置单元格格式",在"设置单元格格式"对话框中,选择"数值","小数位数"为 0,单击"确定"按钮后,符合需要的随机数就产生了,如图 7.36 和图 7.37 所示。

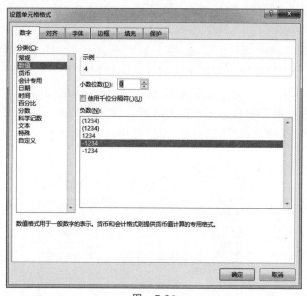

图 7.36　　　　　　　　　　　　　　　　图 7.37

这样就完成了 140 个项目中随机抽取 16 个需要被审计的项目代号。

7.4.2　通过抽样方法抽取被审计项目

抽样也是由于整体样本太大进行部分抽查而以小见大的方法。"抽样"工具只识别数值型单元格,因此提取图 7.32 招标采购项目表的序列号作为 A 列,如图 7.38 所示,用 1~140 表示样本号。

同样选择"工具"菜单中的"数据分析",在弹出的对话框中选择"抽样",然后单击"确定"按钮,如图 7.39 所示。

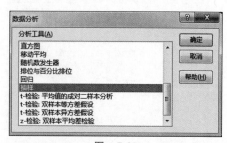

图 7.38　　　　　　　　　　　　　　　　图 7.39

在弹出的"抽样"对话框中设置相关参数。"输入区域"输入需要抽样的区域,案例中选择了 A 列数据,在该参数设置时注意不要选择表头字段名,只选择抽样的数据区间。"抽样方法"可以选择"周期"或"随机":如果选择"周期",则需要确定间隔;如果选择"随机",则需要确定样本数,案例中选择"随机",样本数为 16 个;最后设置好输出区域,即抽样数据输入的位置,至此完成所有参数的设置,如图 7.40 所示。单击"确定"按钮,就完成了 16 个随机样本的抽取,如图 7.41 所示。

图　7.40　　　　　　　　　　图　7.41

7.4.3　数据分布情况比对凸显异常

7.4.1 节和 7.4.2 节主要讲述了如何从被审计单位多个招标采购待审项目中,通过项目编号随机抽取审计项目,避免了人为操作趋利避害,影响审计效果。本节将针对这些项目中的评分数据进一步进行分析,根据整体数据的分布情况,查找出分布中的异常数据。

图 7.32 中第二列数据,是中标单位最终的专家评分。在这 140 个采购项目中,评分差异较大,要找到其中可能异常的得分,从而再进一步提取资料进行详细的审计,最终找到疑点线索。这种评分数据看起来比较随机没有任何规律,仅仅靠人工筛查无从着手。下面通过"数据分析"工具,对数据列进行一个完整的分析,从而定位偏离标准的数据,如图 7.42 所示,选择"数据分析"中的"描述统计",完善对话框中的参数设置,如图 7.43 所示。

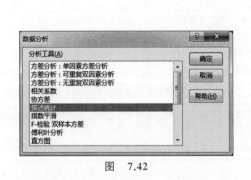

图　7.42　　　　　　　　　　图　7.43

单击"描述统计"对话框中的"确定"按钮后,即完成了对目标数据列的分析,如图 7.44 所示。通过数据分析结果得知,在该数据列中,平均数、中位数和众数基本都为 86,说明 140

个招标项目最终中标人得分都在 86 分左右。而 140 个项目中最高得分为 99 分,最低得分为 71 分,所有数据的分布一般都呈现正态分布,该列数据的标准差为 6。按照标准差的包含比例,评分在一个标准差范围内,即 80～92 分,比例应为 68.26%;两个标准差范围内,即 74～98 分比例应为 94.45%。而在两个标准差之外的,可以作为异常数据进行进一步核查。所以对原数据列进行排序,以方便快速定位到两头最极端的数据,如图 7.45 所示。

列1	
平均	85.9
标准误差	0.5013138
中位数	86
众数	86
标准差	5.9316248
方差	35.184173
峰度	0.1199713
偏度	-0.180196
区域	28
最小值	71
最大值	99
求和	12026
观测数	140

图 7.44

9	99
105	98
78	98
38	98
1	98
110	96
43	96
3	96
129	95
89	95
62	95
22	95

图 7.45

上述内容中,通过计算数据列中的基本统计数,一般也只能找到比较极端的离散数据,为了进一步找出数据中显现出来的异常现象,可以对每个数据进行分组排序。同样功能在"数据分析"中的"排位与百分比排位",设置好参数后,被分析数据列自动按照降序进行了排序,同时自动统计出其排位,并标注其原来表格中的位置"点",如图 7.46～图 7.48 所示。

图 7.46

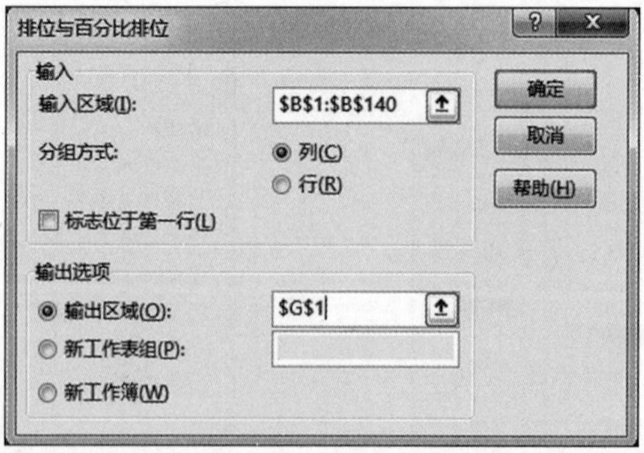

图 7.47

以上数据通过对招标项目得分进行分析,可以选择评分非常高或非常低的项目作为第一批次审计,再根据单个项目的每位专家评分、每个参与供货方的综合得分,进一步分析其

点	列1	排位	百分比
9	99	1	100.00%
1	98	2	97.10%
38	98	2	97.10%
78	98	2	97.10%
105	98	2	97.10%
3	96	6	94.90%
43	96	6	94.90%
110	96	6	94.90%
22	95	9	92.00%
62	95	9	92.00%
89	95	9	92.00%
129	95	9	92.00%
11	94	13	89.90%
51	94	13	89.90%
118	94	13	89.90%
10	92	16	82.00%

图 7.48

关联关系,从而找到招投标中的疑点线索。由于此类案例需要综合多种数据,并运用多种分析方法,在本章中就不再详细介绍。

课后练习

在审计数据收集中,某被审计单位先后提交了两次年度财务报表。现要判定两份报表中,被审计单位是否进行了数据的增、删、改,请进行判定并得出结论。

第 8 章

数据可视化分析

学习目标

本章主要学习如何制作各类图形和图表,通过图形来全方位直观展示数据分析结果。

进行数据分析时,面对一张图表和一段甚至一篇文字描述,更倾向于看哪个?绝大部分人都会选择图表。是的,一图胜千言,密密麻麻的文字远不如一张图表来得直白、清晰。在审计中,图形能简明立体展现数据对比、文字介绍、名词解释等,再添加不同颜色以区分并突出,让人一目了然,对于异常情况立马肉眼可见,可以再进行深入挖掘。

审计数据可视化图表制作,需要遵循的是专业、精准和严谨。图表的作用是辅助文字报告的表达,所以制作的图表不能花哨,要牢牢抓住重点,此外还要非常明确自己用图表表述的目的,稳稳支撑审计观点,进一步形成线索方向。

8.1 柱形图:数据对照比较的首选

数据如图 8.1 所示,需要制作图表将 3 类数据全部体现出来进行对照。

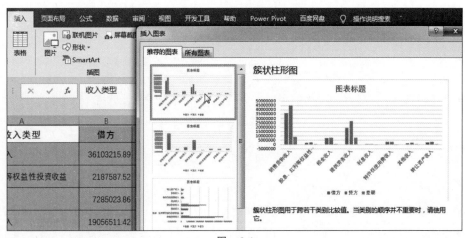

图 8.1

首先,选择数据区域,单击表格工具栏中的"插入",选择插入"簇状柱形图",系统自动生成的图表就展示出来,如图 8.2 所示。

接下来,可以根据数据展现需要进行数据列的修改和添加。可以在工具栏中"设计"下单击"选择数据",也可以在图表区右击并在弹出的快捷菜单中选择"选择数据",弹出对话框,首先在"图例项(系列)"中选择"添加",弹出"编辑数据系列"对话框,在"系列名称"中,

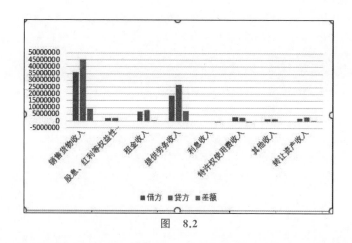

图 8.2

用鼠标选择 B2 单元格或者手动输入"借方",在"系列值"中,用鼠标选择对应的数据区域 B2:B8,确定后回到"选择数据源"对话框;接下来,对右边的"水平(分类)轴标签"进行设置,单击"水平(分类)轴标签"中的"编辑",在"轴标签"中选择对应的数据区域 A2:A8。这时就完成了第一列数据"借方"的图表数据设置。

然后,依照上面步骤依次对"贷方"和"差额"进行设置。

当图表完成后,可以再对图表本身的结构进行美化调整。用鼠标选择图表中任意区域,就可以对该区域的样式进行调整。如果需要重新定义图表中的数值分段,调整数值显示的区间,可以选择数值分段区域,然后右击,在弹出的快捷菜单中选择"设置坐标轴格式"(见图 8.3),在对话框中进行修改。

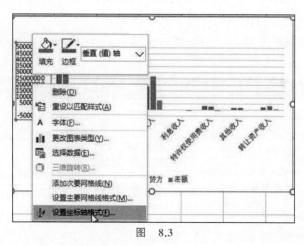

图 8.3

如果觉得现有柱形图的柱体有点细,表现不明显,而且3列中的图示相隔太远不方便比较,可以对其进行调整。选中任意一个柱体,右击,在弹出的快捷菜单中选择"设置数据系列格式",将"系列重叠"修改为3%,"分类间距"调整为80%,则不同列柱体较之前会变紧凑且变宽。

通过图8.4,可以直观地看出,借方和贷方之间的差额。按照财务报表的规定,借方和贷方是需要相等的,因此差额的原因是下一步审计的重点,要找出其原因。

柱形图对比较几个数据的差异,是非常实用的工具。但是类比的项目不能太多,如果太

实战 Excel 审计

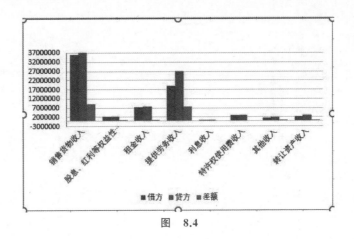

图 8.4

多柱体就会很窄,而且混乱。如果超过 4 个以上,不建议使用柱形图。

8.2 双轴柱形图:审计预决算完成度或项目进度的利刃

说到财务,一定离不开预决算;提起审计,预决算也一定脱不开。年中的进度追踪、年终或者项目结束时的决算,都是总结或结题验收必须汇报的内容。报告中有文字介绍,也可能会有表格呈现,但如果再加一个直观的图表展示,就会更加完整。在图表中,用于预决算进度表现的,一般会用双轴柱形图。双轴柱形图其实是柱形图的一类,只是在其展示格式上进行了设置。因此,其步骤等同于 8.1 节的簇状柱形图操作。

本节选用某个科研项目的预决算数据表进行操作。

第一步:选定数据单元格 B2:D10,然后按照 8.1 节中步骤插入柱形图,完成图表,如图 8.5 所示。

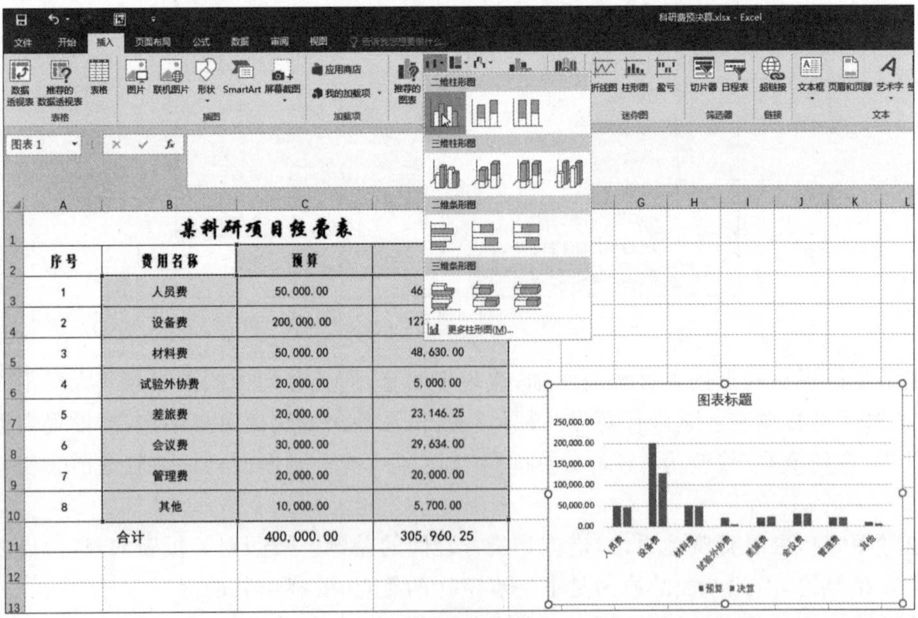

图 8.5

第二步：选中决算值系列中任一柱体，右击，在弹出的快捷菜单中选择"设置数据系列格式"，将其系列绘制位置调整为"次坐标轴"。这个步骤的作用是将决算值系列放在预算值前面显示，即将决算值放于次坐标轴，使其会显示在前面，如图 8.6 和图 8.7 所示。

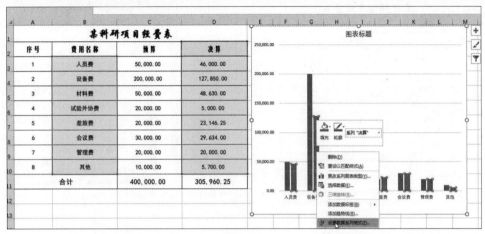

图 8.6

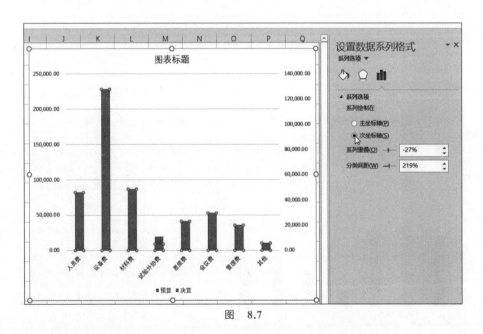

图 8.7

第三步：选中预算值系列的一个柱体，右击，在弹出的快捷菜单中选择"设置数据系列格式"，将"系列重叠"修改为 0%，使预决算柱体重合在一起，同时"分类间距"调整为 90%，让预算值系列的柱体变粗，预决算柱将会被区分开来，成为包含与被包含的状态。另外，将预算值的柱体填充颜色修改为"无填充颜色"，边框设置为一个加深的虚线框线。操作过程如图 8.8～图 8.12 所示。

第四步：选择"图表标题"，直接修改为"预决算完成度"，如图 8.13 和图 8.14 所示。

到目前为止，基本完成了预决算双轴柱形图，从图中就可以看出哪些经费全部完成，哪些经费还有结余，而哪些经费超支。

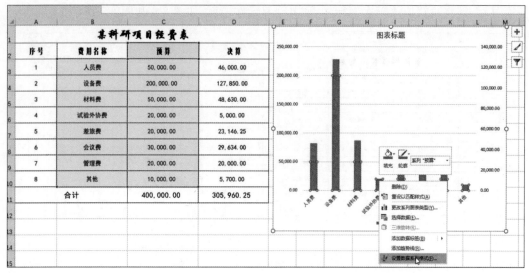

图 8.8

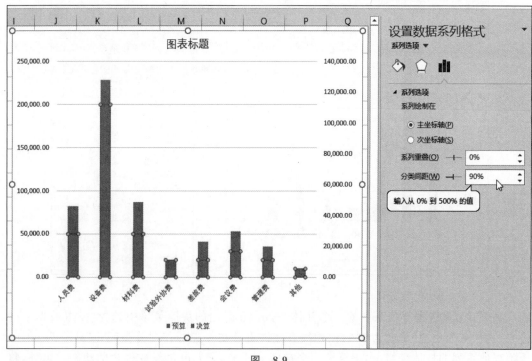

图 8.9

第 8 章 数据可视化分析

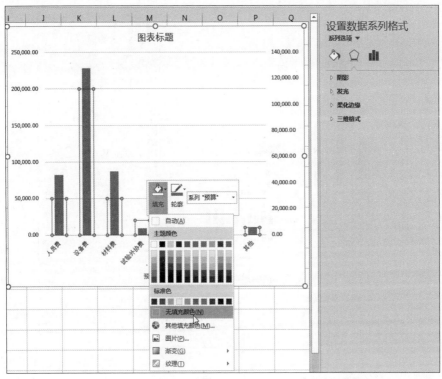

图 8.10

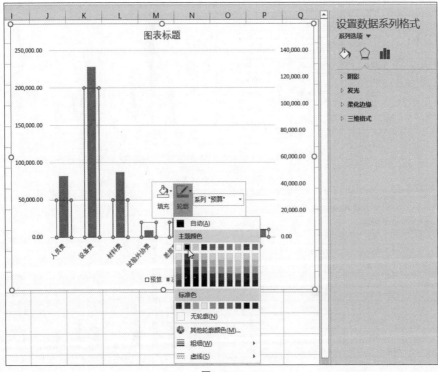

图 8.11

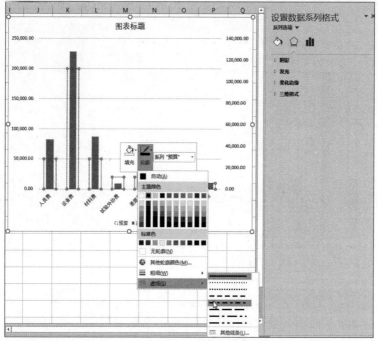

图 8.12

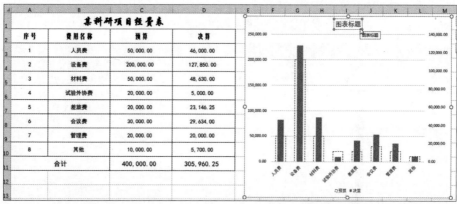

图 8.13

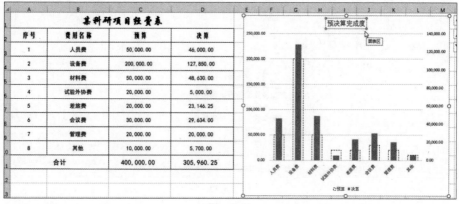

图 8.14

8.3 甘特图：直观呈现项目进度

进度管理是项目管理中的重要工作。进度管理可以直观展示项目的进展情况，并审计实际执行中是否与计划有偏离，是管控进度进展的有利工具。进度管理工具一般使用甘特图，又叫横道图，可以将项目的计划持续时间长短，以及开始时间形成一个综合的表格。

下面以某个软件开发项目为例，将该项目整个流程用甘特图来表现。该项目的进度计划安排如图 8.15 所示。

工作内容	开始时间	完成时间
市场调研	2021/2/1	2021/2/28
规划需求文档	2021/3/1	2021/4/15
启动项目招标工作	2021/4/16	2021/5/30
完成合同签署	2021/6/1	2021/6/10
完成用户需求调查确认	2021/6/15	2021/7/20
完成软件开发	2021/7/21	2021/11/15
完成软件的测试	2021/11/20	2021/12/30
完成软件的功能确认	2022/1/5	2022/3/30
完成试用版软件定型和部署准备	2022/4/24	2022/5/15
环境准备工作	2022/5/16	2022/5/31
软件部署测试	2022/6/1	2022/6/10
完成试用版软件运行环境下问题回归	2022/6/12	2022/6/20
完成第三方测评	2022/6/22	2022/7/20
完成验收工作准备	2022/7/25	2022/7/31
完成初验	2022/8/1	2022/8/10
完成终验	2022/8/15	2022/8/20
完成项目系统集成方案	2022/8/21	2022/9/30
完成项目系统对接、开发、集成、实施	2022/10/1	2022/12/31

图 8.15

在图 8.15 中只有每项任务的开始时间和完成时间，项目进度管控中需要首先计算项目的持续时间。在 E2 中输入公式"＝DATEDIF(C2,D2,"D")"，按回车键后，即计算出持续天数，向下填充得到该列数据，如图 8.16 和图 8.17 所示。

	B	C	D	E
	工作内容	开始时间	完成时间	持续天数
	市场调研	2021/2/1	2021/2/28	2,D2,"D")
	规划需求文档	2021/3/1	2021/4/15	
	启动项目招标工作	2021/4/16	2021/5/30	
	完成合同签署	2021/6/1	2021/6/10	

图 8.16

工作内容	开始时间	完成时间	持续天数
市场调研	2021/2/1	2021/2/28	27
规划需求文档	2021/3/1	2021/4/15	45
启动项目招标工作	2021/4/16	2021/5/30	44
完成合同签署	2021/6/1	2021/6/10	9
完成用户需求调查确认	2021/6/15	2021/7/20	35
完成软件开发	2021/7/21	2021/11/15	117
完成软件的测试	2021/11/20	2021/12/30	40
完成软件的功能确认	2022/1/5	2022/3/30	84
完成试用版软件定型和部署准备	2022/4/24	2022/5/15	21
环境准备工作	2022/5/16	2022/5/31	15
软件部署测试	2022/6/1	2022/6/10	9
完成试用版软件运行环境下问题回归	2022/6/12	2022/6/20	8
完成第三方测评	2022/6/22	2022/7/20	28
完成验收工作准备	2022/7/25	2022/7/31	6
完成初验	2022/8/1	2022/8/10	9
完成终验	2022/8/15	2022/8/20	5
完成项目系统集成方案	2022/8/21	2022/9/30	40
完成项目系统对接、开发、集成、实施	2022/10/1	2022/12/31	91

图 8.17

接下来开始制作甘特图。选择"工作内容"和"开始时间"两列数据,在"插入图表"中选择插入"条形图"中的"堆积条形图"。确认后生成图形的雏形,如图 8.18 和图 8.19 所示。

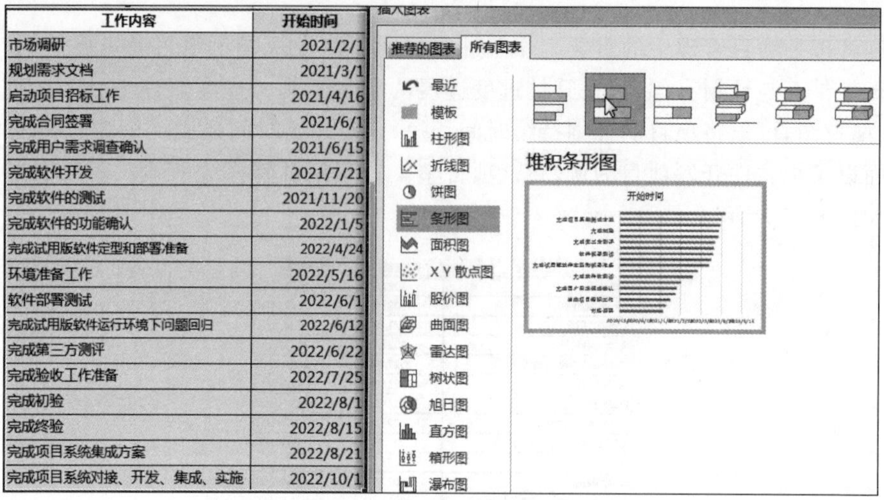

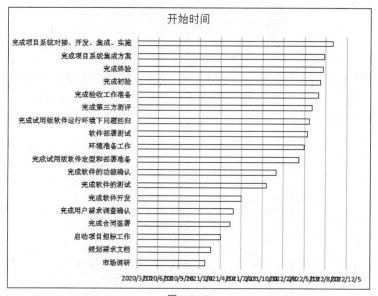

图 8.18

图 8.19

右击图形中的数据条,在弹出的快捷菜单中选择"选择数据",在打开的对话框中单击"添加",在打开的对话框中,"系列名称"选择"持续天数","系列值"选择持续天数下的数据列(见图 8.20),单击"确定"按钮,得到图 8.21。

下面对图表的格式进行设置。此时的图表数据条为两部分,左边白色部分为开始时间,右边深色部分为持续天数,现在需要将开始时间的数据条去掉。选择时间的数据条,右击,在弹出的快捷菜中选择"设置数据系列格式"。在弹出的对话框中将"填充"设置为"无填充",边框设置为"无线条"。确定后,该部分数据条就隐藏了,如图 8.22 所示。

在最下边的时间,要设置与开始时间和完成时间相接近。选择该部分数据,右击,在弹

第 8 章 数据可视化分析

图 8.20

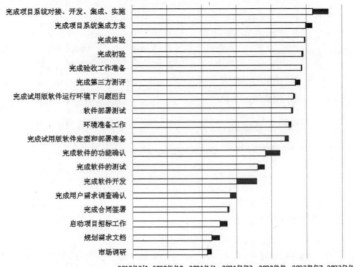

图 8.21

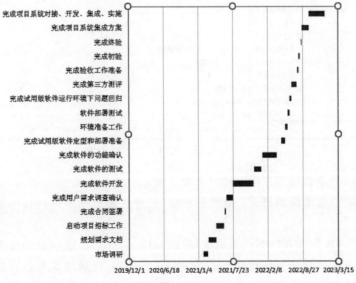

图 8.22

出的快捷菜单中选择"设置坐标轴格式",然后在弹出来的对话框中,将坐标轴最小值设置为44228.0,最大值设置为44945.0,确定后,图表的开始时间变为2021-2-1,完成时间变为2023-1-2,如图8.23和图8.24所示。

图 8.23

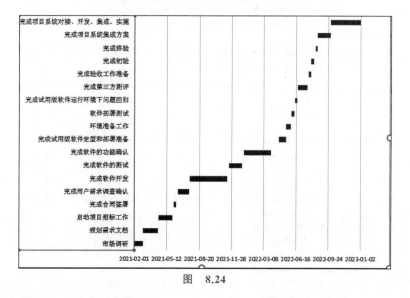

图 8.24

设置纵坐标,让项目按照先后顺序自上而下显示。选择左边的数据区,右击,在弹出的快捷菜单中选择"设置坐标轴格式",选择其中的"逆序类别",图表就会反向重排,如图8.25所示。

整个项目的进度管理甘特图已经完成,在此基础上,针对已经完成的任务,可以建立新的一列数据"实际完成时间",从而计算出对应的完成天数,再通过添加该列数据,增加一个数据条,可以对计划与执行之间的偏差进行审核,查找进度过于异常的情况。

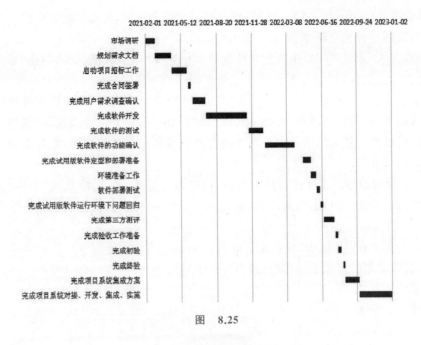

图 8.25

8.4 饼图：收支数据结构比重的分析

分析一个数据时，例如收入、费用、开支等，必定少不了对其组成进行分析，这类图表可以用饼图或环形图来展现。饼图和环形图的区别就在于整体与局部的关系，在操作上基本类似。下面选一组数据分别用饼图和复合饼图来演示。

8.4.1 饼图

某被审计单位收入汇总表如图 8.26 所示，现将该数据以饼图表现出来。

收入汇总表		
序号	项目	收入
1	产品G收入	914,180.00
2	产品F收入	1,486,526.27
3	产品E收入	2,313,874.34
4	产品D收入	3,448,494.02
5	产品C收入	9,149,865.68
6	产品B收入	10,466,553.68
7	产品A收入	15,629,391.70
合 计		43,408,885.29

图 8.26

首先,选中数据单元格 B2:C9 区域,插入饼图中二维饼图,形成饼图雏形。

然后对饼图进行美化调整。

第一步:选中饼图,右击,在弹出的快捷菜单中选择"添加数据标签"中的"添加数据标注"。标签和标注的区别在于:标注在添加数值同时添加了项目名。

第二步:单击任一图表标注,右击,在弹出的快捷菜单中选择"设置数据标签格式",在打开的对话框中,标签默认内容为"类别名称"和"百分比",标签位置会选择"最佳匹配",这样标签会根据饼图中各扇形面积大小自动确定最佳位置。完成设置后,标签会自动选择在扇形内还是扇形外。

第三步:设置标签。选择任一标签右击,可以改变标签,如选择"填充"中的"无填充颜色";选择"轮廓"中的"无轮廓";选择"字体",在对话框中设置为"红色""加粗",字号大小改为 10。

第四步:修改图表标题为"收入比重结构"。

至此,饼图基本就完成了,如图 8.27 所示。

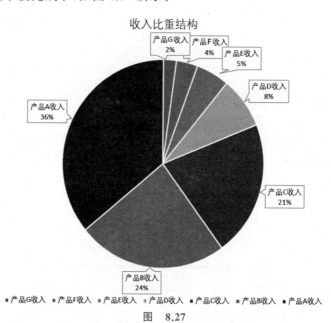

图 8.27

8.4.2 复合饼图

在使用饼图时,项目数量不能太多,太多会让饼图在视觉上很拥挤,反而使数据不清晰。针对这种情况,可以将其中某些比重很小的项目汇总在一起组成"其他"项,然后选择用复合饼图来表示。

在图 8.27 所示饼图中,"产品 E 收入""产品 F 收入""产品 G 收入"3 项所占比重很小,可以将其汇总在一起,设为"其他收入"。

第一步:插入饼图。还是选中单元格 B2:C9 区域,插入复合饼图,如图 8.28 所示。

第二步:设定第二个饼图包含的数据内容。选中第二个饼图,右击,在弹出的快捷菜单中选择"设置数据点格式",将"系列分割依据"调整为"百分比值","值小于"设置为 6%,如

收入汇总表		
序号	项目	收入
1	产品G收入	914,180.00
2	产品F收入	1,486,526.27
3	产品E收入	2,313,874.34
4	产品D收入	3,448,494.02
5	产品C收入	9,149,865.68
6	产品B收入	10,466,553.68
7	产品A收入	15,629,391.30
合 计		43,408,885.29

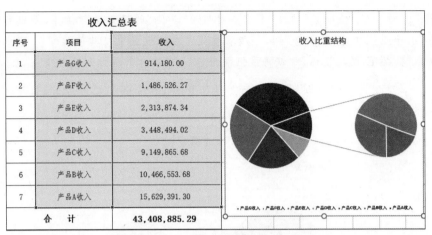

图 8.28

图 8.29 和图 8.30 所示。

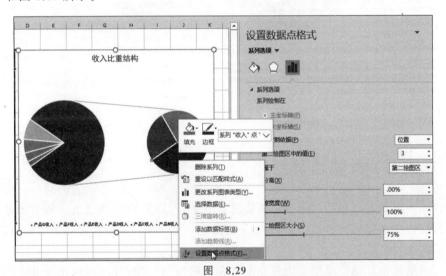

图 8.29

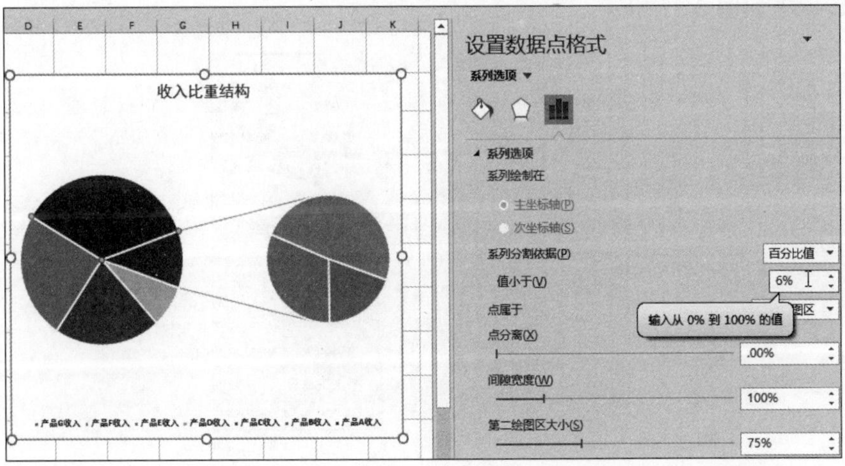

图 8.30

> **注意**：这里的"值小于"项，事先需要对归为"其他"的项目进行估算，得出其中最大占比值，小于此值即为"值小于"项，一般取整数。在此数据中，"其他收入"3项中最大所占比重为"产品E收入"5%，所以将该值设为6%，则能自动统计到这3项。

第三步：对图表添加数据标签、进行美化等调整，其步骤与饼图相同，这里不再赘述。结果如图 8.31 所示。

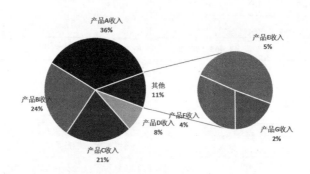

图 8.31

8.5 折线图：反映趋势变化

折线图主要是对项目的时间变化趋势进行分析，可以从时间维度上一眼看出数据波动变化。折线图的数据系列不易过多，最多不能超过 5 条折线，否则看起来会非常凌乱，影响对数据的解读。

下面以某被审计单位年度费用开支汇总表数据为例，用折线图反映每项开支的月度变化趋势，数据表如图 8.32 所示。

	差旅费	业务招待费	办公费	交通费
一月份	186325	112891.8	178297.15	32942
二月份	174275	107200.08	21069.93	34441.16
三月份	121355	10629.43	50706.76	19945
四月份	141195.09	90392.57	32642.51	38422
五月份	164565	104489.89	26281.5	36655.43
六月份	95465.09	103163.5	40197.25	24806.5
七月份	107764	15172.41	56562.1	54512
八月份	104620	72622.5	56697.31	25147.5
九月份	107795	74228.5	84099.17	25623.85
十月份	106562	206668	35080	28869
十一月份	122342	21005	25083.5	15595.58
十二月份	130000	128090	30208.45	11534

图 8.32

与其他图表类似,选中单元格 A2:F11 区域,插入折线图。这里选择带数据标记的折线图,折线图自动生成,修改图表标题,如图 8.33 和图 8.34 所示。接下来可以根据个人需求进行图表的美化设计。

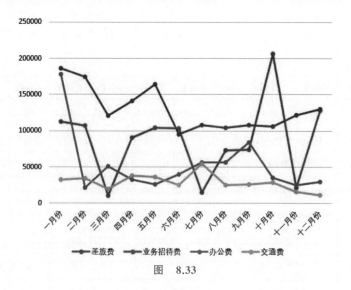

图 8.33

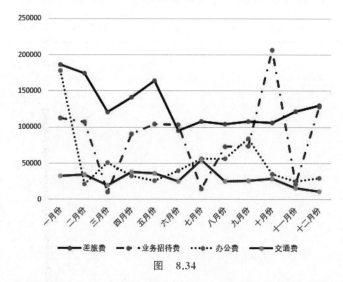

图 8.34

单击图表时,工具栏上会出现"设计"选项,现在通过了解"设计"中每个选项来进行折线图的格局设计。

第一项"添加图表元素":可以增加各类补充元素,这里选择"网格线",添加"主轴主要水平网格线"。

第二项"快速布局":对图表格局提供了多种设计选择,这里选择带数据表的布局,方便参照数据。

第三项"更改颜色":第一组为现图表中的颜色组合,也可以更改为其他颜色组合,或者选择渐变的单色。

第四项"图表样式"：提供多种设计样式，这里选择黑色背景的样式。

课后练习

图 8.35 为某单位的主要产品收入明细表，请制作一份动态图，能自由查看某个产品 1～9 月的收入变化情况。

月份	一月份	二月份	三月份	四月份	五月份	六月份	七月份	八月份	九月份
A产品收入	96325	74275	111355	112195	104565	95465	107585	104620	107795
B产品收入	289172	188069.25	412629.43	360392.57	326489.89	313163.5	299172.41	278622.5	315228.5
C产品收入	1278297.2	771069.93	1130706.8	1302642.5	1066281.5	1050197.3	1356562.1	1376697.3	1134099.2
D产品收入	432942	246441	329945.02	528422	318655	344806.5	394512	525147.5	327623
E产品收入	168849.49	105527	178723.27	163517.57	154485.08	155406.48	190605.13	186733.4	182678.85
F产品收入	202452.08	150849.86	282426.72	282113.85	268112.37	274771.58	290735.37	293832.73	268579.78
G产品收入	840402.21	566613.95	932325.91	922168.98	749780.8	674145.8	596184.2	576833.6	508470.18
H产品收入	1987476.9	1210933.6	2023607.5	2297354	1810891.6	1450821.4	1640156.8	1669843.8	1533177.7
I产品收入	53.62	1029.37	506.07	649.12	808.72	513.45	1078.83	364.42	124.52

图 8.35

第三部分

进 阶 篇

第 9 章

SQL 与 Excel 的并用

学习目标

本章主要学习如何借助 Excel 实现对 SQL 数据调用、下载和多个报表的汇总。

数据库的运用,随着各类信息系统在日常工作中的使用而更加普遍。SQL 数据的操作需要一定的编程语言基础知识,对一般工作人员而言不那么容易上手。Excel 的普及随着技术发展,也融入了对接数据库的功能,不但可以直接调用,而且可以直接打开和转换各类数据库文档。本章将以 Excel 为载体,来讲解如何使用数据库数据。

9.1 Excel 调用 SQL Server 数据库

一般的数据库都可以通过 SQL 来运行和查看,但是对于数据库的使用存在两个主要的难点:第一是需要在本地安装专门的数据库客户端软件,用起来不是很方便,毕竟不是每台计算机都会安装客户端;第二则需要了解和熟悉 SQL 查询语言,对于一般操作人员来说,具有一定的难度。遇到数据库是否可以通过其他工具查看其内容呢?这就是本节讲解的内容。

SQL Server 是目前常用的数据库,具有强大的数据存储和分析功能。本节以 SQL Server 为例,借用 Excel 连接 SQL Server,直接调用并且将其数据转换下载到数据表格中,变成方便使用的 Excel 表格。Excel 连接 SQL Server 数据库的方法主要有 4 个:通过自带的查询获取外部数据功能、添加新的连接、VBA 和第三方插件(比如 SqlCel)。本节主要讨论前两个。

9.1.1 查询获取 SQL Server 数据

为了直接调用和查询 SQL Server 数据库,在菜单栏"新建查询"→"从数据库"的工具栏下,可以看到日常大部分数据库类型,如图 9.1 所示,包括 SQL Server、Access、SQL Server Analysis Services、Oracle、IBM Db2、MySQL、PostgreSQL、Sybase 等。单击"从 SQL Server 数据库"后,界面会弹出如图 9.2 所示的数据库连接对话框,输入所要连接的数据库服务器地址,单击"确定"按钮。

在数据库对话框左侧,可以选择 Windows、数据库、Microsoft 账户 3 种方式。Windows 是默认的选项。如果要使用 Windows 凭据验证数据库连接,则选择它,一般适用于本机或者 Windows 域场景。在此使用 SQL Server 身份验证进行连接,则选择"数据库",然后输入数据库登录的用户名和密码,如图 9.3 所示。

图 9.1

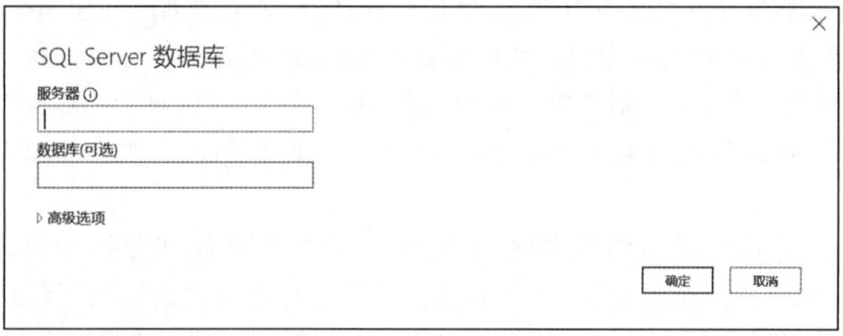

图 9.2

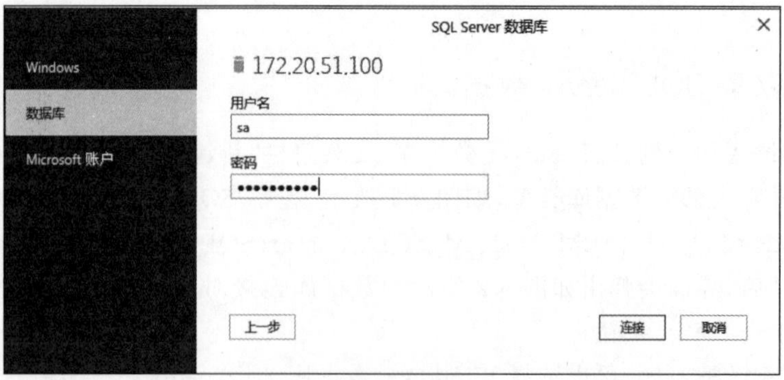

图 9.3

单击"连接"按钮进入,就可以看到数据库中的数据表清单,如图 9.4 所示。在左边选择数据库表或视图,可以打开浏览其具体数据。

第 9 章　SQL 与 Excel 的并用　157

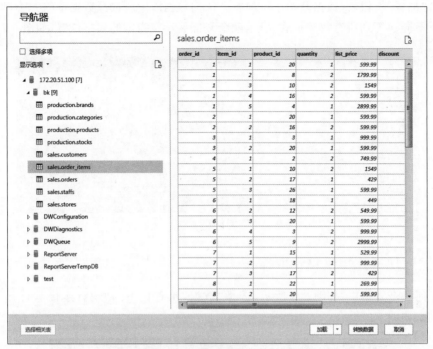

图　9.4

如果想将数据从数据库中加载至本地表格,选择"加载"或"加载到"命令,如图 9.5 所示。如果选择前者,则表格会自动选择一个空白表格进行数据的加载;如果选择后者,则会弹出设置对话框,如图 9.6 所示,提示加载的形式和保存的位置。

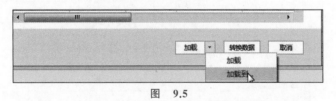

图　9.5

图　9.6

单击“加载”按钮后，数据开始进行加载。依据数据库中所选择数据量的大小，加载的时间会有所不同。等到所有数据加载完毕，就会全部展示在指定的表格位置，如图 9.7 所示。

order_id	customer_id	order_status	order_date	required_date	shipped_date	store_id	staff_id
1	259	4	2021/1/1	2021/1/3	2021/1/3	1	2
2	1212	4	2021/1/1	2021/1/4	2021/1/3	2	6
3	523	4	2021/1/2	2021/1/5	2021/1/3	2	7
4	175	4	2021/1/3	2021/1/4	2021/1/5	1	3
5	1324	4	2021/1/3	2021/1/6	2021/1/6	2	6
6	94	4	2021/1/4	2021/1/7	2021/1/5	2	6
7	324	4	2021/1/4	2021/1/7	2021/1/5	2	6
8	1204	4	2021/1/4	2021/1/5	2021/1/5	2	7
9	60	4	2021/1/5	2021/1/8	2021/1/8	1	2
10	442	4	2021/1/5	2021/1/6	2021/1/6	2	6
11	1326	4	2021/1/5	2021/1/8	2021/1/7	2	7
12	91	4	2021/1/6	2021/1/8	2021/1/9	1	2
13	873	4	2021/1/8	2021/1/11	2021/1/11	2	6
14	258	4	2021/1/9	2021/1/11	2021/1/12	1	3
15	450	4	2021/1/9	2021/1/10	2021/1/12	2	7

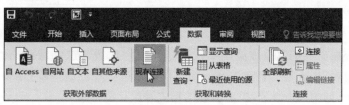

图 9.7

9.1.2 通过现有连接直接读取库表

在任何一个表格中，如图 9.8 所示，选择“数据”工具栏下的“现有连接”，打开“现有连接”对话框，如图 9.9 所示。

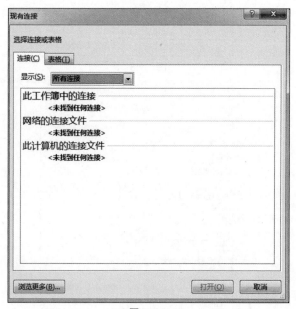

图 9.8

图 9.9

注意：计算机可能禁用与外部数据的连接，此时如果需要在打开工作簿时连接到数据，必须通过"信任中心"栏或者将工作簿放在受信任位置来启用数据连接。

在图 9.9 所示对话框顶部的"显示"下拉列表中，若要显示所有连接，可选择"所有连接"。这是默认选项，包含以下 3 种类型的连接。

（1）此工作簿中的连接：最近使用的连接的列表。从 3 种连接创建，即已经定义的连接，使用数据连接向导的"选择数据源"对话框创建的连接，或者以前在该对话框中选择的连接。

（2）网络的连接文件：网络上可访问连接文件的可用连接。从 SharePoint Server 2007 网站上的 Excel Services 数据连接库（DCL）创建。

（3）此计算机的连接文件：是计算机上可用的连接，通常创建和存储在"我的文档"中的"我的数据源"文件夹。

如果在图 9.9 中没有看到所需的连接，则可以单击对话框左下角的"浏览更多"按钮，以显示"选取数据源"对话框。找到需要打开的数据连接文件路径，选定文件后单击"打开"按钮，如图 9.10 所示。

图 9.10

在图 9.10 中，如果没有已经定义好的连接，也可以单击"新建源"按钮启动数据连接向导，从而创建连接。选中"+新 SQLServer 连接.odc"，如图 9.11 所示。

在"数据连接向导"对话框中输入必要的参数，即可完成添加新的数据源（图 9.12）。在此不再赘述。

调出"导入数据"对话框，如图 9.13 所示，默认界面上的选项是以"表"的形式保存下来。在"请选择该数据在工作簿中的显示方式"下，执行下列操作之一。

（1）表：创建表以进行简单排序和筛选。

（2）数据透视表：创建数据透视表以通过聚合及合计数据来汇总大量数据。

（3）数据透视图：创建数据透视表和数据透视图以可视化汇总数据。

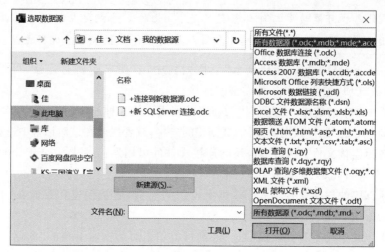

图 9.11

图 9.12

图 9.13

(4) 仅创建连接：将所选连接存储在工作簿中以便今后使用。例如，如果要连接到联机分析处理（OLAP）多维数据集数据源，而且打算通过使用"转换为公式"命令（在"选项"选项卡上的"工具"组中，单击"OLAP 工具"）将数据透视表单元格转换为工作表公式，则可以使用此选项，因为不必保存数据透视表。

> **注意**：数据类型有很多种，例如文本、Web 查询、XML 等，在导入数据时不一定都会有这些选项。

在"数据的放置位置"下，如果要将表、数据透视表或数据透视图放在现有的工作表中，则选择"现有工作表"单选按钮，然后输入要放置数据透视表的单元格区域的起始单元格位置。也可以单击文本框旁边的小按钮压缩对话框以临时隐藏对话框，在工作表上选择单元格以后，再恢复展开对话框。

若要将数据透视表放在新工作表中，并以单元格 A1 为起始位置，则选择"新建工作表"单选按钮。或者可以单击"属性"按钮，在"连接属性""外部数据区域"或"XML 映射属性"对话框中更改连接属性。

在单击"确定"按钮之后，SQL 数据就在 Excel 表格中打开了，如图 9.14 所示。Excel 通过连接外部数据源的功能，可以极大方便地查看各种类型的数据。

图 9.14

9.2 SQL 语句实现多表连接比对

多张表格的数据核对是审计的重要工作内容，第 7 章已经讲解过怎样用 Excel 工具栏、透视表等方法来进行多表的核对比较，那些方法都是自带的现成工具，只能通过其默认值进行操作。在 Excel 中，还可以通过 SQL 语句进行多张表格主要字段的查询，将不同表格的主要字段连接成一个新的表格，这样既可以去掉许多重复的数据，又只需要选择其中主要的目标数据列，从而大大简化了审核的数据量。

本节主要说明在 Excel 中如何使用 SQL 的方法，至于 SQL 语句本身的语法在此不再介绍。

9.2.1 SQL 语句合并表格

银行回盘数据是单位人员工资发放的基本数据，要核对两个月甚至多个月人员发放的工资是否波动较大、人员数量变化增减是否异常，可以通过 SQL 语句将两张表格数据合并成一张新的表格，进行直观的比较。

本节的表格为某单位的银行回盘数据表,其中包含了 2022 年 4 月和 5 月两个月的数据表,现在需要将两个月回盘的工资发放数据汇总到一张表中,即将"202205 银行回盘"中的"存款"列合并到"202204 银行回盘"数据中。

打开一张新的数据表格作为汇总数据表格,单击"数据"工具栏,打开"自其他来源"下拉菜单,选择最后一项"来自 Microsoft Query",如图 9.15 所示。

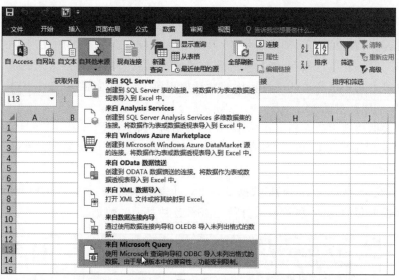

图 9.15

打开"选择数据源"对话框,如图 9.16 所示,选择 Excel Files。单击"确定"按钮后,选择要进行操作的数据表的路径,如图 9.17 所示,选定目标数据表格如图 9.18 所示。单击"确定"按钮后,打开"查询向导选择列"对话框,如图 9.19 所示。

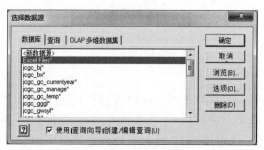

图 9.16

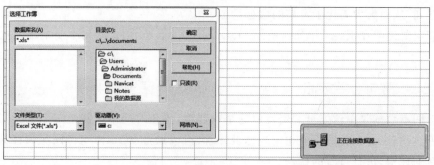

图 9.17

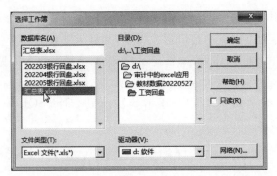

图 9.18

> **注意**：如果 Microsoft Query 工具不能选择 xlsx 文件，一般是因为数据源版本驱动太低的缘故。可以进入控制面板→管理工具→数据源（ODBC），单击"配置"，数据库版本选择 Excel 12.0 版本（Office 2007 以上）；如果找不到 12.0 以上版本，可以删除原来的数据源 Excel files，再重新添加一个。注意要选择带有 xlsx 的驱动程序。

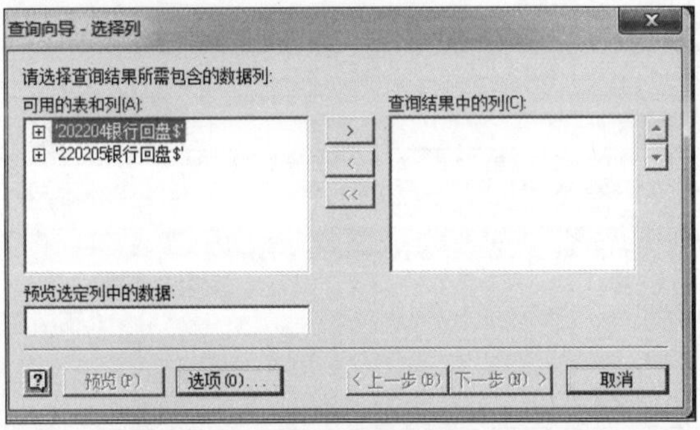

图 9.19

在图 9.19 中单击右上角的"关闭"按钮，系统会弹出一个确认对话框"是否要在 Microsoft Query 中继续编辑此查询"，单击"是"按钮后将调出 Microsoft Query 界面，同时会弹出"添加表"对话框，如图 9.20 所示。在对话框中，会出现前面所选择要合并数据的两

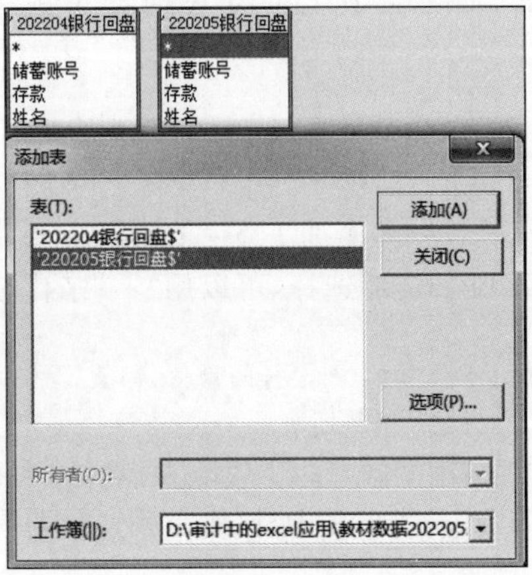

图 9.20

个数据表格"202204 银行回盘"和"202205 银行回盘",先后选择添加两个表格后,它们将会在 Microsoft Query 界面上方以小窗口形式出现,并显示其表格中所有字段。

选择文件并单击"添加"按钮后,如果提示"数据源中没有包含可见的表格",那么需要在窗口中单击"选项"按钮,勾选"系统表",再单击"添加"按钮后就可以看到表了。

在 Microsoft Query 界面工具栏中,单击 SQL 按钮,打开 SQL 编辑框,在编辑框中输入 SQL 代码,如图 9.21 所示。

```
SELECT '202204 银行回盘$'.姓名,'202204 银行回盘$'.储蓄账号,'202204 银行回盘$'.存款,
  '202205 银行回盘$'.存款
FROM '202204 银行回盘$','202205 银行回盘$'
WHERE '202204 银行回盘$'.姓名='202205 银行回盘$'.姓名 AND '202204 银行回盘$'.储蓄账号='202205 银行回盘$'.储蓄账号
```

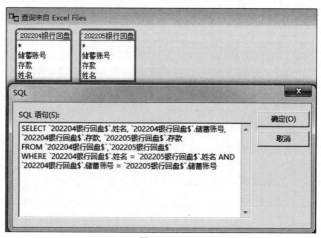

图 9.21

注意:条件 WHERE 设定了两个表格数据组合的条件,以两个表中的"姓名"和"储蓄账号"对等为条件来添加"存款"的数据。

单击"确定"按钮返回后,Microsoft Query 界面就出现了汇总后的数据,如图 9.22 所示。

注意事项如下:

(1)在编辑 SQL 语句时,表格的引用名称一定要参照 Microsoft Query 界面上表格小窗口中的名称,例如案例中表格名后面添加了 $,否则 SQL 可能无法找到表格。

(2)如果某个表格中的字段要全部选择,可以用"*"来代替,如例中可以编辑为

```
SELECT '202204 银行回盘$'.*,'202205 银行回盘$'.存款
FROM '202204 银行回盘$','202205 银行回盘$'
WHERE '202204 银行回盘$'.姓名='202205 银行回盘$'.姓名 AND
  '202204 银行回盘$'.储蓄账号='202205 银行回盘$'.储蓄账号
```

只选择其中某些字段时,才需要进行罗列。

姓名	储蓄账号	存款	存款
潘*亮	6200********0748	14891.09	15754.7
丁*辉	6200********7463	14839.89	15704.7
姜*嵩	6222********1801	8217.59	14136.7
王*庆	6222********6022	12541.59	12658.7
张*龙	6215********3423	16759.59	16876.7
刘*文	6222********9779	13814.59	13931.7
邢*英	6200********2141	14550.79	14694.7
刘*梅	6200********1549	20503.89	20710.7
王*	6222********5685	20388.99	12606.7
阿*日	6217********5930	9504.59	9621.7
陈*	6200********1077	16122.69	16289.7
李*杰	6222********9839	9187.59	14304.7
裴*伟	6222********9821	9087.59	14204.7
刘*同	6222********9813	8812.59	8929.7
刘*	6222********9847	9087.59	14204.7
张*	6200********2224	18750.69	19022.7
李*	6200********1382	11336.59	11453.7
王*兵	6200********7299	11903.59	11870.7
杜*飞	6200********7173	4111.59	13741.7
乌*	4213********5171	13118.59	13235.7

图 9.22

9.2.2 SQL 计算形成新字段

SQL 语句中还可以增加运算，形成新字段，在上例中，如果数据汇总时，希望能同时完成两个月数据的对比，在 SQL 编辑时候可以增加运算的字段并实现命名，如图 9.23 所示。

```
SELECT '202204银行回盘$'.姓名,'202204银行回盘$'.储蓄账号,'202204银行回盘$'.存款,'
202205银行回盘$'.存款,('202205银行回盘$'.存款-'202204银行回盘$'.存款)AS'差额'
FROM '202204银行回盘$' '202204银行回盘$','202205银行回盘$' '202205银行回盘$'
WHERE '202204银行回盘$'.姓名='202205银行回盘$'.姓名 AND '202204银行回盘$'.储蓄账号
='202205银行回盘$'.储蓄账号
```

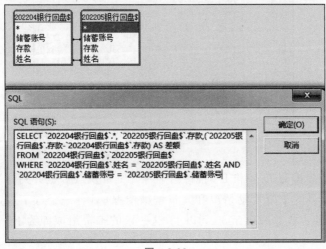

图 9.23

从代码中可以看到,如果想换字段名,用"AS 新字段名"即可。单击"确定"按钮后,表格中就增添了"差额"数据列。

完成数据汇总后,需要将表格保存下来。单击"文件"工具栏,选择"将数据返回 Microsoft Excel",选择保存的单元格,确定后汇总的数据将被保存在 Excel 表格中,如图 9.24 和图 9.25 所示。

姓名	储蓄账号	存款	存款	差额
潘*亮	6200********0748	14891.09	15754.7	863.610000000001
丁*辉	6200********7463	14839.89	15704.7	864.810000000001
姜*嵩	6222********1801	8217.59	14136.7	5919.11
王*庆	6222********6022	12541.59	12658.7	117.110000000001
张*龙	6215********3423	16759.59	16876.7	117.11
刘*文	6222********9779	13814.59	13931.7	117.110000000001
邢*英	6200********2141	14550.79	14694.7	143.91
刘*梅	6200********1549	20503.89	20710.7	206.810000000001
王*	6222********5685	20388.99	12606.7	-7782.29
阿*日	6217********5930	9504.59	9621.7	117.110000000001
陈*	6200********1077	16122.69	16289.7	167.01
李*杰	6222********9839	9187.59	14304.7	5117.11
裴*伟	6222********9821	9087.59	14204.7	5117.11
刘*同	6222********9813	8812.59	8929.7	117.110000000001
刘*	6222********9847	9087.59	14204.7	5117.11
张*	6200********2224	18750.69	19022.7	272.010000000002
李*	6200********1382	11336.59	11453.7	117.110000000001
王*兵	6200********7299	11903.59	11870.7	-32.8899999999994
杜*飞	6200********7173	4111.59	13741.7	9630.11
乌*	4213********5171	13118.59	13235.7	117.110000000001

图 9.24

姓名	储蓄账号	存款	存款2	差额
潘*亮	6200********0748	14891.09	15754.7	863.61
丁*辉	6200********7463	14839.89	15704.7	864.81
姜*嵩	6222********1801	8217.59	14136.7	5919.11
王*庆	6222********6022	12541.59	12658.7	117.11
张*龙	6215********3423	16759.59	16876.7	117.11
刘*文	6222********9779	13814.59	13931.7	117.11
邢*英	6200********2141	14550.79	14694.7	143.91
刘*梅	6200********1549	20503.89	20710.7	206.81
王*	6222********5685	20388.99	12606.7	-7782.29
阿*日	6217********5930	9504.59	9621.7	117.11
陈*	6200********1077	16122.69	16289.7	167.01
李*杰	6222********9839	9187.59	14304.7	5117.11
裴*伟	6222********9821	9087.59	14204.7	5117.11
刘*同	6222********9813	8812.59	8929.7	117.11
刘*	6222********9847	9087.59	14204.7	5117.11
张*	6200********2224	18750.69	19022.7	272.01
李*	6200********1382	11336.59	11453.7	117.11
王*兵	6200********7299	11903.59	11870.7	-32.89

图 9.25

通过合并后的数据列 D 列和 E 列,将两个月的工资发放数据并列在一张表中,可以快速审核每个人两个月的工资变动情况和人员增减情况(只有一个月工资记录)。在汇总表中,有些人两个月的工资差距达 5000 元以上,这些人的工资组成即为下一步重点审核的疑点数据。

课后练习

为了审核某单位是否有人吃空饷，现需要通过分析人员打卡出勤记录数据和银行工资回盘数据(见图 9.26)，查实吃空饷人员名单。请选择使用 SQL 表格合并功能进行操作。

月度汇总 统计日期：2022-06-01 至 2022-06-30					
报表生成时间：2022-07-04 15:50					
姓名	部门	工号	职位	出勤天数	休息天数
潘*亮	行政部	001		22	9
丁*辉	行政部	002		22	9
姜*嵩	行政部	003		22	9
王*庆	行政部	004		22	9
张*龙	行政部	005		22	9
刘*文	行政部	006		22	9
邢*英	行政部	007		22	9
王*	系统部	008		22	9

姓名	储蓄账号	存款
潘*亮	6200********0748	15754.7
丁*辉	6200********7463	15704.7
姜*嵩	6222********1801	14136.7
王*庆	6222********6022	12658.7
张*龙	6215********3423	16876.7
刘*文	6222********9779	13931.7
邢*英	6200********2141	14694.7
刘*梅	6200********1549	20710.7
王*	6222********5685	12606.7
阿*日	6217********5930	9621.7
陈*	6200********1077	16289.7
李*杰	6222********9839	14304.7
裴*伟	6222********9821	14204.7
刘*同	6222********9813	8929.7
刘*	6222********9847	14204.7
张*	6200********2224	19022.7
李*	6200********1382	11453.7

图 9.26

第 10 章

终极武器 VBA 代码

学习目标

本章主要学习什么是宏和 VBA，运用宏和 VBA 的简单代码实现数据的自动分析。

什么是宏？对于没有接触过宏的人来说很陌生。本章只是对宏做一个浅显的入门介绍。实质上，宏是一些指令集。在制作表格的过程中会用到多种功能，而如果一直重复操作的话会非常烦琐，这时可以通过宏来简化步骤，提高工作效率。因此，也可以说宏就相当于一个录像机，将操作步骤录制下来，然后在需要同样操作时直接回放即可。

宏的开发是将操作步骤录制成宏，然后再执行宏，完成后就可以批量实现一些重复操作。下面从宏的启用过程来讲解。

10.1 设置通用宏查找异常数据

图 10.1 为各产品 2020 年和 2021 年收入表，表中 F 列为同产品的增长率，现在要录制一个设置格式的宏。设置格式为如果 F 列中数值为负数，即 2021 年该产品收入呈负增长，则用红色显示。

序号	收入构成	收入构成代码	2020年收入	2021年收入	年增长率
1	产品1	B021	201557.5	236365	17.27%
2	产品2	B041	120511.1	148974	23.62%
3	产品3	C011	33832.96	37571	11.05%
4	产品4	C021	101764.01	120860	18.76%
5	产品5	D031	336000	326078	-2.95%
6	产品6	A011	4207324.17	4706630.01	11.87%
7	产品7	E021	129698.4	144816	11.66%
8	产品8	F011	1086208	1124429	3.52%
9	产品9	F021	160175.3	166069.5	3.68%
10	产品10	B011	433762.21	486975.2	12.27%
11	产品11	B031	189700	207500	9.38%
12	产品12	D041	68615.82	92306.1	34.53%
13	产品13	D071	37500	37500	0.00%
14	产品14	E031	93680	107380	14.62%
15	产品15	H011	202490.27	216201.4	6.77%
16	产品16	D021	184339.3	218055	18.29%
17	产品17	C031	478900	45000	-90.60%
18	产品18	A021	17321.12	20946.82	20.93%
19	产品19	D011	1145983.34	1240936.47	8.29%
20	产品20	E011	62824.37	70636	12.43%
21	产品21	G011	137729.7	145256.5	5.46%
22	产品22	J011	402165.27	465886.43	15.84%

图 10.1

10.1.1 录制宏

打开如图 10.2 所示对话框,宏名命名为"自动筛查销售异常数据",同时设置快捷键 Ctrl+Shift+A(也可以不设置);保存在当前工作簿中,确认后宏进入录制状态。

选择"开始"菜单下"格式"中的"条件格式",选择"突出显示单元格规则"中的"小于",进入格式设置窗口。设置值为 0,小于 0 的值即要挑选出负增长的值,把颜色设为"浅红填充色深红色文本",如图 10.3 所示。单击"确定"按钮后条件格式就设置完成,单击宏中的"停止录制"。至此,带格式的宏文件就录制完毕。

图 10.2

图 10.3

10.1.2 执行宏

选择 F 列,单击"宏"中的"查看宏",打开"宏"对话框,选择刚录制的宏"自动筛查销售异常数据",如图 10.4 所示。单击"执行"按钮,F 列中为负数的值全部被填充为红色,如图 10.5 所示。

10.1.1 节在录制宏时,已设置了执行该宏文件的快捷键,现在检验一下。增加 G 列数据"2018 年减 2019 年",并用公式将数值完成计算填充,然后按下快捷键 Ctrl+Shift+A,发现此列中凡是负数全部变为了红色。快捷键设置有效,而且更方便。但设置快捷键的时候请务必注意,确保每个宏快捷键的唯一性,不能跟其他宏文件设置重复。

图 10.4

在"录制宏"对话框中第三项"保存在"选项中,一般都默认选择"当前工作簿",这意味着录制好的宏只在该表中可执行,其他两个选项"新工作簿"意味着在新的指定的工作表中可执行,而如果保存于"个人宏工作簿",则在服务器上所有的表格都可以提取使用。遵循这样的特性,对于经常使用的操作,则可以选择保存在"个人宏工作簿"中。

从以上可以总结出,对于日常要重复操作的数据处理,非常适合通过宏来完成。

序号	收入构成	收入构成代码	2020年收入	2021年收入	年增长率
1	产品1	B021	201557.5	236365	17.27%
2	产品2	B041	120511.1	148974	23.62%
3	产品3	C011	33832.96	37571	11.05%
4	产品4	C021	101764.01	120860	18.76%
5	产品5	D031	336000	326078	-2.95%
6	产品6	A011	4207324.17	4706630.01	11.87%
7	产品7	E021	129698.4	144816	11.66%
8	产品8	F011	1086208	1124429	3.52%
9	产品9	F021	160175.3	166069.5	3.68%
10	产品10	B011	433762.21	486695.2	12.27%
11	产品11	B031	189700	207500	9.38%
12	产品12	D041	68615.82	92306.1	34.53%
13	产品13	D071	37500	37500	0.00%
14	产品14	E031	93680	107380	14.62%
15	产品15	H011	202490.27	216201.4	6.77%
16	产品16	D021	184339.3	218055	18.29%
17	产品17	C031	478900	45000	-90.60%

图 10.5

10.2 VBA 合并工作簿和工作表

前面章节中讲解过合并表格的多种方法，有函数提取、SQL 语言合并，还有外部资源的提取合并等，不同的表格内容合并可以选用不同的方式。但是如果说要快速合并多个工作簿，VBA 代码则是最方便和快速的办法。因为一次设定代码录制成宏文件后，在以后的工作表合并中就可以直接调用宏代码，而无须再进行任何步骤。

某单位 2019 年至 2021 年 3 年的账目开支明细，现在要利用 VBA 将 3 个表格合并到一个工作表中，为年度数据比较创造新的基础数据表。

在文件夹中，新建立一个工作表"三年凭证合并表格"，将 3 年的凭证报表汇总至该表中。

10.2.1 编辑 VBA 代码

打开 Excel 后，有两种方法可以打开 VBA 代码编辑器。

第一种方法是右击工作表名，在弹出的快捷菜单中选择"查看代码"，打开 VBA 代码编辑器，如图 10.6 和图 10.7 所示。

图 10.6

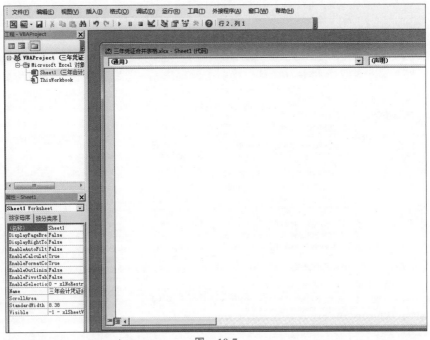

图 10.7

第二种方法为单击"文件"选择"选项",调出"选项"对话框,选择"自定义功能区",在最右边选项栏中勾选"开发工具",回到 Excel 界面,在上方的工具栏中就增加了"开发工具"选项。单击"开发工具"选择第一项 Visual Basic,同样可打开代码编辑框,如图 10.8~图 10.11 所示。

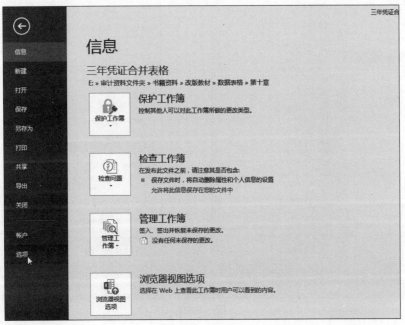

图 10.8

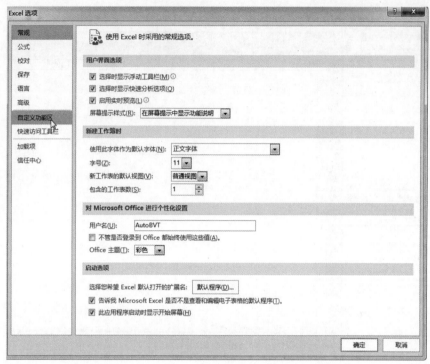

图 10.9

图 10.10

第 10 章 终极武器 VBA 代码

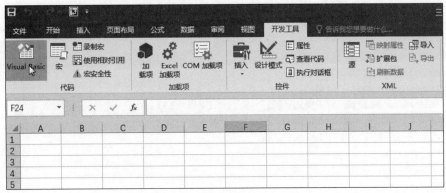

图 10.11

在编辑框中输入代码,如图 10.12 所示。

图 10.12

VBA 代码如下。

```
OptionExplicit
Submergeonexls() '合并多工作簿中指定工作表
OnErrorResumeNext
DimxAsVariant,xlAsVariant,wAsWorkbook,wshAsWorksheet
DimtAsWorkbook,tsAsWorksheet,lAsInteger,hAsLong
Application.ScreenUpdating=False
Application.DisplayAlerts=False
x=Application.GetOpenFilename(filefilter:="Excel 文件（*.xls;*.xlsx),*.xls;
*.xlsx,所有文件（*.*）,*.*",Title:="Excel 选择",MultiSelect:=True)
Sett=ThisWorkbook
```

```vba
Set ts=t.Sheets(1)  '指定合并到工作表,这里是第一张工作表
l=ts.UsedRange.SpecialCells(xlCellTypeLastCell).Column
For Each xl In x
If xl<>False Then
Set w=Workbooks.Open(xl)
Set wsh=w.Sheets(1)  '指定所需合并工作表,这里是第一张工作表
h=ts.UsedRange.SpecialCells(xlCellTypeLastCell).Row
If l=1 And h=1 And ts.Cells(1,1)="" Then
wsh.UsedRange.Copy ts.Cells(1,1)
Else
wsh.UsedRange.Copy ts.Cells(h+1,1)
End If
w.Close
End If
Next
Application.ScreenUpdating=True
Application.DisplayAlerts=True
End Sub
Sub mergeeveryonexls()  '将多个工作簿下的工作表依次对应合并到本工作簿下的工作表,即第一张工作表对应合并到第一张,第二张对应合并到第二张……
On Error Resume Next
Dim x As Variant,xl As Variant,w As Workbook,wsh As Worksheet
Dim t As Workbook,ts As Worksheet,i As Integer,l As Integer,h As Long
Application.ScreenUpdating=False
Application.DisplayAlerts=False
x=Application.GetOpenFilename(filefilter:="Excel 文件(*.xls;*.xlsx),*.xls;*.xlsx,所有文件(*.*),*.*",Title:="Excel 选择",MultiSelect:=Ture)
Set t=ThisWorkbook
For Each xl In x
If xl<>False Then
Set w=Workbooks.Open(xl)
For i=1 To w.Sheets.Count
If i>t.Sheets.Count Then t.sheeets.Add after:=t.Sheets(t.Sheets.Count)
Set ts=t.Sheets(i)
Set wsh=w.Sheets(i)
l=ts.UsedRange.SpecialCells(xlCellTypeLastCell).Column
h=ts.UsedRange.SpecialCells(xlCellTypeLastCell).Row
If l=1 And h=1 And ts.Cells(1,1)="" Then
wsh.UsedRange.Copy ts.Cells(1,1)
Else
wsh.UsedRange.Copy ts.Cells(h+1,1)
End If
Next
w.Close
End If
Next
Application.ScreenUpdating=True
Application.DisplayAlerts=True
End Sub
```

完成代码输入后，单击编辑器左上角的 Excel 图标，返回到 Excel 界面。到此完成了宏的录制。

10.2.2 启用宏

Excel 默认情况下禁止使用宏，在启用宏之前，首先要进行 Excel 宏文件设置。单击"开发工具"，选择"宏完全性"，勾选第四项"启用所有宏"，如图 10.13 和图 10.14 所示。然后单击"确定"按钮关闭对话框。

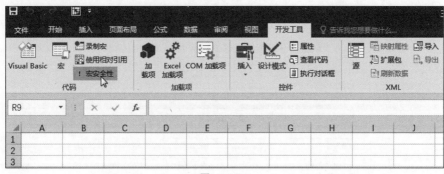

图 10.13

图 10.14

在 Excel 中，单击"开发工具"下的"宏"，选择刚写好的宏 sheet1.mergeronexls，单击"执行"，打开文件选择框，找到要合并表格的位置，选择所有表格后，单击"打开"，在汇总表格中就快速增加了表格数据内容，通过筛选框可以看到，2019 年至 2021 年的数据都已经包含在该表格中，如图 10.15～图 10.18 所示。

汇总了 3 个表格的数据后，就可以继续用前面讲解过的数据透视的方法，进一步对 3 年的会计凭证进行各类数据的类比。

图 10.15

图 10.16

年度	凭证号	分录号	日期	科目	摘要	借方	贷方
2019	1	26	2019/1/1	4A134	发放1月份工资	13658	0
2019	1	27	2019/1/1	4A11421	发放1月份工资	5440	0
2019	1	28	2019/1/1	2ZZ41	发放1月份工资扣养老保险	0	150599.2
2019	1	29	2019/1/1	2ZZ42	发放1月份工资扣医疗保险	0	56433.44
2019	1	30	2019/1/1	2ZZ43	发放1月份工资扣失业保险	0	12424.5
2019	1	31	2019/1/1	2ZZ44	发放1月份工资扣住房公积金	0	144451
2019	1	42	2019/1/1	12111	发放1月份工资	0	4465346
2019	2	55	2019/1/3	12111	门店上缴当日收入	811624	0
2019	2	57	2019/1/3	28	结算退预交金	130821	0
2019	2	58	2019/1/3	1I311	应收账款	9948.08	0
2019	2	59	2019/1/3	1I312	应收账款	123.3	0
2019	2	60	2019/1/3	1I314	应收账款	15721.56	0
2019	2	61	2019/1/3	1I317	应收账款	16629.91	0
2019	2	72	2019/1/3	28	收货物预交金	0	684387
2019	2	73	2019/1/3	4811	门店上缴当日收入	0	1090
2019	2	74	2019/1/3	4813	门店上缴当日收入	0	31661
2019	2	75	2019/1/3	4815	门店上缴当日收入	0	10043.09
2019	2	76	2019/1/3	4816	门店上缴当日收入	0	135
2019	2	77	2019/1/3	4814	门店上缴当日收入	0	5566
2019	2	78	2019/1/3	481Z1	门店上缴当日收入	0	258
2019	2	79	2019/1/3	481Z2	门店上缴当日收入	0	2985

图 10.17

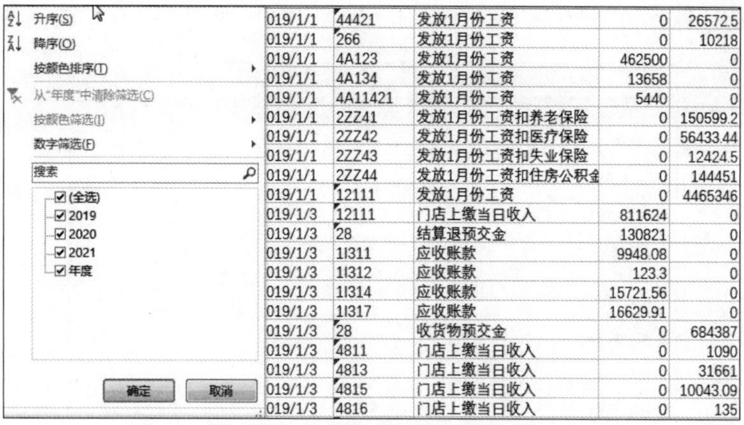

图 10.18

10.3 VBA 统计目录下的文件数量

VBA 代码还可以快速准确地统计目录下存放的文件数量。在日常的审计处理工作中，需要存放众多数据，并且需要评估采集的数据表是否齐全，与计划是否一致，所以数据表文件的统计是一项烦琐的工作，如果单靠人工处理，费时费力，还极易出错。因此可以借助 VBA 编写代码进行文件的自动统计，同时还可以保存模板，变成常规的工具，方便任何时候直接调用。

如图 10.19 所示，现组织开展对某集团及下属分公司进行审计，要求各单位提前提交指定的一系列审前数据采集表。为避免人工统计费时费力和出错，现编写 VBA 代码自动统计各单位已上报表格的数量。

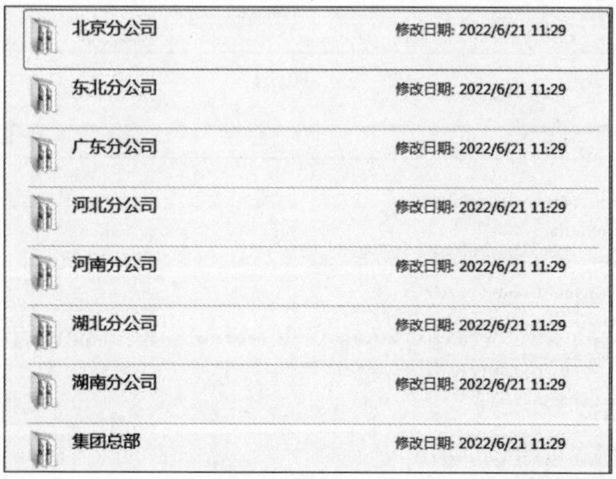

图 10.19

10.3.1 编辑 VBA 代码

首先，制作一张文件统计表格，如图 10.20 所示，将各单位名称和需要统计的标准文件名分别列出。由此可见，在下达收集数据的通知时，各单位必须按照统一标准给文件命名，以确保统计时的精确度。在统计表格中，第一行为各类表格的汇总行，该行通过事先设置好汇总公式,自动计算。

文件名	2019年财务报表	2020年财务报表	2021年财务报表	2019年公积金数据
总计	0	0	0	0
集团总部				
上海分公司				
四川分公司				
北京分公司				
东北分公司				
广东分公司				
河北分公司				
河南分公司				

图 10.20

打开 VBA 编码界面,将代码输入进去,如图 10.21 和图 10.22 所示。

图 10.21

```
Public rownum, columnnum As Integer

Sub print_path(path)
    Set fso = CreateObject("scripting.filesystemobject")
    Set mydir = fso.getfolder(path)

    For Each folder In mydir.subfolders
        'Debug.Print "folder: " + fso.getfilename(folder)
        On Error Resume Next
        rownum = Application.WorksheetFunction.Match(fso.getfilename(folder), Sheet2.Range("a1:a12"), 0)
        If Err = 0 Then
            'Debug.Print fso.getfilename(folder) + ": "; rownum
        End If
        print_path (folder)
    Next folder

    If rownum <> -1 Then
        For Each file In mydir.Files
            'Debug.Print CStr(rownum) + ": " + fso.getbasename(file)
            On Error Resume Next
            columnnum = Application.WorksheetFunction.Match(fso.getbasename(file), Sheet2.Range("a1:q1"), 0)
            If Err = 0 Then
                'Debug.Print file + ": " + CStr(rownum) + "," + CStr(columnnum)
                Sheet2.Cells(rownum, columnnum) = 1
                columnnum = -1
            End If
        Next file
        rownum = -1 '清空行号
    End If
End Sub

Sub main()
    rownum = -1
    columnnum = -1
    print_path (ThisWorkbook.path)
End Sub
```

图 10.22

VBA 完整代码如下。

```
Public rownum, columnnum As Integer
Sub print_path(path)
Set fso = CreateObject("scripting.filesystemobject")
Set mydir = fso.getfolder(path)

For Each folder In mydir.subfolders
'Debug.Print "folder:" + fso.getfilename(folder)
On Error Resume Next
rownum = Application.WorksheetFunction.Match(fso.getfilename(folder), Sheet2.Range("a1:a12"), 0)
If Err = 0 Then
'Debug.Print fso.getfilename(folder) + ":"; rownum
End If
print_path(folder)
Next folder

If rownum <> -1 Then
For Each file In mydir.Files
'Debug.Print CStr(rownum) + ":" + fso.getbasename(file)
On Error Resume Next
columnnum = Application.WorksheetFunction.Match(fso.getbasename(file), Sheet2.Range("a1:q1"), 0)
If Err = 0 Then
'Debug.Print file + ":" + CStr(rownum) + "," + CStr(columnnum)
Sheet2.Cells(rownum, columnnum) = 1
columnnum = -1
End If
Next file
rownum = -1 '清空行号
End If
End Sub

Sub main()
rownum = -1
columnnum = -1
print_path(ThisWorkbook.path)

End Sub
```

10.3.2 启用宏

回到 Excel 表格页面，单击"宏"，选择录好的代码文件名，并单击"执行"按钮，表格中的数据即被统计出来，如图 10.23 和图 10.24 所示。

可以看到统计表格中，如果存在该表则为 1，不存在则为空。这样就一目了然地统计出各个单位数据表的提交情况。

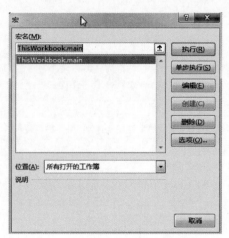

图 10.23

文件名	2019年财务报表	2020年财务报表	2021年财务报表	2019年公积金数据	2020年公积金数据
总计	10	8	10	9	10
集团总部	1	1	1	1	1
上海分公司	1		1	1	1
四川分公司	1	1	1	1	1
北京分公司	1	1	1	1	1
东北分公司	1	1	1	1	1
广东分公司	1	1	1	1	1
河北分公司	1	1	1		1
河南分公司	1	1	1	1	1

图 10.24

VBA 代码可以保存成宏模板，在所有表格中使用，无须再次编写。另外，在文件统计结果中，可以灵活改写代码，如选择不同颜色标识或提醒等，可根据自己的需要编写。

课后练习

编写一段 VBA 代码，对固定资产盘盈盘亏报告表(图 10.25)中填入的某列数据约束为数值型，即填入的数据必须为数字，否则提示无效。

	A	B	C	D	E	F	G	H	I	J	K	L	M	N	O
1	固定资产盘盈盘亏报告表														
2		单位名称:					年 月	日		第	号			财固一（ ）	
3	卡片号	固定资产编号	固定资产	计量单位	盘 盈				盘亏或毁损					理由书编号	附 注
4–5					数量	市场价	成新率	入账价值	数量	固定资产入账价值	已提折旧	已提减值	账面价值		
6															
7															
8															
9															
10															
11															
12															
13															

图 10.25

第 11 章

审计报告自动生成

学习目标

本章主要学习 Excel 与 Word 的搭配使用，批量生成统一格式文档，以及如何用 Excel 自动生成和更新分析报告。

在日常的规范文档工作中，各类报告的模板一般都是固定的。如何借助模板自动生成更新的报告，是本章的主要内容。本章将通过 Excel 和 Word 两种形式，来讲述模板报告如何自动写入数据，快速实现批量报告的生成。

11.1　自动生成财务数据分析报表

财务审计最终需要以报告形式呈现。在报表中，抓住关键性财务数据，进行跨年度的横向比较，有利于直观提取数据趋势分析，从中发现问题，并从问题溯源查找原因，为审计工作加速数据分析业务。本节将自动生成如图 11.1 所示的财务数据分析表。

	A	B	C	D	E	F	G	H	I
1	某某单位财务数据分析表								
2	2019年度								
3	通过对该单位2019年财务报表的分析，现将其各项财务指标分析如下：								
4		库存现金		万元，同比减少			万元，比减		%
5		银行存款		万元，同比增加			万元，比增		%
6	其中	基本户	万元，同比增加			万元，比增	%		
7		公务卡	万元，同比增加			万元，比增	%		
8		定期存款	万元，同比增加			万元，比增	%		
9		固定资产		万元，同比增加			万元，比增		%
10	其中	房屋及建筑物		万元，同比减少		万元，比减	%		
11		一般设备		万元，同比增加		万元，比增	%		
12		文体设备		万元，同比减少		万元，比减	%		
13		运输设备		万元，同比减少		万元，比减	%		
14		通信设备	万元，同比增加			万元，比增	%		

图　11.1

首先需要建立两张表：一张是基础数据表，另一张是分析表。基础数据表用于存放基础数据，分析表用于生成自动分析。

11.1.1 构建基础数据表

基础数据表中有两部分：一部分是原始数据区域，另一部分是数据转换区域，如图11.2所示。

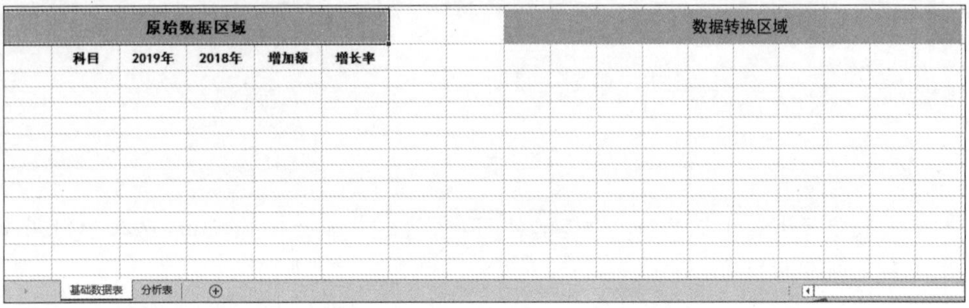

图 11.2

原始数据区域按照需要的数据内容进行填充，字段及数据包括科目、2019年、2018年、增加额、增长率。

然后从财务报表中对应汇总数据，分别导入B列"科目"、C列"2019年"和D列"2018年"3列数据，同时用简单的运算公式"C-D"得出E列数据，用E列除以D列得到F列增长率。

> **注意**：为了视觉上简练与整齐，所有数值以"万元"为单位，均保留两位小数点，用千分号隔开。

通过简单运算后，得到了基础数据表中的原始数据表，如图11.3所示。至于如何取得这些基本数据，请大家运用前面讲解过的方法解决。

	A	B	C	D	E	F
1			原始数据区域			
2		科目	2019年	2018年	增加额	增长率
3		库存现金	115.45	181.22	-65.77	-36.29%
4		银行存款	42,199.53	36,348.59	5,850.94	16.10%
5	其中	基本户	33,083.53	28,283.35	4,800.18	16.97%
6		公务卡	116.00	65.24	50.76	77.81%
7		定期存款	9,000.00	8,000.00	1,000.00	12.50%
8		固定资产	19,535.28	19,478.38	56.90	0.29%
9	其中	房屋及建筑物	6,034.03	6,034.03	0.00	0.00%
10		一般设备	1,781.77	1,767.98	13.79	0.78%
11		文体设备	85.84	85.84	0.00	0.00%
12		运输设备	334.16	334.16	0.00	0.00%
13		通信设备	7.52	3.70	3.82	103.30%

图 11.3

接下来要用原始数据表进行数据转换。数据转换区域的数据获得需要通过两种方式：一种处理方式是直接引用或输入，另一种则可以通过函数公式进行判断和转换。

先将一些固定内容填到对应位置。

（1）将 A、B 列数据复制到 H、I 列。

（2）在 K、L、O、P 列中分别填充上"万元""，同比""万元"和"，比"，因为最终形成的报告中这几个关键词都是固定的，所以可以直接输入填充。

这样完成了转换表的固定内容的填写。

接下来进行一些数值或者需要根据条件判定的数据的录入。这些数据涉及格式的问题，所以必须结合函数公式进行输入。

J 列：引用的数据就是原始数据表中的 C 列，但是要确保数据效果为保留两位小数点，所以再用函数公式 ROUND 来清理下原始数据。在 J3 单元格输入公式"=ROUND(C3,2)"（图 11.4），意思是引用 C3 数据，保留两位小数点输出；确认后将公式填充完成整列数据的计算。

科目	2019年	2018年	增加额	增长率		科目	
		原始数据区域					
库存现金	115.45	181.22	-65.77	-36.29%		库存现金	ND(C3,2)
银行存款	42,199.53	36,348.59	5,850.94	16.10%		银行存款	
基本户	33,083.53	28,283.35	4,800.18	16.97%		基本户	
公务卡	116.00	65.24	50.76	77.81%		公务卡	
定期存款	9,000.00	8,000.00	1,000.00	12.50%		定期存款	
固定资产	19,535.28	19,478.38	56.90	0.29%		固定资产	
房屋及建筑物	6,034.03	6,034.03	0.00	0.00%		房屋及建筑物	
一般设备	1,781.77	1,767.98	13.79	0.78%		一般设备	
文体设备	85.84	85.84	0.00	0.00%		文体设备	
运输设备	334.16	334.16	0.00	0.00%		运输设备	
通信设备	7.52	3.70	3.82	103.30%		通信设备	
医疗设备	11,100.51	11,061.22	39.29	0.36%		医疗设备	

图 11.4

M 列：此列中是一个判断词"增加"或者"减少"，需要根据单元 E 列中的数字为正或负来进行判定，数值为正则表示"增加"，否则就是"减少"，所以这里可以用 IF 函数来实现自动判断。

在 M3 单元格输入公式"=IF(E3＞0,"增加","减少")"，意思是如果 M3 单元格（同比增长额）数据为正数，就显示文字"增加"，负数则显示文字"减少"。确定函数返回后，发现 E3 单元格中是－65.77，是负数，所以返回值"减少"，检验是正确的。向下填充完成整列数据的判定，如图 11.5 所示。

N 列：对应引用的数据为 E 列。但由于在 M 列中已经引用了判断词"增加"或"减少"，所以在 N 列中的数据引用的就是 E 列中的绝对值，ABS 就是用来取绝对值的函数，同时需要数据保留 2 位小数点，同样用函数 ROUND 美化一下数值。在 N3 中输入公式"=ROUND(ABS(E3),2)"（图 11.6），返回值为 65.77，数据提取成功。同样将整列数据完成填充。

H	I	J	K	L	M	N	O	P
					数据转换区域			
		库存现金	115.45	万元	，同比	减少	万元	，比
		银行存款	42,199.53	万元	，同比	增加	万元	，比
其中		基本户	33,083.53	万元	，同比	增加	万元	，比
		公务卡	116.00	万元	，同比	增加	万元	，比
		定期存款	9,000.00	万元	，同比	增加	万元	，比
		固定资产	19,535.28	万元	，同比	增加	万元	，比
其中		房屋及建筑物	6,034.03	万元	，同比	减少	万元	，比
		一般设备	1,781.77	万元	，同比	增加	万元	，比
		文体设备	85.84	万元	，同比	减少	万元	，比
		运输设备	334.16	万元	，同比	减少	万元	，比
		通信设备	7.52	万元	，同比	增加	万元	，比

图 11.5

`=ROUND(ABS(E3),2)`

C	D	E	F	M	N	O	P
原始数据区域					数据转换区域		
2019年	2018年	增加额	增长率				
115.45	181.22	-65.77	-36.29%	减少	S(E3),2)	万元	，比
42,199.53	36,348.59	5,850.94	16.10%	增加		万元	，比
33,083.53	28,283.35	4,800.18	16.97%	增加		万元	，比
116.00	65.24	50.76	77.81%	增加		万元	，比
9,000.00	8,000.00	1,000.00	12.50%	增加		万元	，比
19,535.28	19,478.38	56.90	0.29%	增加		万元	，比
6,034.03	6,034.03	0.00	0.00%	减少		万元	，比
1,781.77	1,767.98	13.79	0.78%	增加		万元	，比
85.84	85.84	0.00	0.00%	减少		万元	，比
334.16	334.16	0.00	0.00%	减少		万元	，比
7.52	3.70	3.82	103.30%	增加		万元	，比
11,100.51	11,061.22	39.29	0.36%	增加		万元	，比
0.14	0.14	0.00	0.00%	减少		万元	，比

图 11.6

Q 列：该列中是对 F 列数据为正或者为负的判定，其操作同 M 列，输入公式"=IF(F3>0,"增","减")"（图 11.7）。

注意：P 列中的连接词是"，比"，与 Q 列组合成反映百分比增减幅度的词组为"比增"或"比减"，所以 IF 函数结论就只需要是"增"或"减"。

R 列：反映的是增减百分数，对应的数据是原始数据列中 F 列。这里不能直接用复制或者 ROUND 函数引用 F 列数据，为什么？大家可以先思考，原因最后再解释。这里需要先将 F 列数据乘以 100 后提取出来，同样取绝对值并保留 4 位小数。注意，在 ROUND 公

第 11 章 审计报告自动生成

=IF(F3>0,"增","减")								
C	D	E	F	M	N	O	P	Q R
原始数据区域				数据转换区域				
2019年	2018年	增加额	增长率					
115.45	181.22	-65.77	-36.29%	减少	65.77	万元	，	比 "减")
42,199.53	36,348.59	5,850.94	16.10%	增加	5850.94	万元	，	比
33,083.53	28,283.35	4,800.18	16.97%	增加	4800.18	万元	，	比
116.00	65.24	50.76	77.81%	增加	50.76	万元	，	比
9,000.00	8,000.00	1,000.00	12.50%	增加	1000.00	万元	，	比
19,535.28	19,478.38	56.90	0.29%	增加	56.90	万元	，	比
6,034.03	6,034.03	0.00	0.00%	减少	0.00	万元	，	比
1,781.77	1,767.98	13.79	0.78%	增加	13.79	万元	，	比
85.84	85.84	0.00	0.00%	减少	0.00	万元	，	比
334.16	334.16	0.00	0.00%	减少	0.00	万元	，	比
7.52	3.70	3.82	103.30%	增加	3.82	万元	，	比
11,100.51	11,061.22	39.29	0.36%	增加	39.29	万元	，	比
0.14	0.14	0.00	0.00%	减少	0.00	万元	，	比
35.08	35.08	0.00	0.00%	减少	0.00	万元	，	比

图 11.7

式中，需要保留 4 位小数点，这是因为百分比数显示出两位小数点，其实是小数点后 4 位数了。在 R3 中输入公式"＝ROUND(ABS(F3),4)＊100"，返回值为 36.29，是 F3 的绝对值，同时去掉了百分符号。

因为在 R 列中仅将数字提取出来，缺少了百分号，所以在 S 列中，将百分号作为固定数据填充到整列中。

至此，完成了转换表中所有内容的填写。

11.1.2 构思分析表的结构及词语顺序

如图 11.8 所示，设计分析报告标题为"某某单位财务数据分析表"，然后在其下面画上边框横线，用于区分标题与正文。下面增加上审计日期。因为是报告，所以最好在打印之后表现出来的是 Word 的效果，这里将网格线取消，如图 11.8 所示，正文内容有些文字是固定的，可以先将其补充好，在报告中开头的总结性语句先设计好，另外在基础数据表中某些科目有分项经费的展列，则使用"其中"来提启，所以将转换原始数据表中的 A 列数据，从分析表 A4 开始往下复制。

这样分析表的雏形已经完成。

11.1.3 创建文字自动分析

如图 11.9 所示，在分析表 B4 单元格内插入 CONCATENATE 函数，调出 CONCATENATE 函数参数对话框，在 Text1 中插入"基础数据表"中数据转换区域中的 I1 单元格，然后按照单元格顺序，将 I3～S3 单元格中的数据一个个依次输入 Text2、Text3……，完成所有参数的设定，如图 11.10 和图 11.11 所示。

图　11.8

图　11.9

函数设置好后,单击"确定"按钮返回,在分析表中可以看到所有文字形成了一个完整的句子,可以对其先进行一个基本格式的设定,如图 11.12 所示。

最后将 B4 单元格中的公式向下填充,就形成了如图 11.13 所示的自动分析展示表。

11.1.4　报表格式美化

报表内容已基本完成,最后一步是对报表界面进行格式的美化,如对于数据中的文字有重点地进行字体、字号的设定,突出重点等。

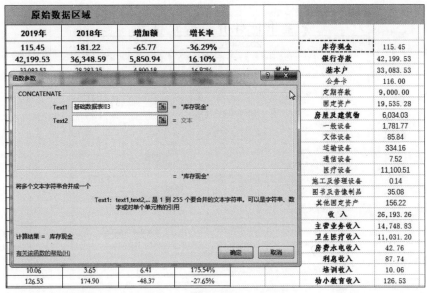

图 11.10

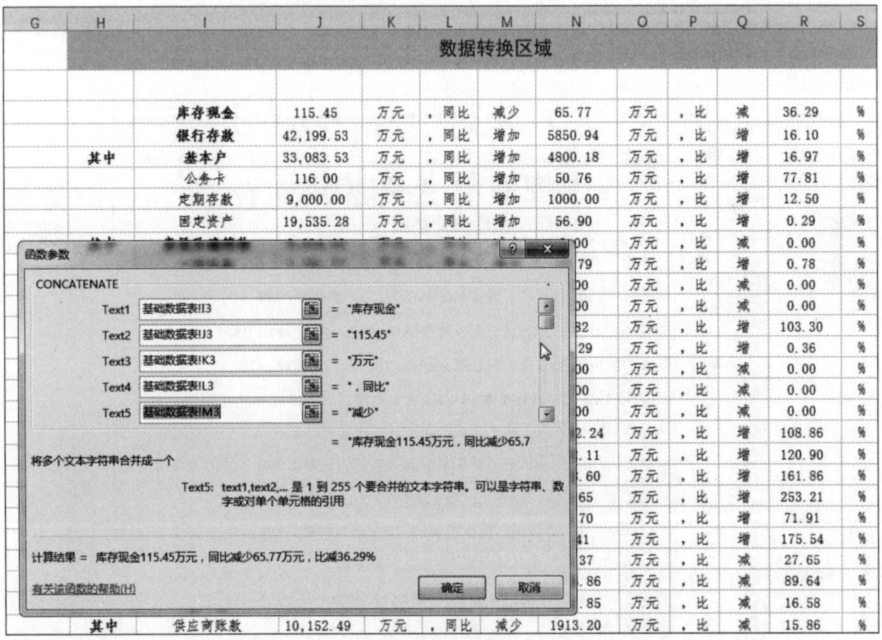

图 11.11

最后为了让报告界面有文档的特点,需要将表格中的网格线全部取消,如图 11.14 所示,整个报表就是一个文档界面。

通过以上分析表可以看到,固定资产中,通信设备增长了一倍多,基于此可以进行实物与费用的对比,再顺藤摸瓜查阅相关的采购文档等,找到其增长的合理合规性。

有人会说,这种报告,操作起来也挺麻烦的。如果只是对一个单位出此份报告,确实省不了什么时间,但是这份数据表格及分析表格的设定,可以针对不同单位、不同时间段,只要

图 11.12

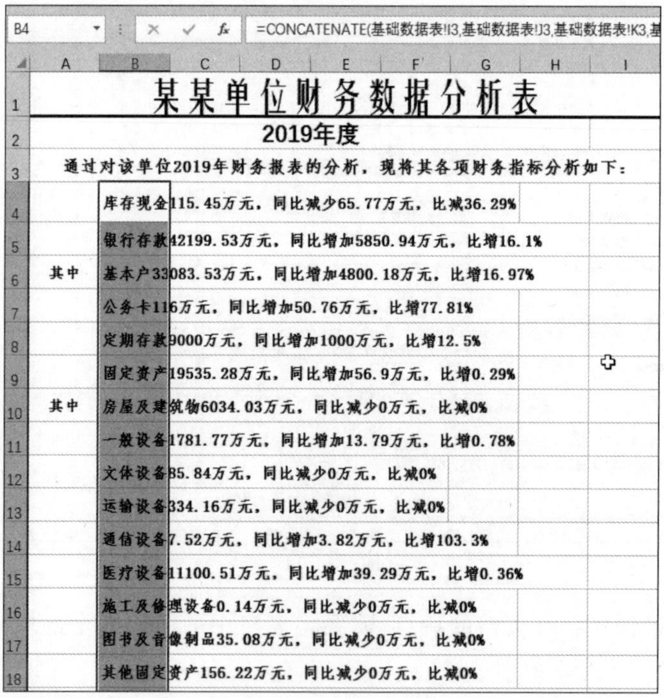

图 11.13

替换基础数据中的数据,不管多少个报告都可以自动更新,这样就比较节省时间。所以这种分析报告的模型就是针对审计人员常规工作中的业务活动,保存好一份模板,同样的工作就只用自动更新数据了。

```
  1 |        某某单位财务数据分析表
  2 |                2019年度
  3 |   通过对该单位2019年财务报表的分析,现将其各项财务指标分析如下:
  4 |   库存现金115.45万元,同比减少65.77万元,比减36.29%
  5 |   银行存款42199.53万元,同比增加5850.94万元,比增16.1%
  6 | 其中  基本户33083.53万元,同比增加4800.18万元,比增16.97%
  7 |       公务卡116万元,同比增加50.76万元,比增77.81%
  8 |       定期存款9000万元,同比增加1000万元,比增12.5%
  9 |   固定资产19535.28万元,同比增加56.9万元,比增0.29%
 10 | 其中  房屋及建筑物6034.03万元,同比减少0万元,比减0%
 11 |       一般设备1781.77万元,同比增加13.79万元,比增0.78%
 12 |       文体设备85.84万元,同比减少0万元,比减0%
 13 |       运输设备334.16万元,同比减少0万元,比减0%
 14 |       通信设备7.52万元,同比增加3.82万元,比增103.3%
 15 |       医疗设备11100.51万元,同比增加39.29万元,比增0.36%
```

图 11.14

如果最后需要通过 Word 呈报给相关部门,可以直接分析表中的内容,粘贴到 Word 中,选择"选择性粘贴"中的"只保留文本"或者"图片"。如果保留成图片,原本的格式不会变化,可以直接打印,但是不能进行数据的修改;如果保留成文本形式,格式可能需要重新调整,但是可以再做内容的修改。可以根据个人需要,任意选择。

在前面演示过程中,留下了几个思考问题。

问题 1:原始表中的数值都是保留了 2 位小数,在转换区域为什么还要用 ROUND 函数进行一次设定?

这是因为在原始数据表中,虽然数值显示的都是 2 位小数,但那可能只是用单元格设定的,其实质还是原始数值。随意单击一个单元格 C3,在公式编辑栏中可以看到其实际的数值 115.453136,如图 11.15 所示。如果直接引用该数值,最后用 CONCATENATE 函数提取时就会将原始数值展现出来,造成格式上的混乱。这就是为什么需要用 ROUND 函数的原因。

			原始数据区域			
		科目	2019年	2018年	增加额	增长率
1		库存现金	115.45	181.22	-65.77	-36.29%
2		银行存款	42,199.53	36,348.59	5,850.94	16.10%
3	其中	基本户	33,083.53	28,283.35	4,800.18	16.97%
4		公务卡	116.00	65.24	50.76	77.81%
5		定期存款	9,000.00	8,000.00	1,000.00	12.50%
6		固定资产	19,535.28	19,478.38	56.90	0.29%
7	其中	房屋及建筑物	6,034.03	6,034.03	0.00	0.00%
8		一般设备	1,781.77	1,767.98	13.79	0.78%
9		文体设备	85.84	85.84	0.00	0.00%
10		运输设备	334.16	334.16	0.00	0.00%
11		通信设备	7.52	3.70	3.82	103.30%
12		医疗设备	11,100.51	11,061.22	39.29	0.36%
13		施工及修理设备	0.14	0.14	0.00	0.00%
14		图书及音像制品	35.08	35.08	0.00	0.00%
15		其他固定资产	156.22	156.22	0.00	0.00%
16		收 入	26,193.26	12,541.02	13,652.24	108.86%

图 11.15

问题 2：转换区域数据中对于增减百分比的数据为什么不能直接引用？

其实原因同上，所有通过格式设定的数据，只是在表面进行了美化，就像是采用了一种"障眼法"，其实际内涵还是没有变。一般用百分比显示数值时，也是通过设定单元格格式中的"百分比"，所以并没有真正改变其性质，当用函数提取该数值时，往往提取的是一个小数点数据，即 0.xxxx。同时由于报告中要体现的就是百分比，所以会在 S 列中增加一个参数设定。

以上两个问题，其实是对平时用单元格"设定格式"这一工具使用时的一点经验总结，如果没有注意到这些问题，势必会对其他函数的使用造成困扰。大家可以亲自测试下不用 ROUND 函数带来的后果。

11.2 利用 Word 模板自动生成审计通知书

Office 中很多办公软件是可以互相配合使用的，本节就借助 Word 的邮件合并工具进行审计工作通知书的快速批量制作。

11.2.1 准备通知书模板和信息

首先需要设计通知书模板，除了变动的信息外，其他信息都事先填写完整，如图 11.16 所示，这里要下发的是一份进行审计工作安排的通知书。要通知的单位很多，开始时间、安排审计时间长度、审计内容等都不一样，同时审计部门接头负责的联系人也不相同，所以这些内容在模板中可以空出。

关于开展集团下属子公司审计工作通知书

················（子公司名）：

根据集团要求，地方审计署工作安排，将于··········开始对公司··············项目进行为期··········的现场审计，请根据《数据提交清单》将审计数据与资料，按时间节点准备。如有任何问题，请与集团联络人··········沟通，联系电话··············。

··························审计工作委员会

··························二〇二二年五月二十五日

图 11.16

同时将需要变动的信息收集在一张表格中，该表格必须有标题栏，如图 11.17 所示。

11.2.2 链接 Word 文档与表格文件

首先单击 Word 中"邮件"，单击"开始邮件合并"，选择其下拉菜单中的"邮件合并分步

被审公司	审计内容	审计时长	开始时间	联系人	联系电话
集团A子公司	科研项目	3个月	2020-04-10	李XX	13302739120
集团B子公司	科研项目	2个月	2020-04-01	李XX	13302739120
集团C子公司	行政开支费用	2个月	2020-05-05	李XX	13302739120
集团D子公司	科研经费	2.5个月	2020-05-10	李XX	13302739120
集团E子公司	重点项目	3个月	2020-04-20	李XX	13302739120
集团F子公司	科研经费	2个月	2020-04-01	王二	15833002124
集团G子公司	建设经费	3个月	2020-04-10	王二	15833002124
集团H子公司	重点投资项目	3个月	2020-04-20	王二	15833002124
集团I子公司	重点建设项目	4个月	2020-05-01	王二	15833002124

图 11.17

向导"。在 Word 界面的右边就会出现一个向导界面。

根据向导的提示一步步往下进行,这里需要选择的文档形式是"信函",单击"下一步",选择"使用当前文档"单选按钮;再下一步"选择收件人"中选择"使用现有列表"单选按钮;下一步打开"撰写信函"步骤,如图 11.18~图 11.22 所示。

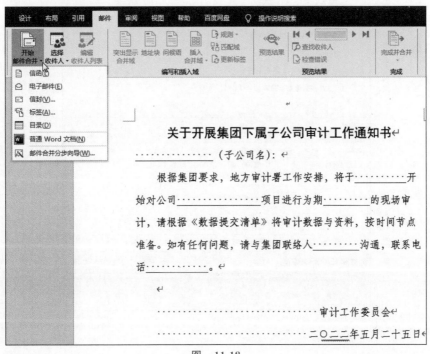

图 11.18

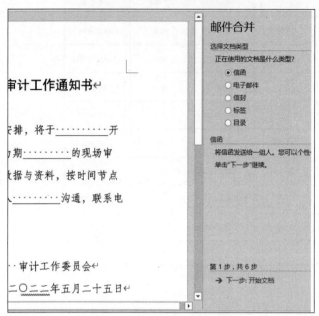

图 11.19

图 11.20

图 11.21

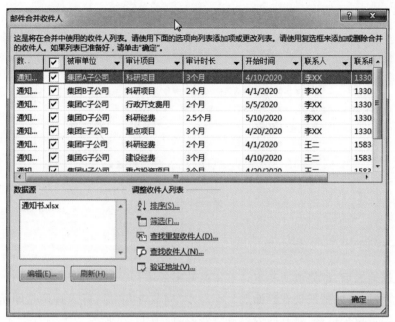

图 11.22

11.2.3 Word 文档中插入通知书信息

首先将光标定位到模板中单位名处,单击"其他项目",对话框中出现表格中的标题,选择"被审单位"后,单击"插入",关闭该对话框。依次用光标选取和插入审计项目、开始时间、审计时长等其他需要补充的信息,如图 11.23 和图 11.24 所示。

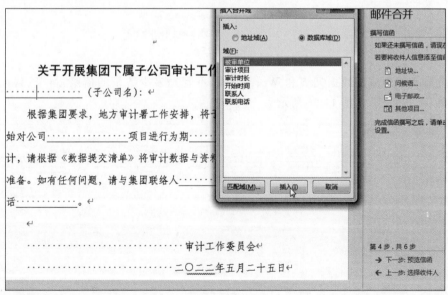

图 11.23

关于开展集团下属子公司审计工作通知书
«被审公司»（子公司名）：

根据集团要求，地方审计署工作安排，将于«开始时间»开始对公司«审计内容»项目进行为期«审计时长»的现场审计，请根据《数据提交清单》将审计数据与资料，按时间节点准备。如有任何问题，请与集团联络人«联系人»沟通，联系电话«联系电话»。

································审计工作委员会
································二〇二二年五月二十五日

图 11.24

11.2.4 生成审计工作通知书

完成数据插入后，即完成所有审计工作通知书的填写。下一步为"预览信函"，可以通过单击收件人，将所有通知展现在界面上。下一步"完成合并"后，可以直接打印所有通知书，也可以选择编辑单个信函，对有些内容进行修改，如图 11.25 所示。

关于开展集团下属子公司审计工作通知书
集团A子公司（子公司名）：

根据集团要求，地方审计署工作安排，将于 4/10/2020 开始对公司科研项目项目进行为期 3 个月 的现场审计，请根据《数据提交清单》将审计数据与资料，按时间节点准备。如有任何问题，请与集团联络人李XX沟通，联系电话13302739120。

································审计工作委员会
································二〇二二年五月二十五日

图 11.25

只要准备好现成的数据列表和 Word 模板，不管是多少数量的信函、目录、封面、标签等，都可以一步完成，如图 11.26 所示。

图 11.26

课后练习

　　某大型仪器设备在启动使用时将会消耗较多的耗材,并且需要不定期返厂进行保养维护,费用都很高。下面是保养维护日志表,以及设备启停动态表的字段。设备在返厂保养维护期间,不应该有启停动态;如果有启停动态,则存在虚假保养维护可能性。两者时间段不能有所重叠。请根据这个场景设计一个审计模型,并自动生成审计报告。

保养维护日志表的字段:维护 ID、返厂时间、修回时间、维护费用、经手人
设备启停动态表的字段:启停 ID、启动时间、休眠时间、耗材单价、耗材总量

第 12 章

技术综合运用

学习目标

本章主要综合运用各种工具和方法到相关的审计案例中。

数据分析选用哪种工具并非唯一。在审计任务中,为了实现数据分析的目的,达到既定的目标,往往可以选用多种工具。而如何选择,在于个人对工具的熟悉度和操作简单程度。在数据分析中,要避免一蹴而就、一个工具即可实现的思维逻辑,有时候采用多个工具分步进行,可能更快实现结果。

12.1 文档多人共享与协作

随着信息化技术的普及,实现文档的多人实时共享与协作编辑,达到同一表格数据的实时更新和保存,是近年来普遍受到用户欢迎的功能。特别是对于远程办公人员,在线协作填报和分析表格数据需求非常迫切。目前市面上已有不少的产品和服务,如 Excel Online 在线服务、WPS 协作共享、腾讯文档等,这些都需要通过互联网使用。而对于审计工作,其数据具有保密性,需要在限定的局域网络中使用,一般可采用设定共享文件夹来实现文档的共享和协作。

12.1.1 共享文件夹

在局域网中进行文件夹共享设置是实现文档共享的第一步,如图 12.1 所示的文件夹中,其中"××单位审计资料"文件夹需要在工作组局域网中共享,以方便组内人员可以直接访问和查阅、填写表格。

图 12.1

选中该文件夹,右击,在弹出的快捷菜单中选择"属性",打开"属性"对话框,然后单击第二个选项卡"共享",如图 12.2 所示。

单击图 12.2(b)中的"共享"按钮,弹出"文件共享"对话框,如图 12.3 所示,下一步需要在该对话框中设置可以访问文件夹的用户。单击下拉菜单,可以看到本机设定的账户信息,选择其中任何一个,单击"添加"按钮即可完成人员的设置,如图 12.4 和图 12.5 所示。完成所有用户的设置后,单击用户后面的"权限级别",为其设定访问的权限,"读取"或者"读取/写入"。在此为简单起见,项目组成员全部设定为"读取/写入"。

(a)

(b)

图 12.2

图 12.3

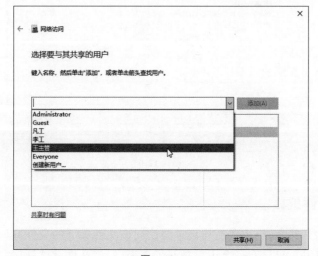

图 12.4

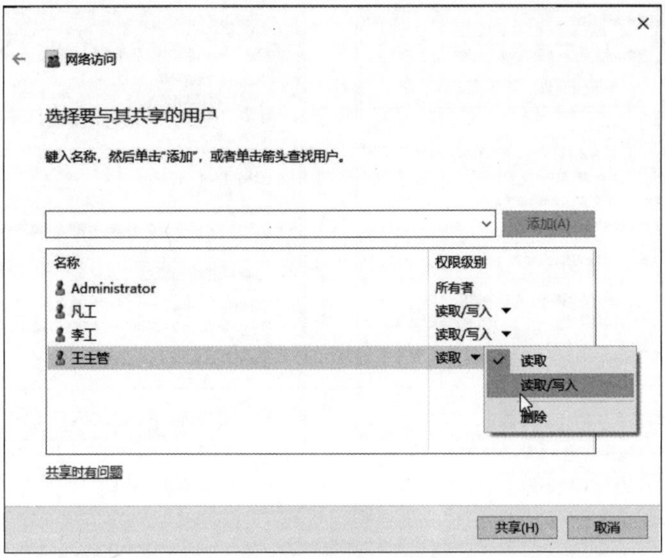

图 12.5

值得注意的是,这里所有的用户账户都设置在本机的账户,方便其他组内成员通过固定的账户和密码登录和访问共享文件夹。用户账户和密码的设置可在计算机管理中完成。

在完成设置可访问用户和权限后,单击"共享"按钮,即可得到文件夹共享的路径,通过复制该路径给指定用户,并通过对应的用户和密码登录,即可远程访问该文件夹,如图 12.6 所示。

图 12.6

12.1.2 多人协作编辑

通过设置文件夹共享,组内成员均可登录访问该文件夹下的文件,但其缺点是每次只有一个用户能进行编辑。只要有一个用户打开了该表格,该文件就被锁住,其他用户就只能读而不能编辑。如图 12.1 共享文件夹"××单位审计资料"中包括一个"审计数据采集完成情况"表格,如图 12.7(a)所示。当组内成员"李工"打开了该表格,其他人再打开时就会被警告,阻止同时修改,如图 12.7(b)所示。

(a)   (b)

图　12.7

为了实现多人可同时编辑,可以通过"共享工作簿"的工具来进行设置,如图 12.8 所示,在需要设置共享的表格中,单击"审阅"工具栏中的"共享工作簿"。如果在 Excel 工具栏中没有该工具,则可到 Excel"自定义功能区"去添加。

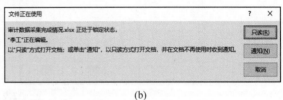

图　12.8

在弹出的"共享工作簿"对话框中,勾选如图 12.9 中所示的复选框,单击"确定"按钮后,会弹出一个二次提醒的对话框,再次单击"确定"按钮即可,这样就完成了当前工作簿的共享设置。

当组内成员同时进行文档编辑时,单击"保存"就会弹出工作表被其他用户进行了更新的提示框,单击"确定"按钮后,表格中就会展现所有输入的数据,如图 12.10 所示。

在每个单元格的左上角会有一个小的倒三角,鼠标靠近时,就自动打开一个批注,上面记录了谁,什么时候,进行了怎样的内容修改等信息,如图 12.11 所示。

工作表可以实现多人同时编辑共享,但出现了一个问题。由于此类工作表分享的方式,并不能随时可见用户的编辑状态,如果两个用户同时编辑同一个单元格,就会出现冲突,从而导致其中一个用户录入的数据无法保存,如图 12.12 所示。为了避免这种情况的存在,需要在表格中实现设定权限,则可解决该冲突。

图 12.9

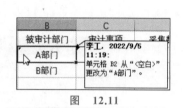

图 12.10　　　　　　　　　　　图 12.11

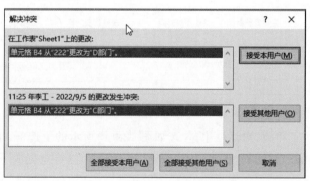

图 12.12

在共享表格中，在"负责人"一列中，首先定义好组内人员每人可编辑的区域，如图12.13所示。然后单击"审阅"下的"允许编辑区域"，打开设定对话框，如图12.14和图12.15所示。

单击"新建"按钮，打开"新区域"对话框，分别定义好"标题""引用单元格""区域密码"，在此将"B2：H6"区域设置为李工的可编辑区。单击"权限"按钮，将"李工"添加到用户中，然后确认返回，如图12.16～图12.19所示。此处设置的密码是针对每个远程访问用户的。因此，密码设置一定是一人一个，通过输入密码验证后可对指定区域进行编辑。因此，需要将对应的密码通知到对应的组员。

A	B	C	D	E	F	G	H	I
序号	被审计部门	审计事项	采集数据表名	采集开始时间	采集完成时间	表格提交时间	是否已复核	负责人
1								李工
2								李工
3								李工
4								李工
5								李工
6								凡工
7								凡工
8								凡工
9								凡工
10								凡工
11								凡工
12								凡工

图　12.13

图　12.14

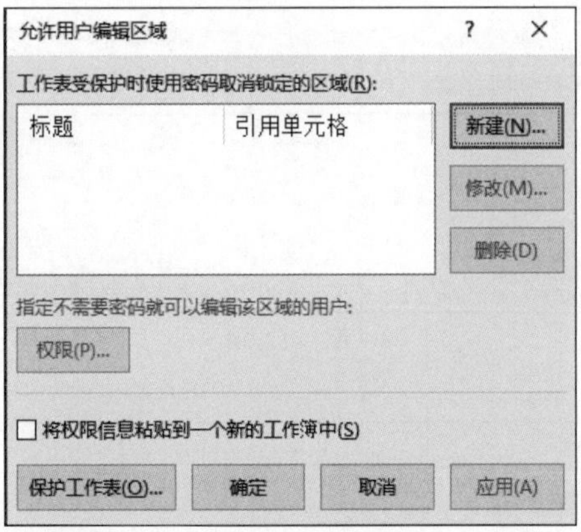

图　12.15

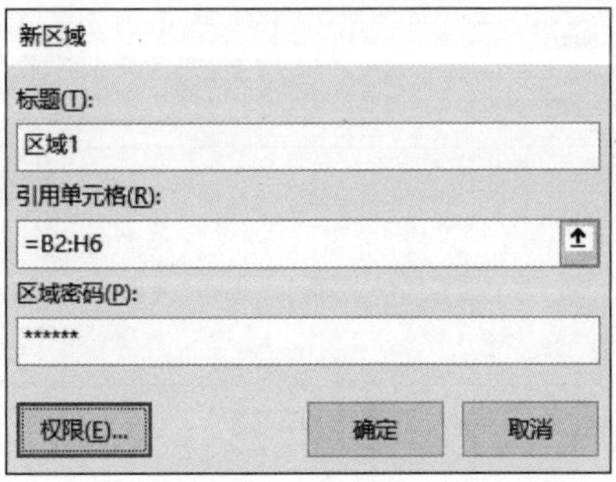

图　12.16

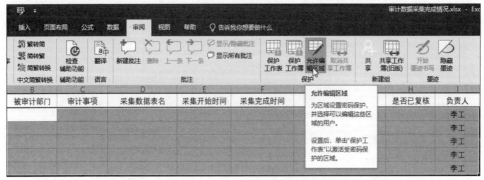

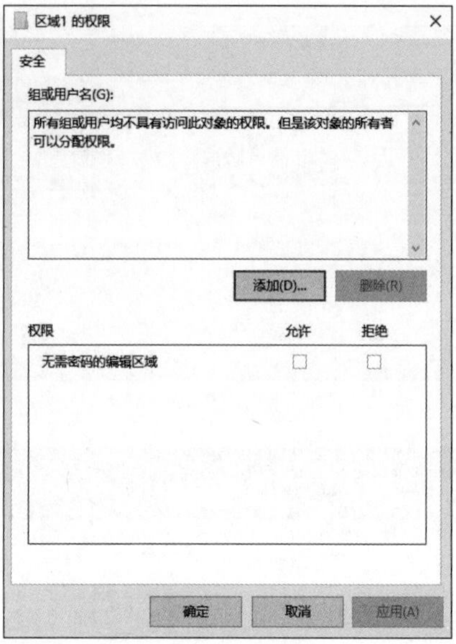

图 12.17

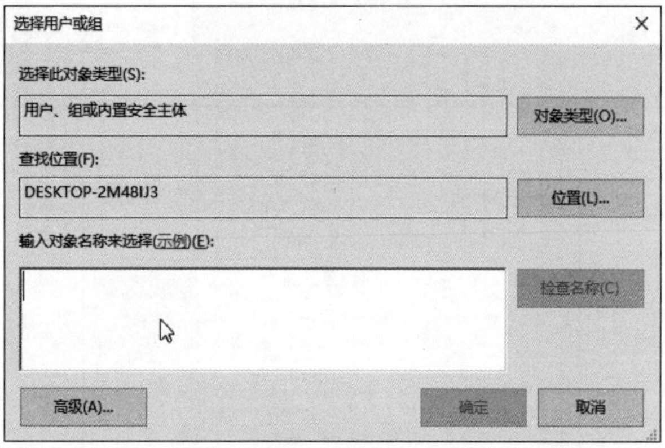

图 12.18

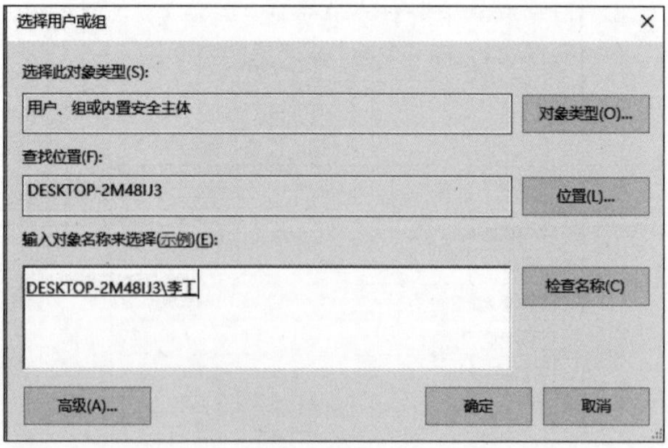

图 12.19

同上，按步骤添加"凡工"的可编辑区域，完成后如图 12.20 所示。然后单击"保护工作表"按钮，在弹出的对话框中输入密码，即完成了共享编辑的设置，如图 12.21 所示。

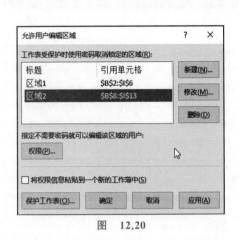 

图 12.20　　　　　　　　　　　　图 12.21

在设置好的表格中，当任何一个用户通过账户密码登录后进入表格，都只能在被限制的范围内通过密码进行文档的编辑，如图 12.22 所示。

图 12.22

在 Excel 中通过共享的方式实现文件夹和文件表的多人编辑和协作，相对于目前在线使用各种工具而言，其功能差距还较大。但鉴于审计业务的保密性，工作用局域网被限制尽量不连入因特网，采用这种方式相对也是比较方便的。

12.2　电子招投标日志挖掘

招投标是目前规范各类采办行为的重要工具，随着信息技术的发展，招投标的方式也在日益信息化。很多公共资源交易中心采取电子招投标系统来实现招投标的整个过程管理。尽管公开招标避免了单一来源指定的采办行为，而围标串标行为成为了常见运作方式。如何核实是否存在围标串标谋取不正当利益的行为，是审计工作中的重要方向之一。

查询围标串标行为有很多种方式，主要是基于操作流程、提交材料以及电子数据信息等多个方面。在本节，主要通过分析电子招投标的工作日志，研究所记录的所有招投标数据处理信息，来核实是否存在围标串标的行为。

图 12.23 为某招标机构采集的供应商投标信息表。表中记录了每个招标项目中,从项目立项、购买标书到投标数据提交的立项时间,联系电话,提交标书的计算机 MAC 地址等信息,每发生一次相关事项系统中都会自动增加一条记录,保持了整个数据变动的记录完整性。

立项时间	项目名称	供应商	供应商联系人	联系电话	MAC地址	操作时间
2022年03月08日15时41分	项目4	DFDF科技有限公司	刘甲	15144441221	DE:72:C4:75:DC:82	2022年03月29日01时17分
2022年03月08日15时41分	项目4	DFDF科技有限公司	刘甲	15144441221	A4:34:D9:59:AE:3E	2022年03月29日00时48分
2022年03月08日15时41分	项目4	DFDF科技有限公司	刘甲	15144441221	A4:34:D9:59:AE:3E	2022年03月29日00时18分
2022年03月08日15时41分	项目4	DFDF科技有限公司	刘甲	15144441221	DE:72:C4:75:DC:82	2022年03月29日00时02分
2022年03月08日15时41分	项目4	GGHG科技有限公司	王已	18612345720	FA:DA:F3:63:8D:70	2022年03月28日23时39分
2022年03月08日15时41分	项目4	DFDF科技有限公司	刘甲	18684968970	72:86:69:44:33:9A	2022年03月28日22时08分
2022年03月08日15时41分	项目4	LKLL股份有限公司	黄三	15144441221	00:FF:9B:3B:D6:97	2022年03月28日21时31分
2022年03月08日15时41分	项目4	LKLL股份有限公司	黄三	18684968970	00:FF:9B:3B:D6:97	2022年03月28日21时15分
2022年03月08日15时41分	项目4	DFDF科技有限公司	刘甲	13007362777	72:86:69:44:33:9A	2022年03月28日21时14分

图 12.23

对该表格的数据进行分析,主要可以从以下 3 方面进行围标串标行为的初步判定。

第一,从项目立项到招标完成,间隔时间长达一年多。一般招标流程工作中,从完成立项、公开信息售卖标书到提交标书,绝大多数都在 3 个月内完成,重大项目可能超过 6 个月,还有极少数其他特殊原因推迟开标的。正常来说,如果两个时间间隔太久,则可能存在某种利益交换行为。

第二,同一个联系电话为不同公司的联系人。这种明显具有串标围标可能性,不同的公司其项目联系人一般不会是同一个人。

第三,提交标书的 MAC 地址对应不同公司。MAC 地址绑定的是公司的计算机,具有唯一性。因此,不同公司一般不可能存在同一台计算机制作和递交材料的情况,这是围标行为的明显征兆。

确定好以上 3 方面可能的行为,下面将逐一用数据来进行分析取证。

12.2.1 获取立项到完成时间间隔

从图 12.23 中可以看到有两列数据"立项时间"和"操作时间",因此,可以针对这两列数据直接进行计算,比对其持续时间,从而判定是否存疑。

从数据类型来看,这两列数据都属于文本数据,记录了完整的年、月、日、小时、分钟,对于该列数据的计算一般为模糊计算结果即可,即算出间隔天数或年数就能做出初步推断,无须精确至小时和分钟。

将 A 列中数据转换为年、月、日模式有很多方法,第 2 章讲过分列、函数提取等,这里以函数提取为演示方法。分析该数据,主要目的是提取从左边开始到"日"的数据,可以用 LEFT 函数,要提取的字符数为 11 个,因此在单元中输入函数"=LEFT(A2,11)",如图 12.24 所示。

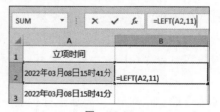

图 12.24

按回车键确定即可得到需要的数据格式。然后通过向下拖拽即可完成该列数据的处理,如图 12.25 所示。同样对操作时间进行操作,完成数据列的处理。这样就得到了两列新的数据列 B 和 J。

立项时间		项目名称	供应商	操作时间	
2022年03月08日15时41分	2022年03月08日	项目4	DFDF科技有限公司	2022年03月29日01时17分	2022年03月29日
2022年03月08日15时41分	2022年03月08日	项目4	DFDF科技有限公司	2022年03月29日00时48分	2022年03月29日
2022年03月08日15时41分	2022年03月08日	项目4	DFDF科技有限公司	2022年03月29日00时18分	2022年03月29日
2022年03月08日15时41分	2022年03月08日	项目4	DFDF科技有限公司	2022年03月29日00时02分	2022年03月29日
2022年03月08日15时41分	2022年03月08日	项目4	GGHC科技有限公司	2022年03月28日23时39分	2022年03月28日
2022年03月08日15时41分	2022年03月08日	项目4	DFDF科技有限公司	2022年03月28日22时08分	2022年03月28日
2022年03月08日15时41分	2022年03月08日	项目4	LKLL股份有限公司	2022年03月28日21时31分	2022年03月28日
2022年03月08日15时41分	2022年03月08日	项目4	LKLL股份有限公司	2022年03月28日21时15分	2022年03月28日
2022年03月08日15时41分	2022年03月08日	项目4	DFDF科技有限公司	2022年03月28日21时14分	2022年03月28日

图 12.25

要计算这两列数据中的时间差,可以使用函数 DATEDIF。在该函数中,可以根据数值大小的需要,用年、月、日任何一种数值展示。下面选择"天"来显示结果,因此最后一个参数用 D。在 K 列中,输入函数"=DATEDIF(B2,J2,"D")",如图 12.16 所示。按回车键确认,立刻计算出了两个日期中间的间隔天数。

f_x	=DATEDIF(B2,J2,"D")				
B	C	D	I	J	K
	项目名称	供应商	操作时间		持续天数
2022年03月08日	项目4	DFDF科技有限公司	2022年03月29日01时17分	2022年03月29日	,J2,"D")
2022年03月08日	项目4	DFDF科技有限公司	2022年03月29日00时48分	2022年03月29日	

图 12.26

为了更直观地分析出是否存在不合理的行为,在函数公式中可以加入 IF 函数进行判断。上述单元格中的函数可以改为"=IF(DATEDIF(B2,J2,"D")>365,"不符合","符合")",如图 12.27 所示。该函数的意思是,如果两个日期计算的间隔时间大于 365 天,则显示"不符合",反之则是"符合"。这样就可以直接筛选出存疑的数据,向下拖拽填充函数后,即可得到所有数据结果。其结果如图 12.28 所示。

f_x	=IF(DATEDIF(B2,J2,"D")>365,"不符合","符合")				
B	C	D	I	J	K
	项目名称	供应商	操作时间		持续天数
2022年03月08日	项目4	DFDF科技有限公司	2022年03月29日01时17分	2022年03月29日	"符合")
2022年03月08日	项目4	DFDF科技有限公司	2022年03月29日00时48分	2022年03月29日	
2022年03月08日	项目4	DFDF科技有限公司	2022年03月29日00时18分	2022年03月29日	

图 12.27

在上述结果中,确实发现了多个存在间隔 1 年以上的情况。因此,可作为下一步查证的

立项时间		项目名称	供应商	操作时间		持续天数
2022年03月08日15时41分	2022年03月08日	项目4	BMNB有限公司	2022年03月28日14时16分	2022年03月28日	符合
2022年03月08日15时41分	2022年03月08日	项目4	BMNB有限公司	2022年03月28日13时38分	2022年03月28日	符合
2021年03月08日15时41分	2021年03月08日	项目4	LKLL股份有限公司	2022年03月13日14时46分	2022年03月13日	不符合

图 12.28

主要方向。在该项数据审计中，需要注意2个事项。

（1）DATEDIF函数中，所引用的两个单元格数据，其顺序不能反了。按照时间先后排列，靠前的数据放第一个，靠后的数据放第二个。

（2）函数判定值的标准可以遵循专业人员的指导，这里选择365天，也可以根据实际情况减少或增加数值。在DATEDIF函数中，第三个参数，时间显示的形式有以下几种。

① "Y"时间段中的整年数。

② "M"时间段中的整月数。

③ "D"时间段中的天数。

④ "MD"起始日期与结束日期的同月间隔天数，忽略日期中的月份和年份。

⑤ "YD"起始日期与结束日期的同年间隔天数，忽略日期中的年份。

⑥ "YM"起始日期与结束日期的同年间隔月数，忽略日期中年份。

12.2.2 比对联系方式追踪企业关系

在图12.23中，有一列为联系电话，这是本节要分析的突破口，怎样将联系电话和供应商联系起来，筛选其是否存在不同供应商共用一个联系电话的情况下。在数据非常少的情况下，可以通过简单的排序，以联系电话为排序字段，然后再人工比较其对应的供应商数据列，肉眼也可以看出其异常数据。但如果数据量非常庞大，通过人工肉眼筛查显然是不可能的，可以借助透视表来进行汇总提取。

打开要进行分析的数据表，首先单击"插入"工具，选择"数据透视表"，弹出"创建数据透视表"对话框如图12.29所示。

图 12.29

在透视表界面的右边字段设置部分,因为只需要分析联系电话和供应商之间的对应关系,所以只勾选"供应商"和"联系电话"两个字段。在界面下半截,把"供应商"和"联系电话"都移到"行"中,这时候左边的透视表就将所需的数据进行了分类汇总,如图 12.30 和图 12.31 所示。

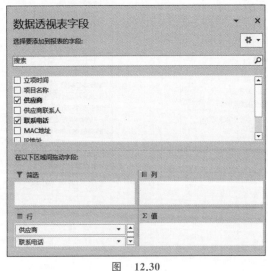

图 12.30　　　　　　　　　图 12.31

由于"供应商"是默认的第一个字段,因此在初始透视表中,会以"供应商"为主要分类汇总字段,从图 12.31 中可以看到。在这个分析中,主要逻辑是要查找同一个"联系电话"下对应有多少家"供应商"。因此,需要转换思路,将"联系电话"设置为首要的行字段。在右边的字段设置框中,单击"联系电话"中的倒三角,单击"移至开头",如图 12.32 所示,左边对应的透视表即变为以联系电话为汇总的主字段,如图 12.33 所示,每个电话号码下就汇总了对应的供应商名字。

 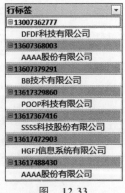

图 12.32　　　　　　　　　图 12.33

完成上一步后,基本的数据分析就已经完成,但为了更加直观地显示有问题的数据,可以再进一步排序,将存疑数据更加清晰地汇总到表格的前面,不用人工一个个去查找。右击任意一个联系电话，在弹出的快捷菜单中选择"排序"中"降序"，如图 12.34 所示。一个联系电话对应多个供应商的数据基本都排在了表格的前面。对应供应商为 1 的为正常数据，而对应供应商 1 个以上的则是有疑点的数据，如图 12.35 所示。

图 12.34

图 12.35

至此，通过联系电话排查的问题数据就被全部筛选出来了。

12.2.3　排查 MAC 地址查找围标线索

MAC 地址也叫硬件地址，是计算机网卡的唯一识别代码，长度是 48b(6B)，通常表示为个十六进制数，每两个十六进制数之间用冒号分隔开，如"08:00:20:0A:8C:6D"，前 24 比特表示网卡生产厂商，后 24 位为厂商生产流水序列号。多个网卡之间通过分号隔开，反映了该计算机里多张网卡的归属性，从而与其对应的供应商具有唯一性。

为了查找表格中同一个 MAC 地址对应多个供应商的情况，同样在表格中插入透视表，在字段选择中勾选"供应商"和"MAC 地址"两个字段。将"MAC 地址"字段移到"行"中，而"供应商"字段移到"值"中，如图 12.36 所示。"行"中的字段用来汇总筛选，而"值"中数据则是用来计数或统计。逻辑同 12.2.2 节，需要以 MAC 地址为汇总和筛选的主字段，来查询其对应的供应商数量。

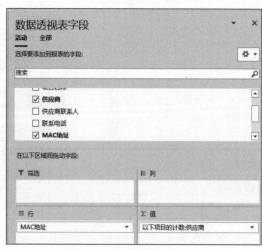

图 12.36

设置好字段后，透视表显示出按照要求汇总的表格，如图 12.37 所示。因为将"供应商"设置为"值"，而中文字段无法进行运算，使得系统默认为"计数"。因此，该数据列中展现的都是统计数值。该数值表示 MAC 地址下对应的供应商数量。

行标签	以下项目的计数:供应商
00:36:76:07:21:BC;D0:27:88:99:F4:83;D0:27:88:99:F4:83	2
00:50:56:C0:00:08;00:50:56:C0:00:01;9C:4E:36:C9:3A:C4	3
00:87:36:32:4A:04;D0:17:C2:D3:1F:8E;00:50:56:C0:00:01;00:50:56:C0:00:08	1
00:FF:3C:6B:C3:53;00:23:24:E2:72:1C	4
00:FF:40:DA:FC:F1;4C:34:88:A2:54:22	3
00:FF:70:17:78:3A;18:5E:0F:53:E8:7D	1
00:FF:9B:3B:D6:97;F0:D5:BF:32:8E:DA	2
08:3E:8E:16:9E:02;B8:88:E3:92:97:41;B8:88:E3:92:97:41	2
0C:84:DC:5E:69:F4	4
14:DA:E9:F0:13:28	1
14:DA:E9:F0:13:28;14:DA:E9:F0:13:28;14:DA:E9:F0:13:28	1
18:4F:32:0F:FB:89	2
18:5E:0F:53:E8:7D	12

图 12.37

单击其中任意数值，就可以打开其具体的数据情况，如图 12.38 所示。发现该 MAC 地址下虽然显示有 2 个供应商，但其实是同一个供应商。

为以下项目的计数:供应商, 00:36:76:07:21:BC;D0:27:88:99:F4:83;D0:27:88:99:F4:83 (前 1000 行) 返回的数据。				
区域[立项时间]	区域[项目名	区域[供应商]	区域[供应商联系人	区域[联系电话]
2021年09月26日16时43分	项目5	EEQE技术股份有限公司	杜能	16670391036
2021年09月26日16时43分	项目5	EEQE技术股份有限公司	杜能	15386492333

图 12.38

基于上述情况，需要将同类数据合并计算，不重复统计，才能准确反映出需要的数据结果。在右侧的字段设置界面，单击"供应商"中的倒三角，选择"值字段设置"，如图 12.39 所示。在打开"值字段设置"对话框之后，在"计算类型"中下拉至最后选择"非重复计数"，如图 12.40 所示。单击"确定"按钮后回到透视表中，即可看到供应商列中的统计数都发生了变化，如图 12.41 所示。

图 12.39　　　　　　　　　　图 12.40

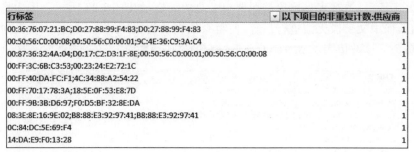

图 12.41

同样为了更直观得到需要的疑点数据,可对该列数据进行"降序"排序,如果一旦存在逻辑中设定的问题数据,它将在表格的最上部分排列。通过排序可以很清楚地看到,有 2 个 MAC 地址下对应 2 家供应商,如图 12.42 所示。单击该数值将显示详细的数据信息,该 MAC 地址对应着 2 家不同的供应商,如图 12.43 所示。

图 12.42

图 12.43

通过上述数据分析,很显然这两家供应商存在同一台计算机提交资料的情况,肯定存在着关联关系。基于此结果,可以作为进一步审计的依据。

有一个问题值得注意,在插入透视表对话框中,对话框最下端有一个选项"将此数据添加到数据模型",在 12.1.2 节和 12.2.2 节中都有截图。图 12.15 中未勾选此项,而图 12.29 中则有勾选。其不同之处就在于,如果在值的计数统计中,需要用到"非重复计数",则需要勾选;反之就可以不勾选,"非重复计数"的选项也就无法找到。其中的不同之处,可以自行操作比较。

12.3 同货不同价采购审计

如图 12.44 所示,为某科研单位内其 5 个技术部门的高价值通用仪器设备的采购信息登记表(部分),该表中的价格单位为万元。此次任务主要审计该单位各个技术部门仪器设备采购价格是否合理,对比不同部门从同一供货商购买同一型号仪器设备的价格波动性,从中发现线索。依据仪器设备价格的市场波动性以及采购金额大小,在分析前可以首先定义,同型号仪器设备价格在±10%以内波动范围为合理价格幅度,反之则视为不合理价格。

序号	设备名	供应商A	供应商B	供应商C	供应商D	供应商E
1	设备1	30				29
2	设备2	40		40		
3	设备3		35		34	
4	设备4		42			42
5	设备5			38		
6	设备6	31		32		31
7	设备7		41		28	
8	设备8				180	179

1部门 2部门 3部门 4部门 5部门 +

图 12.44

12.3.1 纵向合并构造汇总数据表

图 12.44 中有 5 个部门的采购数据,在进一步分析之前,首先需要将这 5 张表进行汇总。前面章节讲解过函数、SQL 语句和 VBA 汇总法,这 3 种汇总方法有个共同特点,汇总的表格完全一样,即有相同的行标题,内容格式也基本相同。比较这 5 张表发现,行标题(每个部分采购的贵重设备种类)不尽相同,列标题(每个部门的供应商)也不一定相同。因此,以上几种方法无法进行汇总。每张表的表头字段都不一样,需要将这 5 张表的数据按照指定格式重新进行排列,才能方便进行数据的分析。按照设想的分析逻辑,需要在原表中提取供应商名、设备名和对应的采购价格 3 个主要内容,重新排列表格形式。本节将选择高级查询工具 Query Power,来实现不同表头表格的关键字段提取并汇总。

本案例要以设备名为突破口,进行数据分析,因此需要将设备信息进行定向标识,将每张表的表名——每个部门与设备名挂钩,这样就能在后续的分析中,区分该设备到底出自哪个部门。首先在每张表上增加一列辅助项目,通过"表名 & 设备名",用部门将设备的名字加以区分,如图 12.45 和图 12.46 所示。

序号	设备名	设备名辅助列	供应商A	供应商B	供应商C	供应商D	供应商E
1	设备1	="1部门"&B2	30				29
2	设备2		40		40		
3	设备3			35		34	

图 12.45

完成上述辅助项填充之后,将所需内容复制到新的表格中,如图 12.47 所示,然后选择"1 部门"这张表中的数据,单击"插入"→"表格",在弹出的"创建表"对话框中,确认取值范围,勾选"表包含标题"复选框,单击"确定"按钮后即得到该表的超级智能表样式,如图 12.47~图 12.49 所示。

设备名	设备名辅助列	供应商A	供应商B
设备1	1部门设备1	30	
设备2	1部门设备2	40	
设备3	1部门设备3		35
设备4	1部门设备4		42
设备5	1部门设备5		
设备6	1部门设备6	31	
设备7	1部门设备7		41
设备8	1部门设备8		

图　12.46

设备名辅助列	供应商A	供应商B	供应商C	供应商D	供应商E
1部门设备1	30				29
1部门设备2	40		40		
1部门设备3		35		34	
1部门设备4		42			42
1部门设备5			38		
1部门设备6	31		32		31
1部门设备7		41		28	
1部门设备8				180	179

图　12.47

图　12.48

设备名辅助列	供应商A	供应商B	供应商C	供应商D	供应商E
1部门设备1	30				29
1部门设备2	40		40		
1部门设备3		35		34	
1部门设备4		42			42
1部门设备5			38		
1部门设备6	31		32		31
1部门设备7		41		28	
1部门设备8				180	179

图　12.49

创建完上述5张表的智能表后，再回到"1部门"表，在左上角的表名下拉框里，这5张表以"表1"~"表5"的名字保存。选取表1即"1部门"中的超级表，单击"数据"→"从表格"，这样就跳转到了Query Power的查询界面，表1中的内容就已经在查询界面了，如图12.50和图12.51所示。

接下来需要将其他4个部门表的内容也提取到当前页面，右击"表1"，在弹出的快捷菜单中选择第二个"复制"命令，单击最右边的"源"，在输入框中，将"表1"改为"表2"，这样表2的数据就被提取到当前界面，右键选择"重命名"将名字改为"表2"，如图12.52所示。

图　12.50

图 12.51

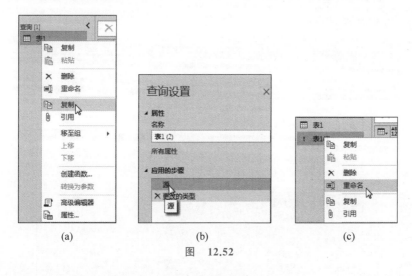

图 12.52

按上述操作将另外 3 张表也依次提取到该界面上。

在左侧的表名前会出现一个黄三角加感叹号,如图 12.53 所示,那是因为每张表的表头名不一样。因此,需要逐步将每个表头手工修改下。单击任何一个表名,在上面的公式输入框中,将每个表对应的字段逐一改好,如图 12.54 所示。在表 2 中将原来的"供应商 A"改为表 2 中对应的"供应商 H"……,将 5 个供应商名按照表头内容依次改好,确认后该黄色三角就没有了,如图 12.55 所示。当出现黄三角时,表示该表的格式或内容错误;如果不调整好,会影响后续的表格处理。

图 12.53

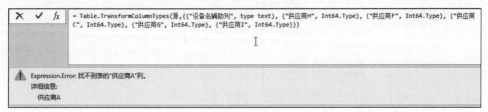

图 12.54

改好 5 张表的格式后,再右击表 1,在弹出的快捷菜单中选择第一列"设备名辅助列",然后选择"转换"→"逆透视列"中的"逆透视其他列",如图 12.56 所示。选择后,就出现如图 12.57 中新的表格形式,原来的表格自动变成有标准表头的三元表,这正是案例开始设想的表格形式。

同样将剩下的 4 张表完成逆透视,这样 5 张表就转成了统一的格式。接下来需要做的就是将 5 张表汇总到一张表中。

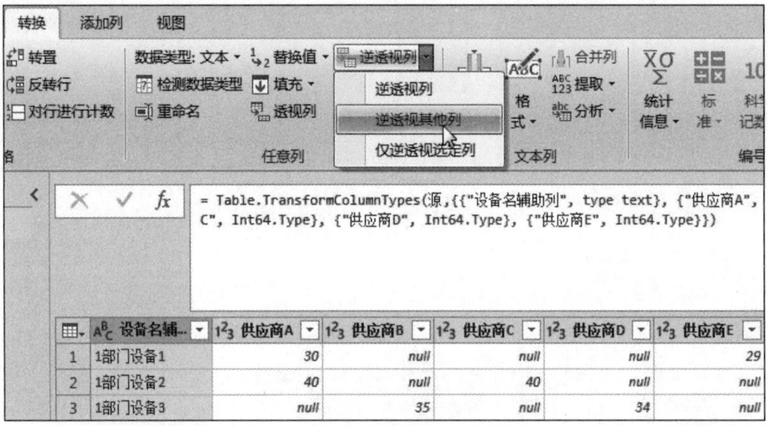

图 12.55

图 12.56

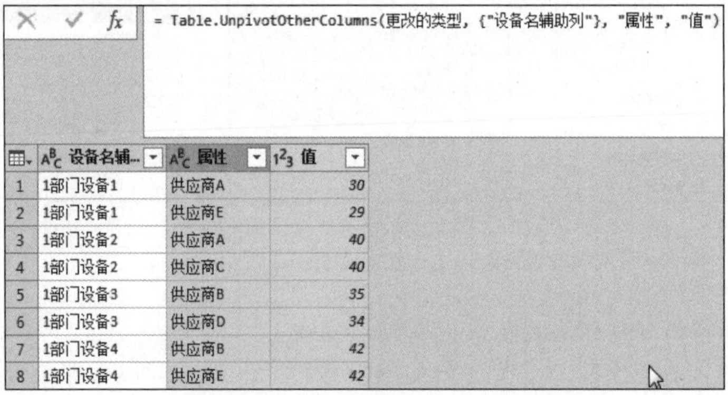

图 12.57

在左边的表名空白处,右击,从弹出的快捷菜单中选择"新建查询",再选择"其他源"下的"空查询",就自动建立了一个查询表,然后需要将表内容填充进去。在这里用 & 符号将所有表连接即可。单击刚新建的查询,在公式栏中输入"=表1& 表2& 表3& 表4& 表5"。确认后,5 张表全部就汇总到了一张表中,如图 12.58~图 12.60 所示。

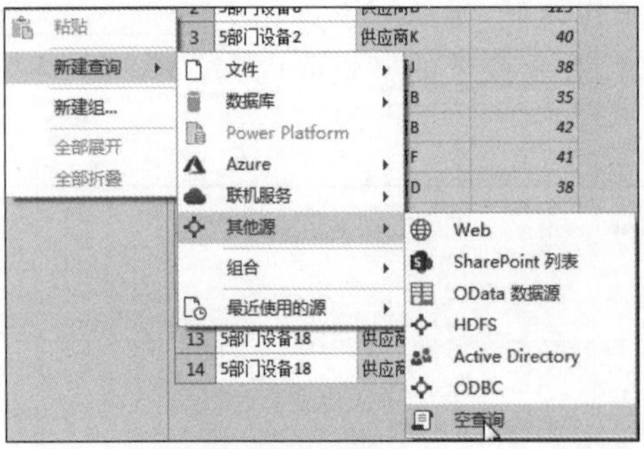

下面需要将查询中的表加载到 Excel 表格中。单击左上方的"关闭并上载",该表就加载到了 Excel 中,由于数据量较大,需要加载一段时间,如图 12.61 和图 12.62 所示。

图 12.58

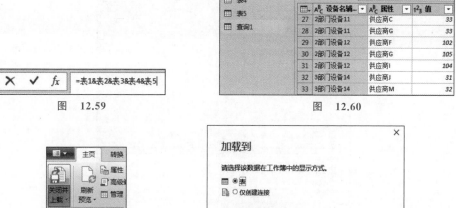

图 12.59　　　　　　　　　　图 12.60

图 12.61　　　　　　　　　　图 12.62

如图 12.63 所示即为加载好的表格,由于该表格为超级表格模式,而且存在查询程序,运行会比较慢,所以最好将该表重新复制到新的表格中,并只复制"值"部分,如图 12.64 所示。

设备名辅助列	属性	值
1部门设备1	供应商A	30
1部门设备1	供应商E	29
1部门设备1	供应商A	40
1部门设备8	供应商E	179
2部门设备9	供应商H	31
2部门设备11	供应商G	33
2部门设备12	供应商F	102
2部门设备12	供应商G	105
2部门设备12	供应商I	104
3部门设备14	供应商J	31
3部门设备14	供应商M	32
3部门设备2	供应商K	40
3部门设备2	供应商L	39

图 12.63

设备名辅助	供应商	价格
1部门设备1	供应商A	30
1部门设备1	供应商E	29
2部门设备9	供应商H	31
2部门设备9	供应商C	32
2部门设备12	供应商I	104
3部门设备14	供应商J	31
3部门设备14	供应商M	32
3部门设备17	供应商J	32
3部门设备17	供应商C	35
4部门设备9	供应商A	30
4部门设备2	供应商H	42
5部门设备8	供应商K	130
5部门设备8	供应商D	129
5部门设备2	供应商K	40

图 12.64

在新复制的表格中,将第一列供应商重新拆分,用"分列"工具,按照固定的宽度来操作完成,如图 12.65 和图 12.66 所示。

A	B	C	D	E
设备名辅助列	所在部门	设备名	供应商	价格
1部门设备1			供应商A	30
1部门设备1			供应商E	29
2部门设备9			供应商H	31
2部门设备9			供应商C	32
2部门设备12			供应商I	104
3部门设备14			供应商J	31
3部门设备14			供应商M	32
3部门设备17			供应商J	32

图 12.65

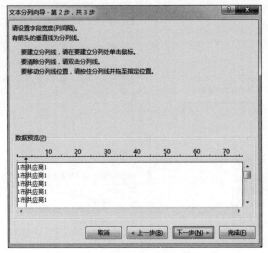

图 12.66

完成上述操作后即获得了汇总表格，下面就可以用数据分析工具对数据表进行分析了。

12.3.2 从供应商角度分析

下面以设备名为主要字段进行对应数据分析，因此需要借助透视表进行数据的统计后提取使用。

选择表格插入透视表，在字段设置界面中，仅选择4个字段，将"所在部门"放至"列"中，"供应商"和"设备名"移至"行"中，并将"设备名"放到表头，而"价格"则放至"值"中用作统计，如图12.67所示。完成上述字段的设置后，即得到如图12.68所示的透视表。

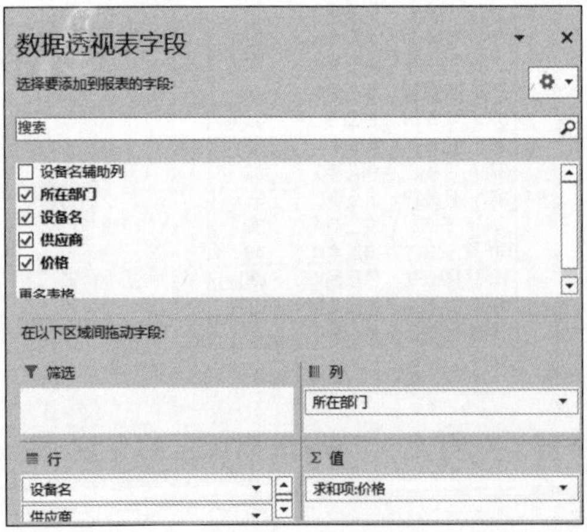

图 12.67　　　　　　　图 12.68

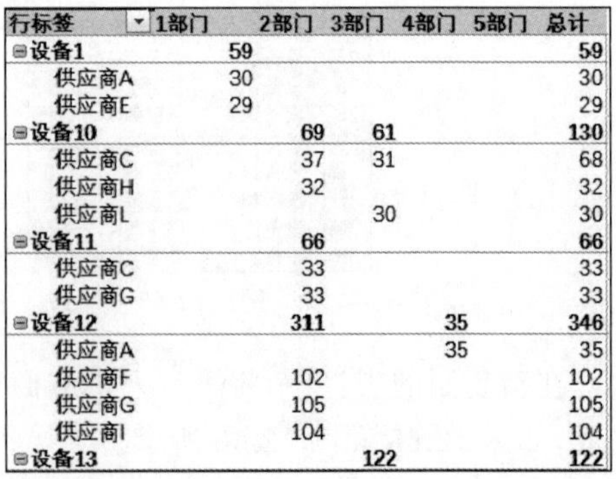

在图12.68数据表中，以设备为突破口，通过其在不同部门中的采购价格寻找线索。因此，需要统计每个供应商出售的同款设备在不同部门中的采购次数。如果只采购了1次，则无比较分析的需要，而采购2次及以上的，方能形成对比分析。因此，需要将"价格"字段改为"计数"统计，如图12.69所示，得到如图12.70所示的统计结果。

图 12.69

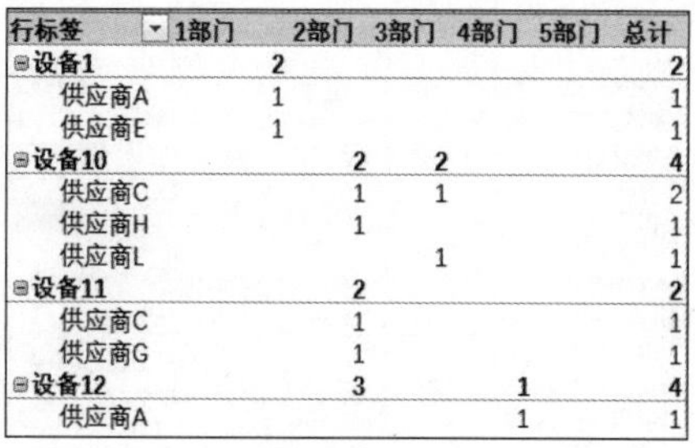

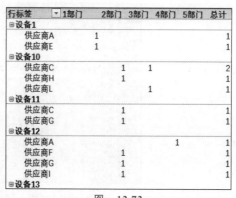

图 12.70

为了方便数据进行排序、条件分析等，这里先将表格的分类汇总行去掉。选择"设计"下"分类汇总"中的"不显示分类汇总"，如图 12.71 所示，这样就去掉了分类汇总行。接下来定位需要分析的数据对象，这里需要先对表格进行排序，将大的数据排列在前端。同时通过设定条件格式，将其颜色突出显示，如图 12.72～图 12.74 所示。

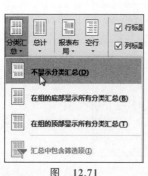

图 12.71

图 12.72

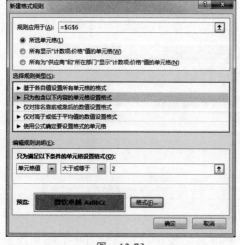

图 12.73

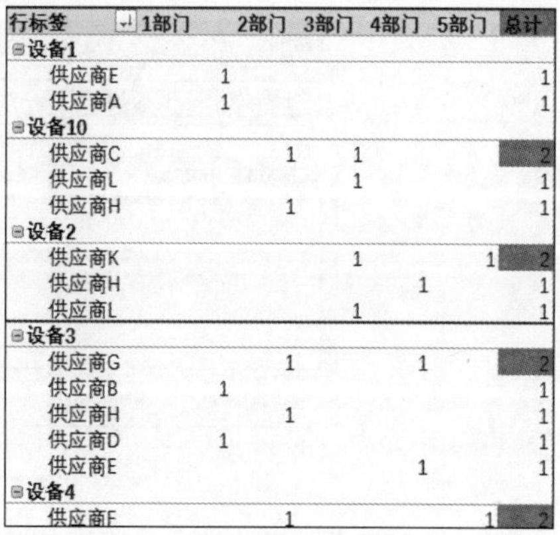

图 12.74

下一步,将这些标识出来的目标数据单元格整行用红色标记,包括供应商名,如图 12.75 所示。用"计数"统计只是为了识别哪些数据行是目标数据,因此完成统计表示后,需要将数据还原至"求和"统计,如图 12.76 所示。

⊟设备10				
供应商C	1	1		2
供应商L		1		1
供应商H		1		1
⊟设备2				
供应商K		1	1	2
供应商H			1	1
供应商L		1		1
⊟设备3				
供应商G	1	1		2
供应商B	1			1
供应商H	1			1
供应商D	1			1
供应商E			1	1
⊟设备4				
供应商F	1		1	2

图 12.75

求和项:价格	列标签				
行标签	1部门	2部门	3部门	4部门	5部门	总计
⊟设备1					
供应商A	30					30
供应商E	29					29
⊟设备10					
供应商C			37	31		68
供应商H			32			32
供应商L				30		30
⊟设备11					
供应商G			33			33
供应商C			33			33
⊟设备12					
供应商G			105			105
供应商I			104			104
供应商F			102			102
供应商A					35	35

图 12.76

接下来将透视表中的设备列和 5 个部门列全部复制至另外的一张普通表格中,保留原来的格式,这样在透视表中红色标识部分的字体还会保留,如图 12.77 所示。

行标签	1部门	2部门	3部门	4部门	5部门
设备1					
供应商A	30				
供应商E	29				
设备10					
供应商C			37	31	
供应商H			32		
供应商L				30	
设备11					
供应商G			33		
供应商C			33		
设备12					
供应商G			105		
供应商I			104		
供应商F			102		
供应商A				35	

图 12.77

下一步对上述表格进行排序,选择"自定义排序",定义按字体颜色进行排序,全部放至"顶端",这样就将需要进一步分析的数据全部排列到表的前面,如图 12.78 和图 12.79 所示。

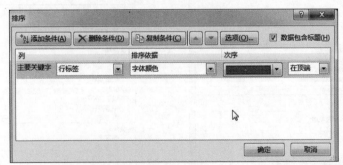

图 12.78

下一步对数据进行分析。在表格中,已经按照设备名将其在不同部门的采购价格都汇总到了一起。一般来说,相同型号设备,在性能参数完全相同的情况下,其采购价格应该比

行标签	1部门	2部门	3部门	4部门	5部门
设备10					
供应商C		37	31		
设备3					
供应商G		36		38	
设备4					
供应商F			43		42
设备8					
供应商E	179			142	
供应商D	180				129

图　12.79

较稳定。通过分析同一供应商向不同部门提供同一个设备时,其采购价格是否存在较大波动,从而进一步找寻线索。

图 12.79 中提取的数据,即为筛选出的有疑点的数据,下面将通过计算其价格的浮动比率来进行核实,该供应商提供的价格是否存在允许范围外的不一致的情况。

通过供应商相同型号设备出售价格的两相比较,如图 12.80 所示,供应商 D 在设备 8 的供货中,两个部门的价格波动高达近 40%,同样设备 10、供应商 E 供应的设备 8 波动接近或超过 20%。

行标签	1部门	2部门	3部门	4部门	5部门	浮动百分比
设备10						
供应商C		37	31			19.35%
设备3						
供应商G		36		38		-5.26%
设备4						
供应商F			43		42	2.38%
设备8						
供应商E	179			142		26.06%
供应商D	180				129	39.53%

图　12.80

通过以上数据分析,可以初步判定设备 10、设备 8 两款设备,存在供应商供货价格差别非常大的情况,可以以此为线索,进一步查实该设备采购过程和结果的合理合规性。

以上是通过对同一供应商进行审计获取不同部门采购的不合规性,接下来需要进一步通过对所有供应商供货价格进行审核,以审计采购交易中可能存在的利益关系。

12.3.3　从设备角度分析

回到数据汇总表如图 12.81 中,下面通过分类汇总的方法来计算同一仪器设备的价格波动情况。

首先在数据表中,以"设备名"列进行排序,将同类设备排列到一起。选择好数据区域,单击"分类汇总"工具,在对话框中,以"设备名"为分类字段,汇总方式选择"方差",选定汇总项为"价格",如图 12.82 所示。单击"确定"按钮后,表格中自动计算所有设备的"方差",如图 12.83 所示。

方差可以反映一组数据起伏波动的情况,方差越小,则数据列越平稳,反之则组内数据波动越大。单击分类汇总表中的 2,将所有汇总数据行复制并粘贴至新的表格,如图 12.84 所示,按降序排列,从图 12.85 可以看到这几类数据的方差非常大。单击表格前面的"＋"号,如图 12.86 所示,即可罗列出该汇总下的数据行,同一设备的价格差距非常大。因此,可以依此筛选出对应的数据,进行下一步的审查。

设备名辅助	所在部门	设备名	供应商	价格
2部门设备9	2部门	设备9	供应商H	31
2部门设备9	2部门	设备9	供应商C	32
2部门设备9	2部门	设备9	供应商I	31
4部门设备9	4部门	设备9	供应商A	30
4部门设备9	4部门	设备9	供应商K	30
4部门设备9	4部门	设备9	供应商G	29
1部门设备8	1部门	设备8	供应商D	180
1部门设备8	1部门	设备8	供应商E	179
4部门设备8	4部门	设备8	供应商E	142
4部门设备8	4部门	设备8	供应商G	141
5部门设备8	5部门	设备8	供应商K	130
5部门设备8	5部门	设备8	供应商D	129
1部门设备7	1部门	设备7	供应商B	41
1部门设备7	1部门	设备7	供应商D	28
1部门设备6	1部门	设备6	供应商A	31

图 12.81

图 12.82

	A	B	C	D	E
51	3部门设备2	3部门	设备2	供应商K	40
52	3部门设备2	3部门	设备2	供应商L	39
53	4部门设备2	4部门	设备2	供应商E	42
54	4部门设备2	4部门	设备2	供应商H	42
55	5部门设备2	5部门	设备2	供应商K	40
56	5部门设备2	5部门	设备2	供应商J	38
57			设备2 方差		2
58	5部门设备19	5部门	设备19	供应商B	35
59			设备19 方差		#DIV/0!
60	5部门设备18	5部门	设备18	供应商D	14
61	5部门设备18	5部门	设备18	供应商F	15
62			设备18 方差		0.5
63	3部门设备17	3部门	设备17	供应商J	32
64	3部门设备17	3部门	设备17	供应商C	35
65			设备17 方差		4.5
66	5部门设备16	5部门	设备16	供应商K	29
67	5部门设备16	5部门	设备16	供应商F	28
68			设备16 方差		0.5
69	3部门设备15	3部门	设备15	供应商C	135
70	3部门设备15	3部门	设备15	供应商M	139

图 12.83

	A	B	C	D	E
1	设备名辅助	所在部门	设备名	供应商	价格
8			设备9 方差		1.10
15			设备8 方差		545.37
18			设备7 方差		84.50
22			设备6 方差		0.33
26			设备5 方差		4.33
35			设备4 方差		2.86
42			设备3 方差		3.77
47			设备20 方差		1.00
57			设备2 方差		2.00
59			设备19 方差		#DIV/0!
62			设备18 方差		0.50
65			设备17 方差		4.50
68			设备16 方差		0.50
71			设备15 方差		8.00
78			设备14 方差		21.87

图 12.84

设备名辅助	所在部门	设备名	供应商	价格
		设备19 方差		#DIV/0!
		设备12 方差		1180.33
		设备8 方差		545.37
		设备7 方差		84.50
		设备14 方差		21.87

图 12.85

2部门设备12	2部门	设备12	供应商F	102.00
2部门设备12	2部门	设备12	供应商G	105.00
2部门设备12	2部门	设备12	供应商I	104.00
4部门设备12	4部门	设备12	供应商A	35.00
		设备12 方差		1180.33
1部门设备8	1部门	设备8	供应商D	180.00
1部门设备8	1部门	设备8	供应商E	179.00
4部门设备8	4部门	设备8	供应商E	142.00
4部门设备8	4部门	设备8	供应商G	141.00
5部门设备8	5部门	设备8	供应商K	130.00
5部门设备8	5部门	设备8	供应商D	129.00
		设备8 方差		545.37
1部门设备7	1部门	设备7	供应商B	41.00
1部门设备7	1部门	设备7	供应商D	28.00
		设备7 方差		84.50
3部门设备14	3部门	设备14	供应商J	31.00
3部门设备14	3部门	设备14	供应商M	32.00
4部门设备14	4部门	设备14	供应商E	34.00
4部门设备14	4部门	设备14	供应商H	34.00
5部门设备14	5部门	设备14	供应商B	42.00
5部门设备14	5部门	设备14	供应商F	41.00
		设备14 方差		21.87

图 12.86

课后练习

请根据500个项目的招投标信息统计信息,分析是否存在企业抱团围标串标的情况。可以从几个思路考虑:一是共现率,根据经常同时参与同一标段的投标人统计,分析存在抱团的可能性;二是命中率,根据中标次数和投标次数的比率统计,分析经常中标的"标王"和不以中标为目的的"专业陪练";三是得分率,计算价格偏高而得分偏低情况,凸显"田忌赛马"式拉平得分行为;四是节支率,根据节约经费和预算价之间的比率,节支率小则可能竞争不充分,利润空间相对较大,存在重重转包等概率,节支率为0时尤其需要引起关注。

招标表的字段:标段编号、标段名称、预算价、开标时间、中标人、中标价
投标表的字段:标段编号、投标人、投标价格、是否中标

附录 A

实战案例快速索引

序号	案例
	第 1 章 审计数据采集
案例 1	领导干部个人事项采集表格,设置不可编辑区域,防止填报者删减其中任何单元格
案例 2	非正常聘用人员的清理,设置年龄填报的规范值域区间,限制输入并对错误进行警告提示
案例 3	中层领导干部收入申报表采集,设置家庭收入区间的下拉菜单,统一填报的格式
案例 4	供货方变更日志数据库表格,从 Access 数据库中直接读取为审计操作备库
案例 5	严重违法失信行为记录名单,从政府采购网加载,用以匹配合同、采购、转账等行为
案例 6	办公用品的分类清单,从某网站上复制后进行规范分列,用以审计行政性开支时参考使用
案例 7	经费结转统计表,保存为模板,方便审计不同单位时在同类数据采集时可重复使用
案例 8	单位人员信息简表,需要增加一栏"部门"信息下拉框选择
	第 2 章 不规范数据清洗
案例 9	商品采购入库表,通过函数清理系统导出数据单元格中空格或者换行符
案例 10	智慧城市社区终端设备配发清单表,用替换功能清理单元格中空格
案例 11	工程造价表,去除空值单元格和空行,避免对小结行的重复计算
案例 12	几种常用不规范日期格式的清理,以便进行日期先后比较、间隔时间长短等计算
案例 13	采集的数据人名和出生年月日在一个单元格中,批量进行数据字段值的分离提取
案例 14	产品年度收入数据表,文本型数字转换成数值型数字,才能进行计算
案例 15	身份证号码显示为科学计数法,或者尾部 3 个 0,对这种不规范情况的处理
案例 16	银行代发工资表,用颜色突出显示表中重复名单的人员,查出部分人员数据重复提交
案例 17	银行代发工资表,删除工资发放表中的重复名单数据,保留唯一性
案例 18	使用功能、快捷键 Ctrl+D 等完成单个表格、多个表格中相同内容的填充
案例 19	采购明细表,将已经合并的供应商名称列取消合并,并填充好空格中的数据
案例 20	业务招待费统计表,根据开支日期自动生成添加星期几,核查周末发生招待情况
案例 21	审计组工作人员通讯录表,将姓名和手机号码分解到不同的字段中

续表

序号	案 例
	第 3 章　基础数据提取
案例 22	试算平衡表,根据科目代码和科目名称,自动提取并生成一级科目会计代码
案例 23	常规会计凭证,用 FIND、LEN、LEFT 等函数从报销摘要中提取报销人信息
案例 24	农村商业银行贷款,通过身份证号码计算是否存在违反年龄要求违规放款的情况
案例 25	特定性别事项,通过身份证号码自动识别,审查"男病女治"或"女病男治"类似现象
案例 26	年度收入表,跨 4 个年度合并计算成所有数据表格的汇总明细表
案例 27	年度会计账目明细表,用分类汇总合并计算并展示每个科目的开支金额
案例 28	商品仓库入库盘点主表,用 SUMIF 自动统计各个供货方应付账款和已付账款的总金额
案例 29	商品仓库入库盘点主表,进一步使用 SUMIFS 实现应付账款和已付账款的按月统计
案例 30	内部结算流水日志,通过校验列提取结算价,核实是否存在中饱私囊行为
	第 4 章　快速定位查找
案例 31	供货方每月应付账款表,用 INDEX 函数快速查找某个供货方在某月的应付账金额
案例 32	工资发放人数与总金额统计表,用迷你图和数据条来可视化比较波动趋势并定位问题
案例 33	银行存款余额调节表,比较银行存款日记账与银行对账单,核实未登记的存款日记账
案例 34	产品收入明细月表,用 INDIRECT 函数将 9 项产品的 12 张月表快速汇总至一张表中
案例 35	人员入职离职信息表,和某月工资发放名单比对,核实是否有离职人员吃空饷
	第 5 章　数据有效性筛选
案例 36	社保人员数量统计表,通过自定义排序筛选来固化地级市行政排列顺序
案例 37	医院采购药品明细表,用条件格式工具突出显示进销价格超过 20% 的药品名
案例 38	在库防疫物资明细表,用高级筛选工具查找过期/临期在库检测试剂数量
案例 39	病患诊疗信息表,通过高级筛选获取某医院用医保卡费开销非本人的异常数据
案例 40	廉租房申请汇总表,用 IF 函数等设定条件快速核对申请人员是否符合申请条件
案例 41	仪器设备报废清单,审核报废期限是否在合理的政策报废范围内
	第 6 章　数据透视万能工具
案例 42	财务会计报表,用数据透视功能进行年度数据分析
案例 43	财务会计报表,重点提取各科目的年度开支情况,用于快速分类汇总数据
案例 44	借款表和还借款表,对连续年度的个人还借款周期进行动态的统计
案例 45	财务会计报表,利用切片器快速筛选数据透视表中该凭证号下的所有明细
案例 46	固定资产设备清单表,借助数据透视表和透视图分析设备折旧计提情况

续表

序号	案　例
第 7 章　数据比对分析	
案例 47	财务出纳账目表,使用重排窗口工具并行查看
案例 48	财务出纳账目表,使用并排查看工具并行查看
案例 49	银行对账流水报表,通过冻结窗口工具翻阅指定上下左右滚动的分割点
案例 50	办公用品采购清单,运用 Spreadsheet Compare 快速比较和入库清单不相符内容
案例 51	财务系统数据库文件,运用 Database Compare 比较审查数据库字段是否发生变化
案例 52	收费流水表,使用 ISERROR 和 MATCH 函数审查核实其私自删除单号的情况
案例 53	待审项目汇总表,通过随机数发生器从中选取确定部分项目
案例 54	待审项目汇总表,通过抽样方法从中选取确定部分项目
案例 55	中标供应商专家评分表,通过数据分析工具中的数据描述、排序等功能凸显疑点线索
案例 56	年度财务报表,核实两次提交的报表有何变化并提取出来
第 8 章　数据可视化分析	
案例 57	会计账目收入汇总表,将同类收入的借方、贷方和差额 3 类数据柱形图可视化
案例 58	科研项目预决算数据表,采用双轴柱形图展示,可视化展示其差异
案例 59	项目进度管理表,用甘特图直观呈现,可用于对比计划与执行之间的偏差
案例 60	产品收入汇总表,用饼图展示收入构成比例情况,用复合饼图合并小比例数据
案例 61	费用开支年度统计表,用折线图反映全年每项费用开支的月度变化趋势
案例 62	产品收入明细表,制作动态图自由查看某个产品的月收入变化情况
第 9 章　SQL 与 Excel 的并用	
案例 63	销售订单流水表,位于 SQL Server 中,调用查询对数据库表进行浏览并加载到 Excel
案例 64	供货方企业详情表,位于 SQL Server 中,用现有连接功能直接打开数据库表
案例 65	银行回盘数据表,用 SQL 语句将两个月的人员工资发放情况汇总到一张表中
案例 66	银行回盘数据表,在 SQL 语句中增加计算,形成新的对比字段及数据
案例 67	员工打卡出勤记录数据,和银行工资发放回盘数据比对,核实吃空饷情况
第 10 章　终极武器 VBA 代码	
案例 68	产品收入汇总表,录制宏来自动区分近两年营业收入中的负增长异常数据
案例 69	会计凭证表,使用 VBA 将 3 年的会计凭证表合并到一个工作表中创建新表
案例 70	审前数据采集表,统计总部及各分公司提交文件数量,核实是否有漏交的情况
案例 71	固定资产盘盈盘亏报告表,运用 VBA 限定填入的某列数据约束为数值型
第 11 章　审计报告自动生成	
案例 72	年度财务数据分析表,根据固定模板自动生成该资产负债表中的主要内容
案例 73	审计工作通知书,利用 Word 模板中的邮件合并功能,自动填入表格数据批量生成
案例 74	某大型仪器设备的保养维护日志表和启停动态表,开发审计模型并自动生成报告

续表

序号	案 例
第 12 章 技术综合运用	
案例 75	审计数据采集完成情况表，通过文件共享功能实现局域网内指定用户的共享与协作
案例 76	招投标项目基本信息表，用函数统计从立项到完成采购的间隔时间
案例 77	供应商联系信息表，查找联系方式与供应商的对应关系
案例 78	电子招投标操作日志表，查找投标 MAC 地址与供应商的对应关系
案例 79	贵重仪器设备采购信息表，从供应商角度分析挖掘各部门之间同货不同价现象
案例 80	贵重仪器设备采购信息表，从设备角度计算方差分析挖掘各部门之间同货不同价现象
案例 81	招投标信息统计信息，通过 4 种思路分析是否存在企业抱团围标串标疑点

附录 B

常用快捷键列表

表 B.1 第一类：Ctrl

快 捷 键	功 能	快 捷 键	功 能
Ctrl＋N	新建工作簿	Ctrl＋↓	跳转至表格的下方
Ctrl＋O	打开工作簿	Ctrl＋Shift＋↑/↓	快速选取某一列
Ctrl＋S	保存工作簿	Ctrl＋Shift＋←/→	快速选取某一行
Ctrl＋P	打印	Ctrl＋0	隐藏表格数据
Ctrl＋C	复制	Ctrl＋Tab	选项卡向前切换
Ctrl＋V	粘贴	Ctrl＋Enter	快速填充相同内容
Ctrl＋X	剪切	Ctrl＋	"插入"对话框
Ctrl＋Y	恢复	Ctrl－	"删除"对话框
Ctrl＋Z	撤销	Ctrl＋；	输入当前日期
Ctrl＋H	替换	Ctrl＋拖动	连续选择单元格
Ctrl＋G	定位	Ctrl＋单击	选择不连续单元格
Ctrl＋A	选取当前数据区域	Ctrl＋鼠标滚轮	表界面的缩放
Ctrl＋↑	跳转到表格的上方		

表 B.2 第二类：Shift

快 捷 键	功 能	快 捷 键	功 能
Shift＋首尾，拖动	连续选择单元格	Shift＋←	选中左侧一个字符
Shift＋F10	显示所选项的快捷菜单	Shift＋→	选中右侧一个字符
Shift＋Tab	选项之间向后移动	Shift＋↑	选至上一行
Shift＋Enter	单元格向上移动一格	Shift＋↓	选至下一行
Shift＋End	跳至行尾	Shift＋拖动	以单击单元格为初始选择连续单元格
Shift＋Home	跳至行首	Shift＋A	选取当前数据区域

表 B.3　第三类：其他

快　捷　键	功　　能	快　捷　键	功　　能
Alt+F4	关闭当前表格	F6	在工作表/功能区/任务窗口/缩放按钮之间切换
Alt+Tab	切换窗口	F7	英文单词拼写检查
F1	调用帮助信息	F8	打开/关闭扩展模式
F2	激活所选单元格	F9	快速计算
F3	打开已定义名称列表	F10	打开/关闭快捷键提示
F4	重复上一步操作等	F11	创建数据图表
F5	定位	F12	文件另存为

参 考 文 献

[1] JOHN W. 中文版 Excel 2007 图表宝典[M]. 邓云佳,等译. 北京:清华大学出版社,2009.
[2] 张莉. 计算机数据审计——大数据环境下的审计实务与案例分析[M]. 北京:清华大学出版社,2021.
[3] 牛艳芳. 审计数据分析——从 Excel 到 Power BI[M]. 北京:高等教育出版社,2021.
[4] 涂佳兵,林铖. 审计效率手册:用 Excel 高效完成审计工作[M]. 北京:电子工业出版社,2020.
[5] 熊春. Excel 会计实务模板应用[M]. 北京:人民邮电出版社,2019.
[6] 孔繁胜. Excel 在审计实务中的应用与操作[M]. 北京:中国时代经济出版社,2019.
[7] 余效明. 审计人员巧用 Excel[M]. 北京:中国审计出版社,2001.
[8] 祝泽文. 从 Excel 到 Power BI:商业智能数据可视化分析与实战[M]. 北京:中国铁道出版社,2018.
[9] 刘洋. Excel 带你玩转职场[M]. 北京:北京时代华文书局,2018.
[10] 项目课题组. 基于 Excel 的审计分析模板[M]. 北京:中国时代经济出版社,2005.
[11] 武新华,段玲华,杨光,等. Excel 2007 在审计分析中的应用[M]. 北京:清华大学出版社,2007.
[12] 韩小良,贾春. Excel 财务日常数据核算与处理案例精讲[M]. 北京:中国水利水电出版社,2020.
[13] 刘仲文,王海林. Excel 在财务、会计和审计中的应用[M]. 北京:清华大学出版社,2005.
[14] 范宏伟. 财务精英都是 Excel 控——CPA 手把手教你高效编制财务报表[M]. 北京:中国铁道出版社,2020.